中國學術思想 研究輯刊

十七編

林慶彰 主編

第 3 冊

蘇軾易學與古文融攝之研究

石學翰 著

花木蘭文化出版社

國家圖書館出版品預行編目資料

蘇軾易學與古文融攝之研究／石學翰 著 — 初版 — 新北市：
花木蘭文化出版社，2013〔民 102〕
序 2+ 目 4+212 面；19×26 公分
（中國學術思想研究輯刊 十七編：第 3 冊）
ISBN：978-986-322-372-6（精裝）
1.（宋）蘇軾　2. 易學　3. 學術思想

030.8　　　　　　　　　　　　　　　　102014624

ISBN-978-986-322-372-6

9 789863 223726

中國學術思想研究輯刊
十七編　第 三 冊　　　　　　　ISBN：78-986-322-372-6

蘇軾易學與古文融攝之研究

作　　者　石學翰
主　　編　林慶彰
總 編 輯　杜潔祥
出　　版　花木蘭文化出版社
發 行 所　花木蘭文化出版社
發 行 人　高小娟
聯絡地址　235 新北市中和區中安街七二號十三樓
　　　　　電話：02-2923-1455 ／傳真：02-2923-1452
網　　址　http://www.huamulan.tw 信箱 sut81518@gmail.com
印　　刷　普羅文化出版廣告事業
封面設計　劉開工作室
初　　版　2013 年 9 月
定　　價　十七編 34 冊（精裝）新台幣 60,000 元

蘇軾易學與古文融攝之研究

石學翰　著

作者簡介

石學翰，男，台灣雲林人，高師大經學所碩士，為黃忠天教授門下，現為高雄師大國文所博士生。主要研究方向在於北宋易學、宋代學術、宋代理學及現代詩，單篇論文有〈老莊派易學初探〉、〈略探韻圖中的易學思想與價值 以邵雍「聲音唱和圖」聲母系統為例〉、〈論「人間詞話」「詩詞立題」〉、〈試論多媒體融入現代詩學之優缺〉等。

提　　要

　　宋代古文大家蘇軾（1037～1101），學者多以其文學成就觀之，蘇軾文學成就中其詩、詞之研究不勝枚舉，然蘇文之研究篇章，以名篇鑑賞、修辭歸納分析與章法結構析論為主，若就易學與古文融攝層面來看，尚有可開發之處。然而欲探討蘇軾易學與古文融攝，或可先釐清蘇軾易學與文學融攝思想體系之淵源與脈絡，蘇軾此思想與其他唐宋古文大家相關性、密切性，以及其中承襲淵源、創新或異同之處究竟為何？亦是本論文關注之面向之一。近來已有不少學者開始注意蘇軾之經學成就──《東坡易傳》、《東坡書傳》、《論語解》，其中《論語解》因亡佚而較少研究，在重要易著《東坡易傳》之研究，多深入探討其易學思想，或引朱熹（1130～1200）論《東坡易傳》為「文人之經」之說作為批評。但若就易學與古文融攝之層面探討，或可探討其中所呈現之文學特色，甚至重新審視朱熹之說；若探討蘇軾文學成就與經學思想之關聯，海峽兩岸亦有不少前輩名家進行探析，然學者多舉詩、詞為例探討二者之關係，而古文則可進一步針對易學與古文融攝之面向，深入探究各類作品。整體而言，本文由易學與文學融攝思想之形成與脈絡，切入蘇軾易學與古文融攝之主題，並進行其《東坡易傳》與古文作品之分析。故本文依循前輩名家所探究豐碩成果為基礎，探討蘇軾易學、古文二面向之相互融攝，達到相輔相成之境界，或由此體會蘇軾「千古風流」學術地位之新樣貌。

序

　　自 2006 年重回島嶼南方，溫習故有經典，溫習故人，溫習鹹鹹夏風、戀戀港都。回想在黃老師門下，斷續受業已十多年，依稀記得南鐸和平校區，大一南風吹撫下，學庸課堂上，一位不安分之青年，不斷對學庸提出質疑。然黃老師溫柔敦厚，循循善誘之下，啟蒙這名青年對於經學之興趣與志業。這顆種子已栽下，雖輾轉入伍、任教於中部高中，而得力於黃老師日常諄諄教誨，令這顆種子仍在心中發燙，總催促其發芽。在一次機會，得以萌生新芽，在經學這塊寬廣無邊的領域，逐漸生根、緩慢成長。雖自己資質駑鈍，但黃老師卻也不厭其煩，再三鼓勵與引導，碩士班就學期間師母陳惠齡教授亦寬厚對待，關懷自己的學業與生活，深深感謝黃老師與師母之提攜與愛護之心。

　　選擇蘇軾易學與文學作為研究的方向，主要因為自己對於宋代學術與文學的著迷，因此在大學期間便旁聽張子良老師的蘇辛詞，在潘清芳老師的中國哲學史課程中，特別喜愛與熟讀宋代理學，大四選修了黃老師的易經課程，底本便是選用宋代程頤所著之易傳——《易程傳》，在彼時已經對宋代易學有一些基本的概念，但仍涉獵未深，僅限皮毛；黃老師專精宋代史事易學，因此在碩士班期間，研修了易經專題，課堂上許多的見解惠我良多，後思慮再三，鼓起勇氣向老師詢問蘇軾易學與文學研究的相關事宜，老師並不訓斥我好高騖遠，反而寄予厚望。那次諮詢成了此本書的起點，而後其雛形在碩士口考時，幸得師大賴貴三教授與南台科大康雲山教授，由南北兩位易學名家親炙精審，使得其中矛盾不解處，豁然而解，十分感謝兩位老師無私的提點與建議，受益無窮。

　　探究蘇軾易學與古文融攝的思想，本書先就「易學與文學」之關係著手，發覺此學術伏流的脈絡，並且嘗試以唐宋古文大家易學與蘇軾的比較，凸顯出蘇軾此思想的深厚意蘊與獨特性。然而限於時間、篇幅與能力，寫作過程中並未全面的探究蘇軾其他文學，比如：詩、詞、賦，在這些文類中是否也隱含著易學與文學融攝的思想？相信是有的，可惜並未論及。此確實是本書不足之處，無庸諱言。然而此書可視作自我激勵與另一個起點，提醒自己學海無涯，謙和爲舟，勤學爲槳，方有見岸、靠岸之時，學術的責任亦在此航行之中，點滴在心，而深感戰兢惶恐，希望透過此次的小修訂，讓拙作汰去渣滓。最後眞誠感謝黃老師的推薦，以及花木蘭出版社高社長、主編林慶彰教授不棄嫌，答應將拙作付梓刊行。

目次

第一章 緒 論

　　宋人李耆卿〔註1〕曾說：「韓如海，柳如泉，歐如瀾，蘇如潮。」〔註2〕，雖針對蘇文特色而發，然蘇「潮」之形象，卻和蘇軾（1037～1101年）〔註3〕高潮迭起一生不謀而合，也能由此象來說明蘇學之博大與不拘一門，儘管朱

〔註1〕　按：〔清〕紀昀編纂《四庫全書提要・集部・文章精義》云：「《文章精義》，世無傳本，諸家書目亦皆不載。惟《永樂大典》有之，但題曰李耆卿撰，而不著時代，亦不知耆卿何許人。考焦竑《經籍志》有李耆卿《文章精義》二卷，書名及李姓皆與此本相合，則耆卿或塗之字歟？載籍無徵，其爲一爲二，蓋莫之詳矣。其論文多原本六經，不屑於聲律、章句；而於工拙繁簡之間，源流得失之辨，皆一一別白黑，具有鑒裁。其言蘇氏之文，不離乎縱橫；程氏之文，不離乎訓詁。持平之論，破除洛、蜀之門戶，尤南宋人所不肯言。又世傳韓文如潮、蘇文如海，及春蠶作繭之說，皆習用而昧其出處。今檢核斯語，亦具見於是書。蓋其初本爲世所傳誦，故遺文剩語，口授至今；嗣以卷帙寥寥，易於散佚，沈晦者遂數百年。今逢聖代右文，得以復見於世，亦其名言至理有不可磨滅者歟？」由上可知李耆卿與李塗似爲一人，雖其生卒無法考定，然其論於後多爲傳習，可見應爲南宋以後之人，而其中世所傳「韓文如潮、蘇文如海」之評，或爲蘇文「汪洋宏肆」由來，多爲學界所認同，然經上考證與李說稍有出入，就境界上而言或各有所長，本文乃依據李說欲強調蘇軾生平「高潮迭起」之特色，且蘇文變化多端，如潮汐流動，亦吻合「行雲流水」特色，原此故采李說。(《四庫全書》珍本別輯，臺北：臺灣商務印書館，1975年，頁1～頁2）。

〔註2〕　〔宋〕李耆卿：《文章精義》，《四庫全書》珍本別輯，（臺北：臺灣商務印書館，1975年），頁3。

〔註3〕　按：據孔凡禮《蘇軾年譜》所考證（北京：中華書局，2005年2月，頁8～頁10），與王水照《宋人所撰三蘇年譜彙刊》所整理宋施宿《東坡先生年譜》所言「紀年：景祐三年丙子（仁宗在位之十五年）」、「出處：先生以是年十二月十九日卯時生於眉山縣紗縠行私第」，（〔明〕《永樂大典》本，上海：上海古籍出版社，1989年，頁28）。

熹（1130～1200 年）〔註4〕批評其學流於「駁雜」〔註5〕，但在其〈雜學辨〉諸多條例中，亦不難見出蘇學在南宋流傳情況。然而歷來對於蘇軾易學之鑽研，多就其《東坡易傳》詳加探討，較少探究蘇軾古文中反映易學思想之原由，因此本文主要以「蘇軾易學與古文融攝」爲研究主題，除探究蘇軾易學與文學融攝思想體系的脈絡與形成，更深入探討易學與古文融攝之學術現象。

　　本章就「研究動機」、「研究範疇與方法」、「研究主要依據文本」、「文獻分析和回顧」、「研究主題淵源與目的」等，分五節探論。第一節「研究動機」將本文問題意識淵源以及撰寫動機詳細論述；第二節「研究範疇與方法」分析本文題目、主題之定義與研究對象之規範，並針對問題意識與本文章節之研究方法、綱要，進行導論與敘述；第三節「研究主要依據文本」，則逐一介紹以蘇軾爲主，其重要之易學、文學與年譜等相關著作；第四節「文獻分析和回顧」除介紹歷代易學、文學等文獻資料，亦將近來研究蘇氏之學重要著作與論文，作一簡明扼要之摘要與介紹；第五節「研究主題淵源與目的」對於本文研究之問題意識──易學與文學融攝思想之淵源，由此細觀蘇軾易學與古文融攝，並進行深究，以易學引領古文，古文闡發易學，由此二者融攝面向進行論述作爲研究主旨，最後由各章節探論之成果，印證本文預期之研究目的，由蘇軾易學與古文融攝之研究，來理解蘇軾易學、古文二者高度成就之關係密切。

第一節　研究動機

　　業師黃博士忠天教授，深研義理易學，於「易學與儒學國際學術研討會」發表〈「二程集」易說初探〉〔註6〕，探討《二程集》中記載易學思想之語錄與文論，並與《易程傳》相互參照，欲「深入掌握程頤整體易學之思想」〔註7〕，此篇論文啓蒙受業良多，亦啓發學生欲探討《東坡易傳》爲主之易學思想，與《蘇軾文集》中古文融攝之情況，然欲探討易學與古文二者之融攝，

〔註 4〕〔清〕王懋：《朱熹年譜》，（北京：中華書局，1998 年）。按：並參照麥仲貴《宋元理學家著述生卒年表》一書，（香港九龍：新亞研究所，1968 年）。
〔註 5〕〔宋〕朱熹：《朱文公文集·雜學辨》，卷第七十二，《四部叢刊》本，（臺北：臺灣商務印書，1967 年，台二版），頁 1317～頁 1321。
〔註 6〕黃師忠天：《大易集釋·「二程集」易說初探》，劉大鈞主編，（上海：上海古籍出版社，2007 年 5 月），頁 275。
〔註 7〕同上注，《大易集釋·「二程集」易說初探》，頁 275。

便得先推究經學與文學之關係〔註8〕，並進一步於其中探討易學與文學融攝思想。而論及古代經學與文學乃本於文獻之學〔註9〕，而自漢初至武帝漸立五經博士，經學始成為學術主流。先秦儒學與其他諸子學說地位相當，孔門四科所指「文學」，亦非指當今反應個人情志、懷抱創作之意涵，孔子當時「文學」指學術、文獻之學〔註10〕。因此若要說經學與文學分立，一個比較清楚之時間區塊可斷在漢代到魏晉之間〔註11〕；而易學於先秦時，受認定為卜筮之學倖免於秦火之殃，到了漢代卻又染上讖緯迷信色彩，走向繁雜象數之路，多為後世學者所批判，然而在西漢末年揚雄（B.C.53～A.D.18）透過其文學作品〈太玄賦〉〔註12〕來會通《易》、《老》思想〔註13〕，可說是透過文學作品論及《易》道之濫觴〔註14〕，更可稱為易學與文學融攝思想形成之重要里程碑。

至於魏晉玄學興盛，三玄並稱，易學與文學融攝益加密切與頻繁。陸機（261～303年）〈文賦〉中「或虎變而獸擾，或龍見而鳥瀾」〔註15〕，即是受

〔註8〕　高明峰：〈論經學與文學之關係〉，《社會科學家‧文藝論叢》，第5期（總115期），2005年9月，頁22～頁26。

〔註9〕　〔清〕皮錫瑞：《經學歷史》，周予同注釋，「孔子以前，不得有經」，頁19、「孔子以前，未有經名」，頁30，（臺北：漢京文化事業公司，1983年9月）。

〔註10〕　〔魏〕何晏注、〔宋〕刑昺疏、〔清〕阮元編：《論語正義》，第三卷，〈八佾〉，子曰：「夏禮，吾能言之，杞不足徵也；殷禮，吾能言之，宋不足徵也。文獻不足故也，足則吾能徵之矣。」，（臺北：臺灣中華書局，1970年9月，台三版），頁8～頁9。

〔註11〕　劉大杰：《中國文學發展史》，「中國文學發展到了魏晉，……，這期的文學，形成了一種自覺的運動，重視文學價值和社會地位，探討文學理論問題。在這轉變的過程中，文學逐漸擺脫經學的束縛，得到比較自由的發展」，（臺北：華正書局，1998年8月，校訂本，頁36）。

〔註12〕　〔漢〕揚雄著，《四庫全書‧揚子雲集‧太玄賦》，景印文淵閣版本，（臺北：臺灣商務印書館，1983年），第一○六三冊，卷五，頁124。

〔註13〕　按：參照陳鼓應《道家易學建構》，（臺北：臺灣商務印書館，2003年），以及《易傳與道家思想》，（臺北：臺灣商務印書館，2007年），二書內詳論會通《易》、《老》思想一事。

〔註14〕　按：集部楚辭中所提及「易」字意涵指變易、革新，無專指周易、《易》道及易學者。且其中也不論及乾坤，但在《楚辭集注》，〈九歌‧大司命〉：「高飛兮安翔，乘清氣兮御陰陽。」，頁45；〈天問〉：「陰陽三合，何本何化？」，頁58；〈涉江〉：「陰陽易位，時不當兮。」，頁95；〈九辯〉第七首：「四時遞來而卒歲兮，陰陽不可與儷偕。」，頁155，（臺北：國立中央圖書館善本叢刊，1991年2月）。以上所舉之例，都可以看見與易學相關詞彙之融攝，然仍未有如揚雄整首賦溝通《易》、《老》，而形成一種獨特易學與文學融攝之現象。

〔註15〕　〔梁〕蕭統：《昭明文選‧文賦》，〔唐〕李善注，其注云「周易曰：『大人虎變，其文炳也』，言文來若龍之煙雲之上，如鳥之在波瀾之中。應劭曰：『擾，

到易經革卦與乾卦影響之例〔註16〕；然而在劉宋劉義慶（403～444年）〔註17〕《世說新語》中也有多則提及易學與文學融攝之清談〔註18〕，到了梁劉勰（約465～？年）〔註19〕《文心雕龍》提出〈原道〉、〈徵聖〉、〈宗經〉等篇，除說明易學與文學融攝頻繁，更奠定了易學與文學融攝思想之基礎觀點〔註20〕。

在唐代經學定於一尊後，佛學瀰漫李氏朝廷，道教興盛於民間，人心不古，欲復興儒學的韓愈（768～824年）仍不能扳回頹勢〔註21〕，要到宋代，歐、曾諸儒群起，經學始恢復，終而大燦，匯流成輝煌之一代——稱「宋學」傳世〔註22〕。然而對宋代學術文化極高歷史評價之中，承韓、柳文風，傳歐、

馴也』。莊子曰：『君子尸居而龍見，大波曰瀾』」，（臺北：漢京文化事業公司，1983年9月），頁240。

〔註16〕 按：梁蕭統《昭明文選》所選〈文賦〉乃魏陸機著，其中：「或虎變而獸擾，或龍見而鳥瀾」一句，亦是受到《周易》沾染，並融攝〈革卦・九五爻辭〉：「大人虎變，未占有孚。」與〈小象傳〉：「『大人虎變』，其文炳也。」以及《周易》之〈乾〉、〈坤〉二卦，言「龍」之思想所影響。（臺北：漢京文化事業公司，1983年9月，頁240）。

〔註17〕 〔劉宋〕劉義慶：《世說新語校箋》，楊勇校箋，〈三國晉宋大事及文人年表〉，（臺北：正文書局，1992年10月），頁17～頁18。

〔註18〕 〔劉宋〕劉義慶：《世說新語》，楊勇校箋，〈文學〉第五十六則——殷中軍、孫安國、王、謝能言諸賢，悉在會稽王許。殷與孫共論《易象妙於見形》。孫語：「道合，意氣干雲」。一坐咸不安孫理，而辭不能屈。會稽王慨然歎曰：「使真長來，故應有以制彼。」既迎真長，孫意已不如。真長既至，先令孫自敘本理。孫麤說己語，亦覺殊不及向。劉便作二百許語，辭難簡切，孫理遂屈。一坐同時拊掌而笑，稱美良久，（臺北：正文書局，1992年10月，頁186）；第六十一則——殷荊州曾問遠公：「易以何為體？」答曰：「易以感為體。」殷曰：「銅山西崩，靈鍾東應，便是易耶？」遠公笑而不答，（臺北：正文書局，1992年10月，頁188～頁189）。

〔註19〕 按：劉勰生年，本文採王更生《文心雕龍導讀》所定宋孝武帝大明八年（464年），（臺北：華正書局，1977年）。卒年各家推測差異過大，王金凌《劉勰年譜》以為卒於梁武帝普通三年（522年），（臺北：嘉新水泥公司，1976年）；華仲麐《文心雕龍要義・劉彥和簡譜》以為卒於梁武帝普通元年（520年），（臺北：臺灣學生書局，1998年）；李曰剛《文心雕龍斠詮・梁劉勰世系年譜》以為卒於梁武帝大同五年（539年），（臺北：國立編譯館中華叢書編審委員會，1982年）。三家皆對其卒年各有論據，因學界尚有爭議，本論文不特別依據某家說法。

〔註20〕 〔梁〕劉勰：《文心雕龍》，卷一，據《兩京遺編》所影印，（北京：中華書局，1985年），頁3～頁6。

〔註21〕 〔清〕皮錫瑞、周予同注釋：《經學歷史》，「經學自唐至宋初，已陵夷衰微矣！」（臺北：漢京文化事業公司，1983年9月），頁230。

〔註22〕 漆俠：《宋學的發展與演變》，（石家庄：河北人民出版社，2002年10月），頁

蘇學識，揚蘇學美名，爲古文名家之一：蘇軾，若深入探討其生平與學術淵源，可知蘇軾博學橫肆，無書不讀，無藝不精。思想以儒家爲主，出入道佛，雖生平經歷政治風浪，南北閱覽人情冷暖，而在「心似已灰之木，身如不繫之舟」〔註23〕二句所反映忘懷功名的心境底下，凸顯蘇軾於經學之不凡成就——當在海南身形衰朽，孤立無援，仍堅持獨自完成《易》、《書》、《論語》之經學專著〔註24〕，欲實踐儒家立言之不朽盛事，並寄託於著書立說的苦心孤詣。然而蘇學博大，宋元之後更有許多前賢大家，對蘇學各方面的成就進行眾多專精研究，比如：易學、詩學、詞學與書畫……等等方面〔註25〕。

　　而其重要易學專著——《東坡易傳》〔註26〕，朱熹評此著作爲「文人之經」〔註27〕，或能從中看出蘇軾文學主張與特色，略探其書，蘇軾或以儒學爲主「傳道、授業與解惑」，服膺「大道」之思想爲主軸，亦以老莊曠達思想爲輔助，也接受佛禪空脫之生活態度，可說是儒釋道三者融通的結果。因此探究蘇軾易學與文學二大面向，的確可以推論此二者足以成爲蘇氏之學〔註28〕重要之骨幹與

2～頁 49。

〔註23〕　〔宋〕蘇軾：《蘇軾詩集》，第八冊，卷四十八，（北京：中華書局，2007 年 4 月），頁 2641。

〔註24〕　〔元〕脫脫：《宋史·蘇軾本傳》，（臺北：臺灣商務印書館，1988 年 1 月），頁 4181。蘇轍之《蘇轍集·亡兄子瞻瑞明墓誌銘》，（北京：中華書局，2004 年 5 月，頁 1127～頁 1128。）

〔註25〕　按：《四庫全書》中朱熹〈雜學辨〉、舊題王十朋編纂《東坡詩集》、毛晉編纂刊刻《東坡詞集》，則針對易、詩、詞進行扼要批評，而其兄弟門生蘇轍《欒城集》、晁補之《雞肋集》或有提及東坡文學成就之處，其他許多筆記皆對蘇軾文學成就，或相關逸事，進行評論與記載，如：邵博《邵氏聞見後錄》、胡仔《苕溪漁隱叢話》前後集、陸游《老學庵筆記》……等等。而觀當今臺灣研究蘇軾之論文可由「全國碩博士論文系統」以及「臺灣期刊論文索引系統」，略窺一、二，臺灣有謝佩芬〈三蘇研究論著目錄（1913～2003 年）〉可作爲參考，（《書目季刊》，第三十九期，2005 年，頁 51～90），而大陸方面由朱靖華、劉尚榮主編之《中國蘇軾研究》，（北京：學苑出版社，2004 年），內有整理蘇軾當今論文研究之目錄。

〔註26〕　按：參照李一冰《蘇東坡新傳》，（臺北：聯經出版社，2005 年 10 月），頁 420～頁 422。

〔註27〕　按：「文人之經」之出處，乃是宋黎靖德《朱子語類》引朱熹所云。

〔註28〕　按：「蘇氏之學」內涵歷來學者所指不一，本文采狹義定義：蘇軾之學爲主，旁及三蘇之學，亦也有以「蜀學」稱之者。可參照涂美雲《朱熹論三蘇之學·蘇學的興起》，其云「蘇學的學術範疇是極爲廣泛的，撮要來說，至少涵括了文學、經學、史學及哲學思想等層面。但除了文學成就震耀古今之外，其他層面的表現，顯然頗受輕忽」、「蘇氏如此不拘一格的學術風格，反而自成一

血肉，雖南宋理學集大成者朱熹在其〈雜學辨〉，批判蘇軾易學流於駁雜，但卻在《周易本義》中受《東坡易傳》之影響。然清易學方面，《四庫全書提要‧易類‧東坡易傳》總結其特色：「推闡理勢，言簡意明，往往足以達難顯之情，而深得曲譬之旨。」〔註29〕，文中亦提及「李衡作《周易義海撮要》、丁易東作《周易象義》、董眞卿作《周易會通》，皆採其說」〔註30〕，此三部著作暨收《東坡易傳》之說，可見乃受蘇軾易學沾染，又錢穆提及呂祖謙亦追蹤蜀學，將呂祖謙（1137～1181 年）〔註31〕易學亦列入蘇軾易學後學。本文便依此深入探討蘇軾易學與其代表著作《東坡易傳》，並希冀依前輩名家之研究，作爲基礎進一步探究蘇軾易學之內涵、特色與影響。

另外在文學史上，多稱美蘇軾之文學成就，若細究其重要文學作品，皆能流露易學中對於人事之憂患意識，並可見出易學「太極」渾融之和諧觀；而蘇軾行文雄放，源於老蘇，其古文別出心裁之處，或因承襲老蘇易學思想，並將其內涵加以開拓，使其易學與古文進行融攝，逐漸成爲一別具特色的思想體系。然蘇軾善用此思想，亦能使其作品綻放出深厚學術底蘊的光芒。因此探討蘇軾古文成就之高，而觀歷代評者認爲其境界不同於凡者，奧妙之處或在蘇軾易學與古文融攝之思想體系。本文針對蘇軾古文文學成就，主要以其重要文類，加以鑽研，並稍以作品繫年列之，結合作者年譜中生平要事，探討蘇軾古文中之易學思想與其《東坡易傳》之關係，更以易學與文學融攝角度下，重新檢驗蘇軾於經學史、文學史，及學術史上之地位。

觀現代研究蘇軾易學與古文之關係多就思想、哲學與文藝觀進行探析，在兩岸碩士論文中，四川大學金生楊卻能從經學角度切入，剖析蘇軾易學重要著作——《蘇氏易傳》〔註32〕，成就豐偉，然而金先生對於其易傳作者堅

格」，（臺北：秀威資訊科技，2005 年 9 月，頁 21～頁 112）。

〔註29〕〔清〕紀昀主編，《四庫全書提要‧易類》，（臺北：藝文印書館），頁 74。

〔註30〕按：同上注，《四庫全書提要‧易類》，李衡《周易義海撮要》提要，（臺北：藝文印書館，頁 88）；丁易東《周易象義》提要，（臺北：藝文印書館，頁 102）；董眞卿《周易會通》提要，（臺北：藝文印書館，頁 120）。以上資料並受黃師忠天博士所提點，未來可以就此持續探討蘇軾易學流衍，在元明清時期的發展與影響。

〔註31〕麥仲貴：《宋元理學家著述生卒年表》，（香港九龍：新亞研究所，1968 年）。

〔註32〕按：金生楊採《蘇氏易傳》之說法，乃據三蘇合撰此書，可參考其文章〈也論「東坡易傳」的作者和繫年——與謝建忠先生商榷〉，（《文學遺產》，第 1 期，2003 年，頁 42～頁 48），以及《「蘇氏易傳」研究》中論及版本考究之處，（成都：巴蜀書社，2002 年 1 月）。

持以三蘇共同創作而成，尚有討論之空間；另山東大學劉興明對《東坡易傳》中易學思想進行研究，亦有一番見地，但在蘇軾易學應屬經學範疇之思維底下，《東坡易傳》所呈現易學與古文融攝之關係，則可以進一步探析；在臺灣，政治大學楊子萱對於《東坡易傳》之哲學觀點，進行東西方觀點之兼融與闡釋，對於蘇軾易學之解說，頗有新意，而對於其經學史、易學史與文學史上之融攝研究而言，或以易學與古文融攝之角度切入探討，可再深入進行研究。

　　歷來對於蘇學中之易學，多單就《東坡易傳》一書，進行文獻考證，而較少探析蘇軾易學與古文融攝之後，《東坡易傳》所呈現之文學特色；亦少針對蘇軾古文中所呈現易學思想本原，與《東坡易傳》中之易學思想對於蘇文之助益，進行探究；若由蘇軾易學與古文融攝之研究，可擴展出其易學與文學融攝思想之概貌，此外此思想與唐宋古文大家之比較，亦有可觀之處，因此就上所述三面向來觀看蘇軾易學與文學融攝思想。

第二節　研究範疇與方法

　　此節內探討「研究題目與範疇」，定義本文所研究之題目及範圍，本文所選定研究分析主體乃《東坡易傳》與蘇軾之古文作品，並針對蘇軾易學與古文融攝，稍加探究其思想之形成淵源。此外論及「研究方法與綱要」，將本文重要研究方式，進行陳述，並且陳述出本文問題意識與論文綱要。

一、研究題目與範疇

　　本文題目《蘇軾易學與古文融攝之研究》，以蘇軾學術之大觀：乃以易學與文學為主軸，由此細觀且探論易學與古文兩者融攝之思想，然而主要研究範疇：第一面向為探討蘇軾易學與文學融攝思想與唐宋古文大家此類思想之比較，是縱橫剖面兼顧與相似學者之比較研究；第二面向為《東坡易傳》中所反映出與易學與古文融攝所呈現之文學特色，藉此來證論蘇軾易學與古文融攝；第三面向為透過《蘇軾文集》中之作品中呈現易學思想者，進行其易學思想分析與探源，以此探究蘇軾古文與易學之密切關係，並依易學與文學融攝思想之大觀，試圖釐析蘇軾易學與古文融攝思想體系之輪廓。

　　此外本文並考察學術史上易學與文學融攝之趨向，並透過此思想淵源與脈絡，分析蘇軾易學對其古文之影響，更略論易學與文學融攝思想之形成，此乃本文關注主題之淵源與文獻探討，以上為本文所探討範疇。希冀藉由學

術史、經學史與文學史，三種層次底下，探討義理易學於宋代之發展對於古文之影響，除了官學系統或與蘇軾易學之關聯性高，更可追溯與比較此種思想之起源與發展——唐宋古文大家對於易學與文學融攝思想之運用，唐代大家韓愈（768～824年）、柳宗元（773～819年），始注重經學，並利用文學加以闡述經學，其中有不少作品流露出易學與文學融攝思想，由此探究可作爲蘇軾此思想之根源；而宋代疑經思潮中，易學領域首度發聲之歐陽脩（1007～1072年），藉由〈易童子問〉三卷提出對《易·繫辭》作者是否爲孔子之疑問〔註33〕，一方面於其作品中流露易學與古文融攝思想，然而蘇軾身爲其門生，對於歐在易學上突破性之見解，一方面有所取捨，另一方面並承襲其創新精神，逐漸形成其獨特之易學與文學融攝思想，更實踐於其古文作品之中，造就其易學與古文融攝之成就；而宋初〔註34〕古文大家與政治家王安石（1021～1086年）〔註35〕，欲利用《三經新義》統一學術與古文，在其作品中仍善用易學與古文融攝，比附其政治見解，蘇軾卻不與苟同，並提出有別於其看法之主張；而蘇氏一門鑽研易理，更於宋形成「蜀學」，蘇軾此思想於父弟之間，更有直接之傳承與開拓，以上皆爲本文欲探討之範圍。

若單就文學史上來看待蘇軾易學與古文融攝，先得就唐宋古文大家中，既鑽研易理，有專門易論者，並透過其文學闡述其所體悟《易》道者之作品，加以探討易學與古文融攝之淵源。故探究唐代韓、柳，與宋代歐、王，蘇洵（1009～1066年）、轍父子等古文六大家，其文學作品中流露易學與文學融攝思想者，藉此歸結此思想在文學史上產生高度藝術成就，並希冀由此研究逐漸釐清唐宋之際，蘇軾易學與古文融攝，以及其易學與文學融攝思想成熟而完備之概況。而本文接續探討蘇軾古文作品，就其議論、序跋、雜記與書牘等四類，分析其中由易學思想促使其古文之思想、形式與境界上之影響，並依照以上所論之範疇，探究蘇軾易學與古文融攝之主體思想、內涵與流衍。

二、研究方法與綱要

探討蘇軾易學與古文融攝，得先就其建構易學與文學二者相互融攝之見

〔註33〕〔宋〕歐陽脩：《歐陽脩集編年校注·易童子問》，第四冊，李之亮箋注，（成都：巴蜀書社，2007年），頁534。

〔註34〕錢穆：《錢賓四先生全集·國史大綱》，第三十二章〈熙寧新法〉，（臺北：聯經出版社，2001年），頁631～頁650。

〔註35〕姜亮夫：《歷代人物年里碑傳綜表》，（臺北：華世書局，1976年），頁258。

解與思想體系著手，其易學與文學融攝思想，或由易學思想提升文學之思想內涵、形式章法，以及精神境界起始，而文學承接上所述則透過形式章法，闡述蘇軾之易學思想，並輔佐其易學，更建立起一思想體系。所以本文研究方法在上述前提之下，得涉及蘇軾易學與古文二大學術範疇，而在蘇軾易學成就上，先得鑽研其易學專著《東坡易傳》，因此在下一節將進行《東坡易傳》版本之釐析。在研究方法上，本文以時間爲縱軸，以歷代官私藏書目所記載版本書題，作爲版本系統考察，並且以歷史上元祐黨禁之事件、蘇籀《欒城遺言》所言之證據、《老學庵筆記》所載版本……等等，作爲《東坡易傳》版本傳承之間重要事件考察。此外欲理解蘇軾易學與古文融攝中易學之層面，除重要之易學著作——《東坡易傳》之外，亦探析其反映易學思想之古文作品。

　　整體上針對《東坡易傳》之探究，研究方法先以縱橫比較法，稍探討《東坡易傳》於宋代易學之宗派：義理易、老莊易、史事易等之學術地位，並將之放置於北宋易學與南宋易學縱時間軸上進行比較〔註36〕，以及略論及宋代學術：蜀學、理學、閩學之橫時間軸進行比較〔註37〕，運用相對之概念來凸顯出蘇軾易學重要性，而接續切入本文問題意識「易學與古文融攝」，探討《東坡易傳》中所呈現文學之特色。其中亦能運用統計法輔以證明蘇軾易學是否爲《四庫全書提要》所分，源於王弼（226～249 年）〔註38〕、韓康伯（331～357 年）〔註39〕，而歸屬於老莊易學流派。本文並探討《東坡易傳》中所引用五經諸子之條例出處，可輔以證明蘇軾博學出入佛老，而仍以儒學爲主軸之思想風格；另古文作品中直接援引與易相關篇章文句，詳加探討引用出處，輔以證明蘇軾易學影響古文，古文闡述與反映其易學，並透過二者融攝而建構其易學與古文融攝思想體系之重要探討方式；此外稍引《東坡易傳》中之解經條例，藉由分析比對，依此來理解其中蘇軾注卦爻辭之方法與特色，並呈現《東坡易傳》與古文融攝後，所呈現之文學特色，希冀藉此深入觀察蘇軾易學、古文之概貌。

〔註36〕　按：參照朱伯崑《易學哲學史》，就北宋至南宋時代之時間軸上，以縱剖面探討各宗派淵流，（臺北：藍燈出版社，1991 年 9 月）。
〔註37〕　按：參照漆俠《宋學的發展與演變》一書，就宋學重要學術進行橫剖面的研究，在書中第三編與第四編，極有參考價值，（石家庄：河北人民出版社，2002年 10 月）。
〔註38〕　姜亮夫：《歷代人物年里碑傳綜表》，（臺北：華世書局，1976 年），頁 40。
〔註39〕　姜亮夫：《歷代人物年里碑傳綜表》，（臺北：華世書局，1976 年），頁 54。

　　歷來論及蘇軾文學成就，多就古文、詩、詞、賦四大文類觀之。在古文方面，蘇軾繼歐陽脩、王安石之後，成為古文大家與領袖，韻文中詩、詞、賦亦能開創出不凡成就：蘇詩乃北宋四大家之一，與歐陽脩、梅堯臣、黃庭堅並稱；詞乃開豪放一派，與南宋辛棄疾合稱蘇、辛，並影響南宋愛國詞人一派；賦亦承接歐陽脩之成就，且各式賦體均有創作，質量俱佳〔註 40〕，尤以文賦——〈前、後赤壁賦〉，作為代表。若以易學與文學融攝思想略觀之文學成就，在東坡詩方面，就其內容主題約可分為遣懷諷喻詩、應制唱和詩、山水記遊詩以及社會寫實詩等四類，遣懷諷喻詩頗類勸諫文章之作用，因此亦能和蘇軾易學注重人事之特色相輝映，山水記遊詩則能見出蘇軾對於易學太極和諧觀之認同，在於此類作品中得到實踐；遣懷諷喻詩則深有寄託與批評，更能顯示蘇軾關懷天下，體恤人民之儒家思想，皆源於蘇軾對易學之覃精深研。在東坡詞之區分，則以豪放詞與婉約詞作為分類基礎，而蘇軾早期詞作對於易理多為化用與注重「易簡」之特色，應與年紀尚輕專研易理未深有關，至烏臺詩案後黃州時期之優秀作品質量俱精，更流露易學「變易」之思想，反映出蘇軾對於人事變化之體悟與豁達，是心境之提升，亦是蘇軾易學與文學融攝思想逐漸成熟，而離開黃州至晚期之詞作，呈現蘇軾對《易》更加深刻體悟與實踐，因此藉作品反映易學「不易」之思維，也闡述對於易學與文學融攝思想體系之完成。最後其賦體文章，則隨物賦理，因境抒懷，是蘇軾文章中，亦能反映易學思想之文體。

　　若就文學作品中反映易學之篇章來看，《易》與古文性質較接近，且更有「宗經」、「徵聖」之特質，故融攝度最高，因此本文選擇此文類作為研究主題。依古文文章性質分為論文類、序跋類、雜記類文章以及書牘類等文體，本文就以上古文分類，並結合蘇軾易學代表著作——《東坡易傳》，進行文獻對比分析。底下略述各蘇軾古文分類呈現之特色，古文中論文類文章因多對經典詮釋、政治現況、歷史史事，提出建議與批評，多能秉持儒家思想，民本理念，探論如何應用易學，並身懷憂患意識、修養道德，因此藉易學與古文融攝探討立身處世之中是否合宜？更期許能趨吉避凶、化險為夷，甚至秉持正道、愛國忘身；序跋類文章，則分為書序與贈序，多以唯謙大吉，勉勵親友，亦以此自勵；書牘類文章，除了可以作為上司政敵、親友門生與僧人

〔註 40〕李燕新：《東坡辭賦研究——兼論蘇過辭賦》，（高雄：高雄師範大學博士論文，2006 年 7 月）。

道士往來之間，考論證據，其中多呈現隨遇而安，流行坎止之思想，部分書牘並可作爲《東坡易傳》成書之重要引證。以上古文文類中對於易學之闡述與探討，發覺蘇軾人事應對之曠達和仁者之悲憫襟懷，也包括淑世濟民之政治理念與主張，更可見出蘇軾文學上之浪漫與豪情。

故本論文就蘇軾文學成就：「古文、詩、詞與賦」四文類中，最能闡述易學思想之古文，進行探究，藉此掌握蘇軾易學與古文融攝思想，在學術層面之意涵。研究方法就蘇軾文學中重要古文作品，進行歸納統整，並且分析蘇軾此類作品中之易學思想，以及引用、化用典籍，更甚藉易象言志說理之篇章，由此深研蘇軾古文作品闡發易學思想獨到的成就。

底下說明本文綱要，本文擬從四個面向探討蘇軾易學與古文融攝之情況，因此本文核心問題意識：第一、針對蘇軾易學與文學融攝思想之由來，於本文第一章緒論第五節「易學與文學融攝思想之淵源」，深入探討；第二、歷來研究蘇學多論及蘇軾文學成就，較少以蘇學中易學與文學之關係爲主進行研究，因此本文由唐、宋二代古文大家著手，以其古文作品爲主，參酌詩、詞、賦之作品，探究蘇軾和六大家於易學與古文融攝之關係與異同，並進行縱橫軸面之比較性研究，所以在本文第二章「唐宋古文大家易學與文學融攝思想」，分三節，探討其中之淵源與影響。第三、朱熹稱《東坡易傳》爲「文人之經」，本文欲就此論點切入蘇軾易學重要著作，其解經條例與呈現文學特色之關係，探究蘇軾易學與古文融攝之易學層面，此點將在本文第三章「《東坡易傳》之文學特色」，亦分爲三小節分析，進行《東坡易傳》中易學與古文融攝之內緣與外在相關因素之探究；第四、蘇軾易學與古文融攝思想中，可見出蘇軾古文作品反映易學中之「太極」和諧觀與人事之憂患思維，在第四章「蘇軾議論文章之易學思想」、第五章「蘇軾序記與書牘之易學思想」，此二章共計六節，進行文學作品中易學之探究，並管窺蘇軾易學與古文融攝思想之樣貌。希望本文透過以上各章節之研究，在第六章以「蘇軾易學與古文融攝之淵源與成就」、「蘇軾古文成就對其易學思想之助益」、「蘇軾易學對其古文之影響」等三個觀點切入，歸納出蘇軾易學與古文融攝研究之結論。

第三節　研究依據文本

此節就論文所依據蘇軾學術著作版本，進行考察與條列，分爲「《東坡易傳》版本」、「蘇軾文學作品集版本」、「蘇軾全集與其他主要依據文本」、「蘇

軾年譜版本」等四大部分，底下詳述之。

一、《東坡易傳》版本

　　本文研究以蘇軾學術爲主，其中之易學專著——《東坡易傳》，主要採用嚴靈峰所輯《東坡先生易傳》〔註41〕之版本，此版所用爲明萬曆二十五年刊「兩蘇經解」本影印而來，是當前可見較早版本，因此本論文便以此版本爲主，作文獻考定之依據，此版本和國家圖書館館藏《東坡易傳》〔註42〕明烏程閔氏刊朱墨套印本關係較近。此外《蘇氏易傳》〔註43〕一系則爲明毛晉汲古閣本爲主，國家圖書館藏有此版本〔註44〕，最早由廣文書局印行流傳，北京中華書局亦於1985年重新影印出版此書〔註45〕，而清代《四庫全書》則將此兩版本相校後，定名爲《東坡易傳》〔註46〕。今東北吉林出版社出版《東坡易傳》〔註47〕，爲龍吟點評本，是近來常見之版本，而《東坡易傳》版本考訂，遵循前輩名家之成就〔註48〕，並於底下並稍作探論。

〔註41〕　〔宋〕蘇軾：《東坡先生易傳》，嚴靈峰輯，（臺北：成文出版社，據明萬曆二十五年刊「兩蘇經解」本影印，1965年）。

〔註42〕　〔宋〕蘇軾：《東坡易傳》，（臺北：中央圖書館，1捲盤式微縮捲片：正片：35mm，1975年）。

〔註43〕　〔宋〕蘇軾：《蘇氏易傳》，（臺北：廣文書局，1974年9月）。

〔註44〕　〔宋〕蘇軾：《蘇氏易傳》，（臺北：中央圖書館，1捲盤式微縮捲片：正片：35mm，1975年）。

〔註45〕　〔宋〕蘇軾：《蘇氏易傳》，（北京：中華書局，1985年）。

〔註46〕　〔宋〕蘇軾：《東坡易傳》，景印文淵閣《四庫全書》本，（臺北：臺灣商務印書館，1985年）。

〔註47〕　〔宋〕蘇軾：《東坡易傳》，龍吟點評，（長春：吉林文史出版社，2002年12月）。

〔註48〕　按：本文統整前輩名家成果，將《東坡易傳》版本，分《毗陵易傳》一系、《蘇氏易傳》一系、《東坡易傳》一系。《毗陵易傳》一系，乃《四庫全書提要》據陸游《老學庵筆記》所指出，似《東坡易傳》最早刊刻版本，又以「元祐黨禍」稱蘇軾不敢使用眞名出版爲題，託名「毗陵先生」爲由，言之鑿鑿，但其版本流傳則無記載。若稍考察孔凡禮編著《蘇軾年譜》：「在儋，訂補《易傳》、《論語傳》，撰成《書傳》十三卷，跋其後：囑諸子」，（北京：中華書局，2005年5月，頁1334）。時已元符三年，哲宗將亡，徽宗新立期間，《東坡易傳》既已訂補完全，又囑託諸兒，離出版不遠，但當時爲手鈔稿本；金生楊《「蘇氏易傳」研究》，由《參寥子詩集·東坡先生輓詞》：「準易著書人不見，微言分付有諸郎」，認爲東坡卒時，可能已有副本，並引宋人孫汝聽《蘇潁濱年表》：「時方詔天下焚滅元祐學術，輒救諸子錄所爲《詩》、《春秋傳》、《古史》，子瞻《易》、《書傳》、《論語說》，以待後之君子」，來說明其副本皆爲蘇

　　《東坡易傳》之今存版本，依照《四庫目略》〔註49〕指出，整理出其現存版本共有津逮本、學津本、吳之鯨刊本、閔齊伋硃墨套版本、明焦竑刊兩蘇經解本、舊鈔本等，至少六種版本。而不論其題名沿革分合，在本文此目考察前輩名家統整爬梳之成果後，認爲《東坡易傳》歷代版本之命名，對刊刻校定者來說，主張作者爲蘇軾，或爲三蘇共著之說法，有高度相關性。然而蘇軾作此書原由，爲其父蘇洵命危時受命〔註50〕，命其完成遺願——對《易》進行傳注，而蘇洵易學今於文集內，留存〈易論〉、〈太玄論〉、〈利者義之和論〉、〈上韓丞相書〉〔註51〕……等等文章，可略窺蘇洵易學一、二主張〔註52〕，然其主要「易傳百餘篇」〔註53〕、「易傳十卷」〔註54〕，實則無刻版印行，現今學界對於《東坡易傳》著作過程中是否以蘇洵之《易傳》爲底本？或增補，或修訂，或裁斷，

軾、蘇轍諸子弟抄錄，是爲鈔本，（成都：巴蜀書社，2002年1月，頁76）；王水照編著《宋人所撰三蘇年譜彙刊》，其中孫汝聽《蘇潁濱年表》：「復作易說三章，及論語拾遺，以補子瞻之闕，其論大衍之數五十，天地之數，五十有五，盡掃古今學者，增損附會之說，得其本眞」，（〔明〕《永樂大典》本，上海：上海古籍出版社，1989年，頁304），此一說亦可證《東坡易傳》著重人事，不重象數，而由以上兩種年譜以及陸游〈跋「蘇氏易傳」〉一文，稍可推論《毗陵易傳》出版約於北宋宣和年間，雖未必是最早流傳蘇軾友朋子弟之間的版本，卻爲最早刊刻版本，又參證馮椅《厚齋易傳》引《中興書目》，可知《毗陵易傳》應爲蜀本。而《蘇氏易傳》一系版本與南宋陸游、晁公武提及，同名爲《蘇氏易傳》之十一卷本蜀本，或與王應麟所言十一卷本不同，今本應源於明代陳所蘊序刻《蘇氏易解》一系，至毛晉改題爲《蘇氏易傳》，然而清張海鵬兼取明焦竑序顧氏刻本校勘亦名《蘇氏易傳》，已非明代版本，以上刻本皆取名爲「蘇氏」，或認同——蘇氏父子對《易傳》之功，而非獨蘇軾一人之力。

〔註49〕楊立誠編著，《四庫目略》，嚴靈峰輯，（臺北：臺灣中華書局，1960年），頁4。

〔註50〕〔宋〕蘇轍：《蘇轍集・亡兄子瞻瑞明墓誌銘》，（北京：中華書局，2004年5月），頁1127～頁1128。

〔註51〕按：可參照蘇洵《嘉祐集》，第六卷《六經論》（頁51～頁60）、第七卷〈太玄論〉（頁61～頁72）以及第八卷（頁83～頁95）、第十二卷（頁117～頁118），（《四庫全書》本，臺北：臺灣商務印書館，1977年6月）。

〔註52〕按：可參照王水照、朱剛編著之《蘇軾評傳》，（南京：南京大學，2004年，頁166），與金生楊《「蘇氏易傳」研究》論蘇洵開拓之功，（成都：巴蜀書社，2002年1月，頁51～頁53）。

〔註53〕〔宋〕蘇洵：《嘉祐集・上韓丞相書》，第十二卷，其云「作《易傳》百餘篇」，《四庫全書》本，（臺北：臺灣商務印書館，1977年6月），頁117～頁118。

〔註54〕張方平：《樂全集・文安先生墓表》，冊四，第三十九卷，「《文集》二十卷、《諡法》三卷、《易傳》十卷」，（臺北：臺灣商務印書館，1970年），頁57～頁62。

或鎔鑄……等，意見不一，經統整後共有三種說法，第一種主張作者爲蘇軾傳注〔註55〕，此派說法與《毗陵易傳》一系之版本有高度相關；第二種主張由三蘇共同傳注〔註56〕，主要論點依據蘇籀《欒城遺言》，書中提及蘇洵命二子，續作未完易傳稿件〔註57〕，此說法與《蘇氏易傳》一系有深厚之淵源；第三種主張認爲應由三蘇合力爲之，但以蘇軾爲主，此派不反對受蘇洵與蘇轍（1039～1112年）影響〔註58〕，但與第二種主張不同之處，在於《東坡易傳》之題名，反映出蘇洵和蘇轍在此書形成中所占不同之地位，第二種主張強調三蘇共傳，因此以「蘇氏」爲題，代表蘇氏父子三人合著之功，而第三種則以蘇軾主傳，或受父弟沾染，此派說法最後由四庫館臣統合言之，四庫館臣並依此將其版本命名爲《東坡易傳》，以凸顯東坡著成之功勞。

　　《東坡易傳》一系版本，主要以明畢氏、顧氏前有焦竑序二種刻版與《四庫全書》、《四庫全書薈要》二鈔本之外，今兩岸更有多方影本〔註59〕，於近

〔註55〕 按：今學者冷成金《蘇軾的哲學觀與文藝觀》，（北京：學苑出版社，2004年，2版，頁38～頁45），以及謝建忠「東坡易傳」考論）皆贊同此說，然而謝文雖依據《四庫全書》版本進行考論，而自蘇軾遭逢烏臺詩案，貶謫黃州，深研易理，而二蘇易解終究不同，最後以老蘇〈渙卦〉六四解與蘇軾之解不同，提出《東坡易傳》實爲蘇軾之功，非「蘇氏父子兄弟合力爲之」，見解精闢，（《文學遺產》，2000年，第六期，頁30～頁36）。然而以主張三蘇合力爲之的《四庫全書‧東坡易傳》爲底本，與謝之主張，前後卻有相觸，考察《毗陵易傳》、《蘇文忠易傳》皆爲宋本，今猶不存，雖不能以是過此文，若就南宋晁公武《郡齋讀書志》中〈「毗陵易傳」志〉：「右皇朝蘇軾子瞻撰」、陳振孫《直齋書錄解題》中〈「東坡易傳」解題〉：「瑞明殿學士眉山蘇軾子瞻撰著」，以及馮椅《中興書目》中〈蘇軾「易傳」〉：「本朝翰林學士蘇軾傳」，三篇提要，著錄書名不題「蘇氏」，而直錄其名，皆應推崇蘇軾傳注此書之功。

〔註56〕 按：主張此說法今爲金生楊《「蘇氏易傳」研究》一書提出，書中第一章《蘇氏易傳的撰著與流傳》云：「從三蘇研究《周易》，撰寫《易傳》的歷程看，蘇洵在思想體系的建構上起了巨大作用，而蘇轍則在《易傳》的寫作過程中有輔助和促成之功。因此，《蘇氏易傳》凝聚了蘇氏父子三人的心血和汗水，是他們智慧的結晶」，（成都：巴蜀書社，2002年1月），頁67。

〔註57〕 按：此說法主要依據蘇籀《欒城遺言》，但此說與其祖父蘇轍說法不一致。

〔註58〕 按：由今學者林麗眞〈東坡易傳之思想及朱熹之評議〉指出（《宋代文學與思想》，臺北：臺灣大學中文研究所，1989年，頁630～頁631），另在《義理易學鉤玄‧東坡易傳的特質》一文中亦有提及此說：「此書爲三蘇父子合撰則不可，若說東坡間受父弟影響而獨家完成，則較合事實。」，（臺北：大安出版社，2004年11月，頁119）；大陸學者唐玲玲、周偉民《蘇軾思想研究》中亦提此說，（臺北：文史哲出版社，1996年，頁197）。

〔註59〕 按：比如大陸東北長春吉林出版社重印《四庫全書薈要》本。

年大陸龍吟以《四庫全書・東坡易傳》爲本，參校歷代版本，更將《周易》經文加以分段，於每小節前附上簡評，之後附上校注，並於書後附上三蘇易學文章以及相關歷代版本提要、序、跋〔註60〕，檢閱方便。此系版本，以「東坡」、「東坡先生」爲書題，更代表以蘇軾爲主，或因襲蘇洵與兼採蘇轍易說之主張，較能兼顧歷史史實與相關文獻資料。而本文主要依據《四庫全書》著錄說法題爲「《東坡易傳》」，但在此書作者上則採取第三派之主張，認爲「應由三蘇合力爲之，但以蘇軾爲主」之說法，因此本文所選版本中便以《東坡先生易傳》焦竑序畢氏刊刻與《四庫全書薈要》、《四庫全書・東坡易傳》鈔本作爲主要論文依據。

二、蘇軾文學作品集版本

歷代蘇軾文學作品之出版，皆爲文壇盛事，經由考察結果，底下乃選擇版本，古文由最早之版本《經進東坡文集事略》與北京中華書局《蘇軾文集》由孔凡禮選校標點之版本，詩集亦以北京中華書局版本爲主，蘇軾詞集則以清朱彊邨《東坡樂府》爲主參酌他家，底下條述之：

（一）《經進東坡文集事略》

爲今存最早蘇軾文集之版本──《經進東坡文集事略》〔註61〕，由臺北世界書局印行。

（二）《蘇軾文集》

依據北京中華書局出版之版本《蘇軾文集》〔註62〕，作爲本論文蘇軾古文重要引文及標點參考。

（三）《蘇軾詩集》

蘇軾詩作則以《蘇軾詩集》〔註63〕爲北京中華書局版本，依此爲主，並參照學海出版社之版本〔註64〕。

〔註60〕　〔宋〕蘇軾：《東坡易傳》，龍吟點評，（長春：吉林文史出版社，2002 年 12 月），頁 5。

〔註61〕　〔宋〕蘇軾：《經進東坡文集事略》，（臺北：世界書局，1950 年）。

〔註62〕　〔宋〕蘇軾：《蘇軾文集》，孔凡禮校注，（北京：中華書局，2004 年 11 月）。

〔註63〕　〔宋〕蘇軾：《蘇軾詩集》，（北京：中華書局，2007 年 4 月）。

〔註64〕　〔宋〕蘇軾、〔清〕王文誥、〔清〕馮應榴輯注：《蘇軾詩集》，（臺北：學海出版社，1983 年）。

（四）《蘇軾詞集》

蘇軾詞集則版本眾多，主要以清朱彊邨《東坡樂府》〔註65〕和明毛晉選校《東坡詞》〔註66〕兩版本，參照近人曹樹銘編《蘇東坡詞》〔註67〕與石淮聲等人撰著之《東坡樂府編年校箋》〔註68〕，以及鄒同慶、王宗堂編校之《蘇軾詞編年校注》〔註69〕。

三、蘇軾全集與其他主要依據文本

全集則以臺北世界書局所刊行之《蘇東坡全集》〔註70〕、北京中國書店出版之《蘇東坡全集》〔註71〕，以及上海古籍出版社所印行之《東坡全集》〔註72〕為主。其他尚參照北京中華書局插畫本之《東坡志林》〔註73〕與《格物麤談》〔註74〕。

四、蘇軾年譜版本

以北京書局印行，孔凡禮所著《蘇軾年譜》〔註75〕，以及上海古籍出版社印行，王水照整理《宋人所撰三蘇年譜彙刊》〔註76〕為主。

歷年出版蘇軾著作，版本甚多，本文試舉主要參考與研究之版本，其餘將於論文末「參考文獻」，加以細分條列，因此不於此節詳述之。

〔註65〕〔宋〕蘇軾：《東坡樂府》，〔清〕朱彊邨，（臺北：廣文書局，據朱彊邨重編元祐本重印，1960年）。

〔註66〕〔宋〕蘇軾：《東坡詞》，〔明〕毛晉選校，（北京：中國書店，1996年4月）。

〔註67〕〔宋〕蘇軾：《蘇東坡詞》，曹樹銘校編，（臺北：臺灣商務書局，2002年9月）。

〔註68〕〔宋〕蘇軾：《東坡樂府編年校箋》，石聲淮、唐玲玲箋注，（臺北：華正書局，2005年9月，三版）。

〔註69〕〔宋〕蘇軾：《蘇軾詞編年校注》，鄒同慶、王宗堂校注，（北京：中華書局，2007年10月，二版）。

〔註70〕〔宋〕蘇軾：《蘇東坡全集》，（臺北：世界書局，1969年）。

〔註71〕〔宋〕蘇軾：《蘇東坡全集》，（北京：中國書店出版，1986年）。

〔註72〕〔宋〕蘇軾：《東坡全集》，（上海：上海古籍出版社，1987年）。

〔註73〕〔宋〕蘇軾：《東坡志林》（插圖本），（北京：中華書局，2007年9月）。

〔註74〕〔宋〕蘇軾：《格物麤談》，（北京：中華書局，1985年）。

〔註75〕孔凡禮：《蘇軾年譜》，（北京：中華書局，2005年5月）。

〔註76〕王水照：《宋人所撰三蘇年譜彙刊》，（〔明〕《永樂大典》本，上海：上海古籍出版社，1989年）。

第四節　文獻分析和回顧

研究蘇軾易學與文學，文獻眾多，本節就分四部份整理之：一、歷代文獻分析和回顧，探討由漢至南宋，諸位學者之文集與易學著作；二、近來蘇軾易學之研究成果，探討海峽兩岸學者，對蘇軾易學之考證與闡發；三、歷來蘇軾古文之研究成果，研討蘇軾古文成就以及其中之易學思想；四、歷來蘇軾易學與文學融攝思想之研究成果。能藉由此類文獻梳理易學與古文融攝，並探究蘇軾易學與古文融攝思想之淵源與發展。底下依次列敘之。

一、歷代文獻分析和回顧

主要分析歷代學者易學與文學融攝之作品集，包括漢揚雄與唐、宋古文大家，以及南宋朱熹、楊誠齋等，以上諸作家之文集與易學著作，底下條列之。〔註77〕

（一）揚雄：《揚子雲集》

以《揚子雲集》〔註78〕為主，即文淵閣《四庫全書》本，乃據國立故宮博物院館藏本影印而來。

（二）王弼、韓康伯：《周易王韓注》、《周易略例》

以四部備要本《周易王韓注》〔註79〕為主，內附王弼〈周易略例〉。

（三）韓愈：《昌黎先生集》

以臺灣商務印書館版本《朱文公校昌黎先生集》〔註80〕為主，參照國家圖書館所收藏明虞山毛氏汲古閣刊津逮祕書本。

（四）柳宗元：《柳河東集》

由上海人民出版社依據中華書局版本重印行之《柳河東集》〔註81〕版本為主。

〔註77〕　按：此類依照著者所處歷史年代，由遠至近，依時序排列。
〔註78〕　〔漢〕揚雄著，《四庫全書·揚子雲集》，文淵閣版本，（臺北：臺灣商務印書館，1983年），第一〇六三冊，卷五。
〔註79〕　〔魏〕王弼：《周易王韓注》，四部備要本，（臺北：臺灣中華書局，1965年）。
〔註80〕　〔唐〕韓愈，〔宋〕朱熹校：《朱文公校昌黎先生集》，（臺北：臺灣商務印書館，1970年，台二版）。
〔註81〕　〔唐〕柳宗元：《柳河東集》，（上海：上海人民出版社，1974年5月）。

（五）歐陽脩：《歐陽文忠集》

今由嚴靈峰輯，臺北成文書局印行，依據民國十五年四部備要《歐陽文忠集》〔註82〕本加以排印本爲主；另參照李之亮箋注，成都巴蜀書社印行《歐陽脩集編年校注》〔註83〕。

（六）王安石：《臨川先生文集》

主要以華正書局依據明嘉靖撫州覆紹興中詹桐廬刊本爲底本，所印行之《臨川先生文集》〔註84〕。

（七）蘇洵：《嘉祐集》

以《四庫全書》本爲底本，由臺灣商務印書館印行《嘉祐集》〔註85〕。

（八）蘇轍：《蘇轍文集》

以北京中華書局所重新整理出版之《蘇轍集》〔註86〕版本爲主。

（九）朱熹：《周易本義》、《周易啟蒙》、《朱文公文集》

《周易本義》〔註87〕今由嚴靈峰輯，臺北成文書局印行，據清光緒九年景宋咸淳刊本影印；《周易啓蒙》則使用《四庫全書》本；《朱文公文集》〔註88〕則採用臺灣商務印書館刊印之四部叢刊本；《朱子語類》〔註89〕則爲北京中華書局之版本。

（十）楊萬里：《楊誠齋集》、《誠齋易傳》

《誠齋集》〔註90〕以商務印書館刊印四部叢刊本爲主，《誠齋易傳》〔註91〕

〔註82〕〔宋〕歐陽脩：《歐陽文忠集》，《四部叢刊》本，（臺北：臺灣中華書局，1970年，台二版）。
〔註83〕〔宋〕歐陽脩：《歐陽脩集編年校注》，李之亮箋注，（成都：巴蜀書社，2007年）。
〔註84〕〔宋〕王安石：《臨川先生文集》，（臺北：華正書局，1975年4月）。
〔註85〕〔宋〕蘇洵：《嘉祐集》，《四庫全書》本，（臺北：臺灣商務印書館，1977年6月）。
〔註86〕〔宋〕蘇轍：《蘇轍集》，（北京：中華書局，2004年5月）。
〔註87〕〔宋〕朱熹：《周易本義》，（臺北：成文出版社，據明萬曆二十五年刊「兩蘇經解」本影印，1965年）。
〔註88〕〔宋〕朱熹：《朱文公文集》，《四部叢刊》本，（臺北：臺灣商務印書，1967年，台二版）。
〔註89〕〔宋〕黎靖德編：《朱子語類》，（北京：中華書局，1986年）。
〔註90〕〔宋〕楊萬里：《誠齋集》，（臺北：臺灣商務印書館，1967年）。
〔註91〕〔宋〕楊萬里：《誠齋易傳》，（臺北：成文出版社，1976年）。

則依業師黃博士忠天教授論文《楊萬里易學之研究》所選明嘉靖刊本為主。

　　以上歷史文獻，對於詳細探討蘇軾易學與古文融攝之淵源與由來，深有助益，尤其使本論文第二章與第三章之架構、綱目與內容，逐漸完成。

二、近來蘇軾易學之研究成果

　　近來研究蘇軾易學多就其易傳著手，或稱為思想、或稱之經學成就、或稱之哲學觀，其成就均有可觀，以下分單篇論文、專書，二部分整理論探之〔註92〕：

（一）單篇論文

　　《東坡易傳》為研究蘇軾易學之重要著作，幾可由此書探討出蘇軾易學之體系與思想，底下共計十三篇論文，就不同方面與主題，探討蘇軾易學及其易著，亦有由「蜀學」、「蘇氏之學」切入研究。稱其易著「東坡易傳」或「蘇氏易傳」則有不同之依據與主張，已於本文第三節詳細探論之，於此不詳述，底下條列之。

1. 王基西：〈北宋易學考〉，《國立臺灣師範大學國文研究所集刊》，第二十三期，1979 年 6 月，P.119～P.224。
2. 金生楊：〈也論「東坡易傳」的作者和系年──與謝建忠先生商榷〉，《文學遺產》，2003 年，第一期，P.42～P.48。
3. 冷成金：〈試論「三蘇」蜀學的思想特徵〉，《福建論壇‧人文社會科學版》，2002 年，第 3 期，P.71～P.77。
4. 冷成金：〈從「東坡易傳」看蘇軾的情本論思想〉，《福建論壇‧人文社會科學版》，2004 年，第 2 期，P.73～P.78。
5. 涂美雲：〈從北宋學術思潮看蘇氏之學〉，《東吳中文學報》，第八期，2002 年 5 月，P.15～P.46。
6. 耿亮之：〈蘇軾易學與人格〉，《周易研究》，1996 年，第三期（總第二十九期），P.31～P.37、P.30。
7. 陳仁仁：〈「蘇氏易傳」論「道」與「性」──兼論其中儒佛道三家關係問題〉，《湖南大學學報‧社會科學版》，2001 年 12 月，第十五卷，第四期，P.28～P.32。

〔註92〕　按：此類「近來蘇軾易學之研究成果底下」，排列規則如下：1.先依照作者姓名筆劃，同姓氏者則由次字決定，以下類推，由此條件進行文獻探討，並依序排列；2.同作者之作品，再依照其文章之發表先後時間，進行排列。3.姓氏同筆畫者，由論文發表先後時間，依次排列次序。

8. 陳仁仁：〈論「蘇氏易傳」的「卦合爻別」說〉，《周易研究》，2004 年，第五期（總第六十七期），P.50～P.56。

9. 楊淑瓊：〈「東坡易傳」中的性命之說〉，《鵝湖》，第二十八期（總三三五期），2003 年 5 月，P.48～P.54。

10. 楊遇青：〈「志氣如神」與「以神行智」——論「東坡易傳」中「神」的觀念〉，《周易研究》，2006 年，第四期（總第七十八期），P.20～P.25。

11. 楊慶波、李秀原：〈從「東坡易傳」看蘇軾的理想人格〉，《黑龍江教育學院學報》，2005 年 9 月，第二十四卷第五期，P.92～P94。

12. 齊磊、劉興明：〈蘇軾人格氣象的易學解讀〉，《周易研究》，2006 年，第六期（總第八十期），P.88～P.92。

13. 謝建忠：〈「東坡易傳」考論〉，《文學遺產》，2000 年，第六期，P.30～P.36。

以上論文皆能詳盡探討蘇軾易學思想要義，並作為本論文探討蘇軾易學與古文融攝之易學基礎。

（二）專書

研究蘇軾易學，海峽兩岸前輩名家皆能詳盡探論蘇軾易學精要之處，底下共計有四本專書：余敦康《漢宋易學解讀》、林麗真《義理易學鈎玄》、金生楊《「蘇氏易傳」研究》、涂美雲《朱熹論三蘇之學》；以及學位論文二本：楊子萱《「東坡易傳」研究》、劉興明《東坡易傳》易學思想研究，共計六本。底下略探之。

1. 余敦康：《漢宋易學解讀》〔註93〕

此書第十章〈蘇軾之「東坡易傳」〉認為蘇軾易學為「以郭象之莊學解易」，此觀點有部分學者不表贊同，似可再深入探論，而對於蘇軾會通儒道，在文中則能盡精要之析論，另在易傳條例，比較王弼老莊派解易特色，與蘇軾解易之異同，進行闡微探幽，成就極高。最後論及蘇軾文化價值之理想，正寄託在其《東坡易傳》中，反映宋代經學除了「疑經改經」，更開始形成「以我注經」之現象，由結語能得知蘇軾易學開啟宋易義理易學之一條路子，此結論對本文啟迪良多，尤其對於本文第三章第二節「兼採道家『自然』為文之特色」，在寫作上亦有幫助。

〔註93〕余敦康：《漢宋易學解讀》，（北京：華夏出版社，2006 年 7 月）。

2. 林麗真：《義理易學鉤玄》〔註94〕

書中第五篇〈東坡易傳的特質〉，就其「一、尚義理；二、善策論；三、能考辨；四、信圖數」，四方面探討蘇軾注解易經之方法與態度，提綱挈領，舉證詳實。第六篇〈東坡易傳中的「一」〉能夠掌握東坡易傳中核心之易學觀點「一」進行深入剖析，以「道一」、「貞一」、「理一」與「本一」等，除闡明東坡以義理為主，象數為輔之解易方式與態度，更加印證其思想與程朱理學大有所別，因此對於本文第三章第一節「源自儒家『能近取譬』之方式」之完成，深有助益。

3. 金生楊：《「蘇氏易傳」研究》〔註95〕

此書詳盡探討《蘇氏易傳》之經學成就以至於各個層面，乃近來第一本探討蘇軾易學中重要注疏之書：《蘇氏易傳》之論文專著，並且對於三蘇完成此易傳提出了完整論證，成果豐碩，而在此父子三人共著易傳部分推論在學界尚未成為定論，或有可探討之處，本文在第一章《東坡易傳》版本略探，以及《東坡易傳》易學思想與特色，皆受此書之益。

4. 涂美雲：《朱熹論三蘇之學》〔註96〕

此書針對三蘇之學與朱熹對三蘇經學、史學、哲學與文學等層面，進行全面性之探討，書中對於蘇軾之經學、史學與哲學皆能述其要旨，發人深省，且深入研析蘇軾與儒、釋、道三者之淵源、主張與影響。此外，亦能擴及外在政治環境與黨爭底下對於蘇軾學術之影響，最後則以理學大家朱熹對蘇軾在哲學、經學與文章議論三個層面之評論，探討蘇學與閩學之間關連性，對本文在蘇軾易學之研究於基礎常識、論文架構，以及蘇氏蜀學大要輪廓之釐清，大有啟發。

5. 楊子萱：《東坡易傳》研究〔註97〕

此論文乃臺灣第一本探討東坡易學著作之碩士論文，主要依據前幾位學者之成果，加以開展。明白清晰地闡述東坡易學中流露之哲學觀點，並且能融合中西哲學之研究觀點，對於解說蘇軾易學，頗有新意。若論及蘇軾於經學史、文學史以及學術史上之地位與價值，則可以藉由縱與橫的比較研究，

〔註94〕 林麗真：《義理易學鉤玄》，（臺北：大安出版社，2004 年 11 月）。
〔註95〕 金生楊：《「蘇氏易傳」研究》，（成都：巴蜀書社，2002 年 1 月）。
〔註96〕 涂美雲：《朱熹論三蘇之學》，（臺北：秀威資訊科技，2005 年 9 月）。
〔註97〕 楊子萱：《「東坡易傳」研究》，（臺北：政治大學哲學系，碩士論文，2006 年）。

更深入探討蘇軾易學與其古文融攝之關係。而縱與橫的比較研究,可補充探討蘇軾易學與唐宋古文大家之淵源與差別,因此對於本文第二章「唐宋古文大家易學與文學融攝思想」有所啟發,以及第三章「《東坡易傳》之文學特色」有所幫助。

6. 劉興明:《東坡易傳》易學思想研究〔註98〕

此為山東大學林忠軍教授所指導之碩士論文,本篇較能以自己創見,闡述蘇軾易學之精華,可說深有見地之一篇碩士論文。然而就《東坡易傳》與當代重要大家之關係,比如:宋代易學、文學,以及相關學術流派之比較,則或有可深入再探析之空間。本文承接此篇論文之成果,並就易學與文學融攝思想之角度,欲進一步進行橫的比較研究,略窺蘇氏之學與宋代文學大家歐陽脩、王安石之關係與異同,並稍釐清理學家朱熹對蘇軾之見解,然而本文由此論文之啟迪,進一步理解蘇軾易學與古文融攝之成就,希望重新體認蘇軾易學於宋代之學術價值。

三、近來蘇軾古文之研究成果

研究蘇軾文學,在單篇論文方面,依據謝佩芬〈三蘇研究論著目錄(1913～2003年)〉(上),文內將蘇軾散文、賦之研究列為一類,若稍考察其中所列出近九十年間,以蘇軾古文為主題研究之篇章,約略一百三十三篇。文中所述篇章多著重於蘇軾詩、詞之研究,若針對其古文之研究,則又多著重於名篇文章闡述研究。而楊鑫〈近十年來蘇軾散文研究述評〉〔註99〕深入探討蘇軾散文研究之論文,並逐一進行述評。於前篇謝文中所統計,進行蘇軾古文研究與其詩詞研究篇章之比對,可發覺蘇文研究遠不如蘇軾詩、詞研究之量,故開發研究空間甚大。本文就探討蘇軾古文思想之單篇論文者,進行分析研究,其餘相關者,列於參考文獻。

在專書方面,本文參考師大王更生教授所選錄之《蘇軾散文研讀》、文化大學李李教授《三蘇散文研究》,以及徐月芳《蘇軾奏議書牘研究》等三本專著。但不論單篇論文或專著,研究易學思想與其古文關係者尚待開發,於是本文針對此議題進行研究。因此就蘇軾散文研究,底下略述之:

〔註98〕劉興明:《「東坡易傳」易學思想研究》,(山東:山東大學碩士論文,2005年4月)。

〔註99〕楊鑫:〈近十年來蘇軾散文研究述評〉,《新亞論叢》,第七期,2005年6月,頁210～頁216。

（一）單篇論文

1. 林慧雅：〈論蘇軾散文的「設問」手法——以高中課文爲例〉，《國文天地》，第十七期（總第一九六期），2001 年 9 月，P.24～P.29。
2. 孫連琦：〈蘇軾的散文理論——兼談其散文風格〉，《求是學刊》，第五期，1991 年，P.60～P.65。
3. 高孟平：〈試析論蘇軾散文的哲理特色〉，《烏魯木齊成人教育學院學報》，第二期，1996 年，P.10～P.12。
4. 曾子魯：〈簡述蘇軾對韓歐古文成就的繼承與發展〉，《江西師大學報》，第二期，P.64～P.69。
5. 陳曉芬：〈蘇軾史論文中的人格思考〉，《吉安師專學報》，第六期，2000年，P.82。

上所述惟林慧雅乃臺灣學者，注重於蘇軾古文修辭與教學研究。其餘爲大陸學者，在高孟平〈試析論蘇軾散文的哲理特色〉就大方向分析蘇軾古文中之思想，曾子魯〈簡述蘇軾對韓歐古文成就的繼承與發展〉一文，則對本文第二章有幫助，其它單篇論文亦對文章分析有所助益。

（二）專書

1. 王更生：《蘇軾散文研讀》〔註100〕

由師大王更生教授選讀蘇軾散文，將蘇軾生平經歷、文學主張與散文藝術，綱舉目張加以介紹，並且選錄其辭賦、議論文、雜記、書札題跋文，與碑傳哀祭文中之名篇作品，對本文之第四章與第五章之研究，極有幫助。

2. 李李：《三蘇散文研究》〔註101〕

中國文化大學李李教授對三蘇散文進行研究，首論古典散文之定義、分類與北宋文風，並概述唐宋八大家散文思想與成就。而探討三蘇家世與生平之外，亦由三蘇分別之性格、嗜好，逐漸深入探討三蘇散文之特色與成就，尤其深入分析三蘇記體散文，對於本文第五章第二節所論及蘇軾雜記類散文作品之章法分析，具有高度參考價值。

3. 徐月芳：《蘇軾奏議書牘研究》〔註102〕

〔註100〕王更生：《蘇軾散文研讀》，（臺北：文史哲出版社，2001 年 2 月）。
〔註101〕李李：《三蘇散文研究》，（臺北：秀威資訊科技股份有限公司，2008 年 4 月）。
〔註102〕徐月芳：《蘇軾奏議書牘研究》，（臺北：臺灣學生書局，2003 年 5 月）。

今學者徐月芳探討蘇軾奏議與書牘二類，在蘇軾生平與思想中，就儒、釋、道三家思想對蘇軾思想體系形成，有見地且精要條述其中。而其奏議文章研究分陳其爲政與治兵之道，本文第四章第二節之政論參考徐之分析與鑑賞；書牘研究則分爲交游、政治、治學、文藝、與修養等六方面，進行分析與探論，本論文第五章第三節所選書牘文章之探究，亦參考其說法，作爲析論依據。

四、近來蘇軾易學與文學融攝思想之研究成果

近來針對蘇軾易學與文學融攝思想，進行探討者，單篇論文計收二篇，專書則有二本，底下略述之：

（一）單篇論文

探討蘇軾易學與文學融攝思想，乃最近興起之議題，因此以此作爲主題之單篇論文不多，主要有二篇，條列如下：

1. 陳素英：〈東坡易傳及其詞中易境之詮釋〉，《國文學誌》，第十二期，2006 年 6 月，P.117～P.158。
2. 冷成金：〈從「東坡易傳」看蘇軾文學思想的基本特徵──兼與朱熹文藝思想相比較〉，《文學評論》，2002 年，第 2 期，P.145～P.152。

在以上二篇之論述，乃針對蘇軾易學提升其文學境界，與探論蘇軾學術有別於理學家朱熹，而造就二者在經學、文學上不同之歷史評價，此發現對於本文建構蘇軾易學與文學融攝思想，以及深入探究蘇軾易學與古文融攝思想，有深刻之啓蒙與影響。

（二）專書

此類專書主要有大陸學者冷成金《蘇軾的哲學觀與文藝觀》與唐玲玲、周偉民《蘇軾思想研究》二本，底下略述其對本文影響之處：

1. 冷成金：《蘇軾的哲學觀與文藝觀》

書中第一章針對《東坡易傳》中哲學觀分成細節詳加討論；第二章則以蘇軾人性論爲基礎，探論文集所闡述之見解與看法，此外著者對於《中庸》之看法亦脫離不了蘇軾之「情本人性論」，論及如何使人性安於「仁德禮法論」，則探討蘇軾政治層面之主張與理想。第三章則論蘇軾能援引道釋二家，對其哲學觀之影響，而有別於理學家；第四章就其生平經歷來論其哲學觀與

實踐；第五章則論及作品中反映之哲學觀點。此爲上編，代表蘇軾哲學觀，因此本論文在探討蘇軾易學內涵時，受其啓蒙，本文以《東坡易傳》本身爲主，作爲立論考察之重要文獻，旁及其文集中所反映易學思想之作品，而更重視蘇軾易學中援引道釋二家思想之由來，並探討此作法之優劣，最後亦能由蘇軾文學主張，反觀《東坡易傳》裡所表現出來文學風格與特色。

下編「蘇軾之文藝觀」，第六章探討蘇軾文藝本原論，串連《東坡易傳》與其文藝思想；第七章實際由蘇軾作品，分析出其創作論，亦能從中發覺淵源於《東坡易傳》之處；第八章更進一步由蘇軾作品，探討其中所流露之藝術風格，其中能舉出古文之特色，並發覺與蘇軾易學相關之處；第九章則專論蘇軾之鑑賞批評論，能針對淵源於儒家美學，以及其中受易學沾染者，且與朱熹之觀點進行比對。由下編可以理解蘇軾文學成就與其思想由來，更可藉由分析蘇軾作品，深入探討蘇軾易學與文學融攝之概況，本文則專門探討蘇軾古文作品中之易學思想，更歸納蘇軾易學與古文融攝之面貌，試圖建構其易學與古文融攝思想之輪廓。

整體而言，冷先生此書啓迪本文對於蘇軾易學與古文融攝之深究，得先就蘇軾之學術思想入手，而冷成金認爲蘇軾之學術思想本於其易學思想，故由上編入門之後，更由下編之概念，整理蘇軾古文作品之易學思想，故此書對於本文深有啓發。

2. 唐玲玲、周偉民：《蘇軾思想研究》

以蘇軾哲學社會思想與文藝思想及創作成就爲兩大主軸，進行深入淺出之論述，有助於蘇軾生平經歷、家世背景與其學術思想概貌之認識，並可體認蘇軾易學與文學融攝思想之兩面性，啓迪針對蘇軾易學與古文相關性之問題意識。

透過上所述二本專書，逐漸釐清蘇軾生平與學術思想之成就，並建立本文之問題意識，促使確立本論文文獻分析方向與形成本文研究目的。

以上四面向所列爲本文研究之主要依據，然而相關書籍繁多，將載於論文文末參考文獻內，逐一條列，而本文所列舉名人生卒年代，除重要影響本文研究議題者稍加註解，並進行考究外，其餘以姜亮夫撰《歷代人物年里碑傳綜表》內說法爲主〔註103〕，並參照梁廷燦《歷代名人生卒年表》〔註104〕、麥仲貴《宋

〔註103〕姜亮夫：《歷代人物年里碑傳綜表》，（臺北：華世書局，1976年）。
〔註104〕梁廷燦：《歷代名人生卒年表》，（臺北：臺灣商務印書館，1979年，台二版）。

元理學家著述生卒年表》〔註 105〕，與劉大杰《中國文學發展史》所列〔註 106〕。

第五節　研究主題淵源與目的

　　在業師黃博士忠天教授啓蒙與引導之下，擬定出本論文之主題「蘇軾易學與古文融攝之研究」，然欲探究本文主題，必得爬梳「易學與文學融攝思想之淵源」，進而造就蘇軾易學與古文融攝之成就的學術背景，因此本節就歷代文獻進行分析研討，並於第二點闡述本論文之研究目的。

一、易學與古文融攝思想之淵源

　　蘇軾易學與古文融攝，乃其易學與文學融攝思想之中最富代表性者，而蘇軾此思想，可追溯自《周易》中賁卦，此卦探討講文質關係，「文」指文章修飾，「質」指內在修爲，孔子所言「文質彬彬」，或源於此卦。此外十翼內所蘊兩者融攝思想，如〈乾‧文言〉：「子曰：君子進德修業。忠信，所以進德也；修辭立其誠，所以居業也。」，雖爲〈乾〉初九爻：「君子終日乾乾，夕惕若，厲無咎」之闡發，亦是代表孔子對於易學與文學之態度，雖孔子是否注易、研易在學術界仍有部分爭議〔註 107〕，然而孔子在《論語‧述而》〔註 108〕篇提出學易可以盈保安泰，而無重大過錯，並藉由對話之形式，闡述易學之價值，而在〈子路〉一篇〔註 109〕引用恆卦：「不恆其德，或蒙其羞」〔註 110〕，可看出孔子對於易理之掌握，此外孔子對於文學之看法則可見《論語‧學而》：「行有餘力，則以學文」〔註 111〕，對於道德仁義之追求先於文學造詣，而易

〔註 105〕麥仲貴：《宋元理學家著述生卒年表》，（香港九龍：新亞研究所，1968 年）。

〔註 106〕劉大杰《中國文學發展史》，（臺北：華正書局，1998 年 8 月，校訂本）。

〔註 107〕黃沛榮：《易學乾坤‧孔子與周易經傳之關係》，（臺北：大安出版社，1998 年 8 月），頁 157～頁 164。

〔註 108〕〔魏〕何晏注、〔宋〕刑昺疏、〔清〕阮元編：《論語正義》，第八卷，〈述而〉，子曰：「加我數年，五十以學《易》，可以無大過矣。」，（臺北：臺灣中華書局，1970 年 9 月，台三版），頁 9～頁 10。

〔註 109〕同上，子曰：「南人有言曰：『人而無恆，不可以作巫醫。』善夫！」「不恆其德，或承之羞。」子曰：「不占而已矣！」。

〔註 110〕〔魏〕王弼注、〔唐〕孔穎達疏、〔清〕阮元編：《周易正義》，卷四，恆卦九三爻辭：「不恆其德，或承之羞，貞吝。」，（臺北：臺灣中華書局，1966 年 3 月），頁 4。

〔註 111〕〔魏〕何晏注、〔宋〕刑昺疏、〔清〕阮元編：《論語正義》，第一卷，〈學而〉，子曰：「弟子入則孝，出則悌，謹而信，汎愛眾，而親仁，行有餘力，則以學文。」，（臺北：臺灣中華書局，1970 年 9 月，台三版），頁 9～頁 10。

學爲經學之首，亦是道德仁義重要起源之一，因此在孔子對兩者之態度中，可以歸納得出兩者交互作用，互爲表裡，相輔相成之觀點。然而到了漢代經學成爲學術之主流，文學淪爲附庸，隱晦不顯，因此要到西漢末年揚雄，才眞正正視易學與文學融攝思想，揚雄參照《周易》，自創《太玄》體系，欲以理性觀點來探究宇宙與人世之規律，但因其用語晦澀、體例難明，因此鑽研者不多，造成其書流傳不顯、其學不彰，然其〈太玄賦〉有云：

> 觀大易之損益兮，覽老氏之倚伏；省憂喜之共門兮，察吉凶之同域。

〔註112〕

以漢賦之文學形式來表達易學見解，可以說是易學與文學融攝思想重要代表作品，而賦中所關注之思想，於當今學者則有不同見解〔註113〕，總的來說，本賦亦能反映儒道思想在西漢末年會通之情形。然而到了魏晉時代，士人雅好清談，對於易學與文學融攝之思想，王弼〈周易略例・明象〉曾云：

> 夫象者，出意者也。言者，明象者也。盡意莫若象，盡象莫若言。言生於象，故可尋言以觀象；象生於意，故可尋象以觀意。意以象盡，象以言著。故言者所以明象，得象而忘言；象者，所以存意，得意而忘象。猶蹄者所以在兔，得兔而忘蹄；筌者所以在魚，得魚而忘筌也。然則，言者，象之蹄也；象者，意之筌也。是故，存言者，非得象者也；存象者，非得意者也。象生於意而存象焉，則所存者乃非其象也；言生於象而存言焉，則所存者乃非其言也。然則，忘象者，乃得意者也；忘言者，乃得象者也。得意在忘象，得象在忘言。故立象以盡意，而象可忘也；重畫以盡情，而畫可忘也。是故觸類可爲其象，合義可爲其徵。義苟在健，何必馬乎？類苟在順，何必牛乎？爻苟合順，何必坤乃爲牛？義苟應健，何必乾乃爲馬？而或者定馬於乾，案文責卦，有馬無乾，則僞說滋漫，難可紀矣。互體不足，遂及卦變；變又不足，推致五行。一失其原，巧愈彌甚。從復或值，而義無所取。蓋存象忘意之由也。忘象以求其意，義斯見矣。〔註114〕

〔註112〕〔漢〕揚雄著，《四庫全書・揚子雲集・太玄賦》，景印文淵閣版本，（臺北：臺灣商務印書館，1983 年），第一〇六三冊，卷五，頁 124。

〔註113〕按：參照陳鼓應《道家易學建構》，（臺北：臺灣商務印書館，2003 年），以及《易傳與道家思想》，（臺北：臺灣商務印書館，2007 年）。

〔註114〕〔魏〕王弼：《周易王韓注・周易略例》，四部備要本，（臺北：臺灣中華書局，1965 年），頁 9～頁 10。

文中除闡述義理易學之重要性，亦批評漢易沉溺於象數易學，缺點在於「失其原」，且「巧愈彌甚」；而所謂「盡意莫若象，盡象莫若言」，亦點出易學與文學之間可高度融攝之關係，易象展現易理，然若要來徹底闡發其象，則得透過「言」，即是指文學能描繪易象，而使易理完整呈現，闡述易學與文學密切相關。到了南北朝梁劉勰《文心雕龍・原道》：

> 人文之元，肇自太極，幽贊神明，《易》象惟先。庖犧畫其始，仲尼翼其終。而〈乾〉、〈坤〉兩位，獨制〈文言〉。言之文也，天地之心哉！若乃《河圖》孕八卦，《洛書》韞乎九疇，玉版金鏤之實，丹文綠牒之華，誰其尸之？亦神理而已。〔註115〕

依上論述，文學乃據易學思想而更有深度，易學或藉由文學闡述而能體會與觀照「天地之心」〔註116〕，甚至能達「神理」之境界，而接下來段落：

> 爰自風姓，暨於孔氏，玄聖創典，素王述訓，莫不原道心以敷章，研神理而設教，取象乎《河》、《洛》，問數乎蓍龜，觀天文以極變，察人文以成化；然后能經緯區宇，彌綸彝憲，發揮事業，彪炳辭義。故知道沿聖以垂文，聖因文以明道，旁通而無滯，日用而不匱。《易》曰：「鼓天下之動者存乎辭。」辭之所以能鼓天下者，乃道之文也。〔註117〕

〔註115〕〔梁〕劉勰：《文心雕龍》，卷一，據《兩京遺編》所影印，（北京：中華書局，1985 年），頁 3。

〔註116〕按：「天地之心」一詞乃源自《易・復卦》象傳「剛長也，〈復〉，其見天地之心」，並參照賴貴三教授〈「周易・文言傳」儒家思想析論〉一文，引清儒阮元〈文言說〉闡述儒家「尊德性」、「道問學」，賴教授並言〈文言傳〉「透過孔門弟子的傳述詮解，以乾坤、天地、自然、人文與道德哲學等範疇為其核心，總綰《周易》的全體大用」，乃闡述儒家「天人合德的思想旨趣」（《孔學與二十一世紀國際學術研討會論文集》，臺北：政治大學文學院編印，2001 年 10 月，頁 369），賴教授所云「傳述詮解」乃文學之用也；而康雲山教授則於《南宋心學易研究》第三章第三節「易傳的本體宇宙論」云「《易傳》以「道」為宇宙生化的本體，一切存在的本體」，在第七章「南宋心學易的美學思想」闡述陸象山「心即理」云「心即理，則人與天即是一體……這種境界就不單是道德的境界，而且是一種藝術的心靈，表現在現實生活中，就是藝術的人生」，（高雄：高雄師範大學博士論文，1995 年，頁 66、頁 261）。以上可作為劉勰「言之文也，天地之心哉！」一句之補注，故易學或能藉由文學之闡述，體會與觀照「天地之心」，更甚透過易學與文學融攝思想以達「天地之心」之補充。

〔註117〕〔梁〕劉勰：《文心雕龍》，卷一，據《兩京遺編》所影印，（北京：中華書局，1985 年），頁 3。

更是深入探討「原道心以敷章」，因此易學透過《河圖》、《洛書》顯象，透過占卜來說明天文與人世間之大道，最末結論「辭之所以能鼓天下者，乃道之文也」，更是能闡明易學與文學之間高度相關性。另外在《文心雕龍・徵聖》一段文字：

> 是以論文必徵於聖，窺聖必宗於經。《易》稱「辨物正言，斷辭則備」。〔註118〕

說明欲充實文章之內涵，必定要追隨聖人之步伐，要謙卑學習聖人之大道，勢必得尊從經典之教誨，因此文學若要推崇聖人道德，必定根源於對於經學的熟識，因此易學與文學融攝思想，昭然若明。最後劉勰透過《文心雕龍・宗經》：

> 經也者，恆久之至道，不刊之鴻教也。故象天地，效鬼神，參物序，
> 制人紀，洞性靈之奧區，極文章之骨髓者也。〔註119〕

對於經典立下之定義「恆久之至道，不刊之鴻教」，掌握經學要義，並闡述文學對其之助益，文藉由「文章之骨髓」之形象，比擬出經典爲文學重要之骨幹，亦是點出兩者相依存之關係，而在第二段與第四段提及：

> 夫《易》惟談天，入神致用。故《繫》稱旨遠辭文，言中事隱。韋
> 編三絕，固哲人之驪淵也。……故論、說、辭、序，則《易》統其
> 首。〔註120〕

指明易經爲哲人思想之「驪淵」，是如寶庫、如藏珠之淵，並且更進一步指出「論、說、辭、序」四種古文文類，深受《易經》沾染。此論對於蘇軾易學與古文融攝之探源中，可說是重要之關鍵，文中所提出易學可與之融攝文章類別，因此《文心雕龍》所論實爲本文建構蘇軾易學與古文融攝思想之重要依據。

　　至於唐、宋二代易學與文學融攝思想，更在唐宋古文大家身上體現，而本節欲探討蘇軾易學與文學融攝思想之淵源，由此探究蘇軾易學與古文融攝，並進一步細觀。而唐宋古文大家對於易學與文學融攝思想之淵源、看法與成就，則將在本文第二章〔註121〕詳加說明。就易學與文學融攝思想來看，

〔註118〕〔梁〕劉勰：《文心雕龍》，卷一，據《兩京遺編》所影印，（北京：中華書局，1985年），頁4。

〔註119〕〔梁〕劉勰：《文心雕龍》，卷一，據《兩京遺編》所影印，（北京：中華書局，1985年），頁5。

〔註120〕〔梁〕劉勰：《文心雕龍》，卷一，據《兩京遺編》所影印，（北京：中華書局，1985年），頁5。

〔註121〕按：章題爲〈唐宋古文大家易學與文學融攝思想〉，共分第一節「韓愈、柳宗

最早由孔子對待易學與文學之態度，作爲兩者融攝思想之起始，至西漢末年揚雄〈太玄賦〉結合文學來闡發易理，是此種思想之轉折期，魏晉時代王弼以天縱之聖，除會通《易》、《老》，更以〈周易略例・明象〉，透過意、象、言三者之論述，說明易學與文學融攝之高度相關性，到了南北朝梁劉勰《文心雕龍》，承前成果，闡述易學與文學融攝思想，以〈原道〉、〈徵聖〉、〈宗經〉三層次，發微探幽，逐漸形成易學、文學兩者互爲表裡、相互依存、相輔相成之融攝思想，並下開唐宋古文大家「文、道並重」之思想，更促使蘇軾易學與古文融攝之豐偉成就。

二、論文之研究目的

　　本文欲就經學史、文學史、學術史三面向釐清幾個問題。經學史方面，首先針對宋代易學中之蘇軾易學，乃隸屬義理易學一支，並探究《四庫全書提要》評論《東坡易傳》與易學地位，更比較蘇軾易學中王弼之言、老莊思維，與蘇軾古文探究王弼易注者，試圖釐清將蘇軾之歸爲老莊易之流是否恰當〔註122〕？且依照《東坡易傳》其中引史證易之處，考察蘇軾「史論」之易學思想，由此二者推論，蘇軾或可視爲宋代義理易學宗派──「史事易」〔註123〕流脈之例證。本文並就易學與古文融攝，試圖探論蘇軾易學之專著《東坡易傳》，在經學史與易學史上「文人之經」之說法，重新給予持平之見。

　　就文學史上而言，希冀透過鑽研分析唐宋古文大家：唐之韓愈、柳宗元，宋之歐陽脩、王安石、蘇洵、蘇轍，就其文學成就與其易學思想之關係，並進行其易學著作與文學作品之分析與比對，希冀建構起易學與文學融攝思想之淵源與脈絡。由此基礎深入觀照蘇軾易學與古文融攝之概貌，並針對蘇軾古文作品中之易學思想，詳細就各文類，進行篇章探析，更與其《東坡易傳》中之易學思想及呈現之文學特色進行比對，欲探究蘇軾古文之文學成就，與其易學之密切關係。

　　　　元易學與文學融攝思想」；第二節「歐陽脩、王安石易學與文學融攝思想研
　　　　究」；第三節「蘇洵、蘇轍易學與文學融攝思想」。
〔註122〕按：此問題將於本文第三章第二節「兼採道家『自然』爲文之特色」中，稍
　　　　作考論。
〔註123〕按：參照恩師黃忠天博士《宋代史事易學研究》，（高雄：高雄師範大學博士
　　　　論文，1995 年 5 月），頁 37。此論點並於本文第三章第三節「善用縱橫家議
　　　　論、援史之法」一節，進行推論。

　　若就學術史上而言，蘇洵之後，蜀學建立，蘇軾承接其父蘇洵成就，本文依此探究蘇軾易學與文學成為蜀學中堅，而其中則擁有濃厚蜀易之特色——儒釋道三者兼融，此亦影響蘇門弟子、道僧友人，若能深研其古文作品，可以探討出蜀學特色亦反映於蘇軾易學與古文融攝之中。因此就唐宋外在學術環境而言，蘇軾易學與文學除繼承蘇洵之學，本文欲爬梳蘇軾與其他唐、宋二代中重要古文大家之學術淵源與脈絡，故以宋代學術發展之角度，觀察古文大家對於易學和文學融攝之觀點，以及彼此之同異，也為本論文考究之重點。

　　此外蘇軾易學中重要著作——《東坡易傳》，在版本上，是否為蘇洵、蘇軾、蘇轍，父子三人共著《易傳》之說法，本文略考察老蘇與小蘇經學著作與文集，欲稍釐清其版本源流，研究此書或受蘇洵、蘇轍影響，並儘量作一持平而論，乃可知蘇軾獨力完成《易傳》之功勞。在研究此書之過程，本文著重於蘇軾解經條例之探討、《東坡易傳》版本考訂、其獨特易學特色之深究，更針對書中流露以儒為主，輔以釋道與縱橫家議論之文學特色，進行闡述，欲將朱熹「文人之經」之說法，由易學與古文融攝之角度，切入論述。論證中並參照蘇軾古文作品，以探析《東坡易傳》中易學與古文融攝所呈現之文學特色。

　　本文最後透過蘇軾古文，進行作品之中易學思想之整理與分析，欲以此觀察蘇軾易學影響文學，文學反映易學，實追溯孔子對道德與文學之態度，之後或受揚雄《太玄賦》和王弼〈周易略例・明象〉之沾染，或符合《文心雕龍》中所論述〈原道〉、〈徵聖〉、〈宗經〉中所論及易學與文學融攝思想範疇，實承接唐、宋古文大家易學與文學融攝之成就，而形成蘇軾獨特之易學與古文融攝之思想體系。

　　因此希冀透過蘇軾易學與古文融攝之研究，重新認識蘇軾於經學史、文學史與學術史上之地位，並嘗試透過此類思想之淵源，說明蘇軾此思想與其學術成就之相關性，亦於文中略闡述此類思想之大要與內容，以上乃為本文主旨與目的。

第二章　唐宋古文大家易學與文學融攝思想

　　承接緒論追溯蘇軾易學與文學融攝思想之易學淵源，可以清楚理解蘇軾之易學爲義理易一支，具承先啓後地位，而其光輝燦燦之文學成就與唐宋古文大家易學與文學融攝思想有高度相關性。然蘇軾在易學與文學之間，創造出一套融攝之模式，建構其易學與文學融攝思想體系，得以成爲宋代易學史與文學史上，重要交會點，因此論蘇軾之易學，不能不論及其文學成就；探蘇軾文學之根柢，不能不溯及其易學思想。

　　然而一種創新之學術思想體系，並非神來之筆，而其來莫名。推原蘇軾易學與文學融攝思想之文學脈絡，除於第一章緒論所言源於《周易》賁卦，以及十翼《乾‧文言》：「修辭立其誠」，發展於儒家孔、孟、荀，三聖哲認爲易學與文學，兩者應爲相輔相成之關係。〔註1〕而漢代經師視文學爲經學之附

<hr>

〔註1〕按：承上一章第五節第一段所述孔子乃認同易學與文學，兩者交互作用，互爲表裡，相輔相成之觀點。而孟子、荀子認爲易學與文學之關係，可參照游志誠《周易之文學觀》第二章「歷代論周易文學簡述」一文，其中引《孟子‧公孫丑》所言知言養氣之法，並云「其於辭之類分，與乎辭情之所蔽，頗仿易傳」，而又引〈繫辭傳〉下：「凡《易》之情，近而不相得則凶，或害之，悔且吝。將叛者其辭慚，中心疑者其辭枝。吉人之辭寡，躁人之辭多。誣善之人其辭游，失其守者其辭屈」，以證明「人之辭令每因情之遷移，而殊其趣」，可知游先生亦認爲《易》之情與文辭有密切關係，且彼此相應。（高雄：高雄師範學院國文研究所碩士論文，1983 年 5 月，頁 6 ～頁 7）；而《周易之文學觀》書中又引《荀子‧正名》：「君子之言，涉然

庸，多不言及兩者融攝關係，實際上賈誼、陸賈卻能以儒家立場，將易學思想融入文論，藉以用來針砭時政，此種強調「經世致用」之文學觀，即易學與文學融攝思想所源，亦爲蘇軾所承並加以闡揚。而西漢之後發展此思想，學者文士能在其眾多作品展現易學與文學兩者密切之融攝，至東漢時期，深研《易》、《老》，而擬《易》著《太玄》之揚雄，其《太玄賦》，正是易學與文學相互依存和彰顯重要證據。

在魏晉南北朝，玄學顯著，許多文人參酌易學，促使易學與文學融攝頻繁，除了《世說》多有記載文人好談《易》、《老》、《莊》，王弼《周易略例》中所探之「言」、「意」、「象」亦能凸顯易學對文學表意作用之啓發；更重要的是南朝劉勰《文心雕龍》，建立了一套易學與文學融攝之文、道論，北朝顏之推《顏氏家訓》多傳聖人之教，推崇六經之奧，其〈觀我生賦〉亦源於《易‧觀卦》思想〔註2〕；隋亦有文中子倡導經術，並透過古文之文學形式闡述其思想。

而到唐宋時期，八大家獨領風騷，其中韓愈所論及「道統論」、「文以貫道」，或後稱「文以載道」，柳宗元「文以明道」，至宋歐陽脩倡導，因襲韓、柳之功而壯大之，餘五大家無不各有千秋。易學與文學融攝思想便依此而下，逐漸傳承，蘇軾爲唐宋八大家之一，其所依歸，亦由儒家道統爲主，參酌其他各家爲輔，形成極具有特色之學術思想體系。

因此在本章第一節將透過「韓愈、柳宗元易學與文學融攝思想」，探析蘇軾易學與文學融攝思想以及唐代古文二大家之間淵源與傳承；第二節則以「歐陽脩、王安石易學與文學融攝思想」，探析蘇軾此思想與宋初古文二大家，其或師承自歐陽脩，並與王安石相較勁之部分；第三節則由「蘇洵、蘇轍易學與文學融攝思想」中探討大蘇此思想於老蘇、小蘇之間關聯，而蘇軾承蘇洵，並與其弟蘇轍師友相輔，可探討蘇學中易學與文學融攝思想之傳承與影響，

而精，俔然而類，差差然而齊。彼正其名，當其辭，以務白其志義者也。彼名辭也者，志義之使也，足以相通，則舍之矣。苟之，姦也。故名足以指實，辭足以見極，則舍之矣。外是者謂之訒，是君子之所棄，而愚者拾以爲己寶。」並將其中釋文辭之處與〈易傳〉比附，在文中又補充荀子引易之文，說明荀子宗經之特色。由上是可說明孔子、孟子、荀子亦認同易學與文學，兩者應爲相輔相成之關係。（高雄：高雄師範學院國文研究所碩士論文，1983年5月，頁7～頁8）。

〔註 2〕按：此處文獻資料乃黃師忠天於易經研究課程中所提論，本文從之，並加以引用。

最後並統整作結。

第一節　韓愈、柳宗元易學與文學融攝思想

　　唐自韓愈一洗魏晉過於著重文學技法，華靡綺麗之風。然而唐代科舉仍以詩賦取士，並且重視文章之辭藻修飾，獨韓一力，猶未能力挽狂瀾，因此古文運動，仍只以韓愈爲主之師徒、翁婿之間，以及柳宗元相爲應和，其餘零星奮鬥，實無法激起學術、文風上徹底革新，亦無法振興經學。此外對於深研易學，而建構完整易學體系，唐韓、柳二家未能有功，至宋歐陽脩乘范仲淹、韓琦慶曆新政之餘力，更在擔任科舉主考官時，力張旗鼓，獨排眾議，以古文、經義取士，在其提拔之下，同榜之蘇軾兄弟、曾鞏（1019～1083 年）、張載（1020～1077 年）、程顥（1032～1085 年）等〔註3〕，皆在稍後當朝政治與學術上，有所貢獻。儘管唐宋八大家至明代才爲茅坤所列，然古文大家之中思想之淵源與師承，卻有可探之處。蘇軾所學廣博，或承接自六一居士歐陽脩，歐陽脩最推崇韓愈，蘇軾也對韓愈有所稱許與批評，其中〈韓愈論〉一文，可顯見蘇軾受到韓愈之影響與擇善思齊之部分；唐代另外一位大家柳宗元對於易學與文學融攝，亦能提出有別於韓愈獨尊儒家之觀點，蘇軾某些見解亦與之契合，因此本節專就「韓愈易學與文學融攝思想」、「柳宗元易學與文學融攝思想」，依此二面向，略爲探討唐宋古文大家，與蘇軾在易學與文學融攝思想上之淵源。

一、韓愈易學思想與其文學

　　唐代易學雖不如宋代繁花競開，但唐一代則是易學與文學密切融攝之時期，韓愈爲唐代學者，亦是文學大家，雖然無易學專著，建構其完整的易學體系，但在其文章中卻能找出不少易學與文學融攝思想之證據，葛兆光《中國思想史》第二卷提及唐安史之亂後，中唐皇權在憲宗努力下，逐漸中興，韓愈依此歷史背景，透過《平淮西碑》彰顯唐李氏之功〔註4〕，其中渴求「秩序」、「一統」之概念，通篇直接源自於尚書「天命」、「皇極」之概念，且與

〔註3〕孫望、常國武編：《宋代文學史》，（北京：人民文學出版社，2006 年 6 月），頁 120。

〔註4〕葛兆光：《中國思想史》，第二卷，（上海：復旦大學出版社，2005 年 12 月），頁 114～頁 118。

春秋「尊王攘夷」、「夷夏之防」思想有關外，或和〈繫辭傳〉——「太極」終於大業〔註5〕，此易學思想或有相當關係。然而探論韓愈易學與文學融攝思想，可先就「韓愈易學思想與其文學融攝之淵源」與「韓愈易學思想與其文學融攝之成就」來深究。

（一）韓愈易學思想與其文學融攝之淵源

韓愈所提出文學道統論，起源自南北朝劉勰、顏之推、裴子野以來，著重儒家文學思想，注重「經、史」之思想，至隋與唐初王通（584～617年）、陳子昂（661～702年）、李華（715～766年）、蕭穎士（707～758年）〔註6〕……等等一批有志文人，反對六朝「華豔虛浮」之文風，以至柳冕〔註7〕提出較完整之道統文學理論，雖為「文、道」相得益彰，但其中又不乏易學與文學融攝思想，柳冕〈與徐給事論文書〉：

> 《易》云：「觀乎人文以化成天下」，此君子之文也。自屈、宋以降，
> 　為文者本於哀豔，務於恢誕，亡於比興，失古義矣！〔註8〕

段落中引用〈賁·象傳〉之見解，認為「君子之文」，除了本身之文采與情思之外，更能有「教化」之功效，然而屈原、宋玉之辭賦則太過注重文采與情思，最終還是停留在「哀豔、恢誕」之境界，甚至不能進一步引導世人轉於積極入世，抒發積鬱雖有餘，但卻不能提高文學之境界。此種想法與顏之推《顏氏家訓·文章篇》所提之文章源於五經之見解，以及批評屈原、宋玉看法極度相似〔註9〕，而柳冕〈謝杜相公論房杜二相書〉中云：

〔註5〕〔魏〕王弼注、〔唐〕孔穎達疏、〔清〕阮元編：《周易正義》，卷七，〈繫辭傳〉上，「是故《易》有太極，是生兩儀，兩儀生四象，四象生八卦，八卦定吉凶，吉凶生大業。」，（臺北：臺灣中華書局，1966年3月），頁17。

〔註6〕按：以上諸家生卒年以姜亮夫《歷代人物年里碑傳綜表》之說法為主，（臺北：華世書局，1976年）。

〔註7〕按：劉大杰《中國文學發展史》，言其為河東人（今山西永濟）約於「貞元中官福州刺史」，未列其生卒年，（臺北：華正書局，1998年8月，校訂本，頁374）。

〔註8〕〔宋〕姚鉉：《唐文粹》，卷八十四，〔唐〕柳冕撰，〈與徐給事論文書〉，（臺北：臺灣商務印書館，1967年，台二版），頁553。

〔註9〕〔北朝〕顏之推：《顏氏家訓·文章篇》，第四卷，四備要本，「夫文章者，原出五經：詔命策檄，生於《書》者也；序述論議，生於《易》者也；歌詠賦頌，生於《詩》者也；祭祀哀誄，生於《禮》者也；書奏箴銘，生於《春秋》者也；朝廷憲章、軍旅誓誥，敷顯仁義，發明功德，牧民建國，施用多途。至於陶冶性靈，從容諷諫，入其滋味，亦樂事也。行有餘力，則可習之。然

> 伏維尊經術，卑文士。經術尊則教化美，教化美則文章盛，文章盛
> 則王道興。此二者在聖君行之而已。〔註10〕

推崇重視文學教化功能之經學家，勝過當時沈溺於華麗文風之士人，並且鼓勵當政者應「尊經術」，因爲有了深厚之經術基礎，自然能推動教化、不令而行，君王之政可收風行草偃之效。且經術可以使文章思想富有內涵，文章不再只是浮靡之作，更可輔助君王成爲聖主仁君。

韓愈更在其進士策問一道中問「易之說曰：乾健」，並且在策答中認爲「卦六位一」、「學者之所宜用心」之易學思想：

> 今考〈乾〉之爻在初者曰：「潛龍勿用」；在三者曰：「夕惕若厲無咎」，
> 在四者，亦曰：「無咎」；在上曰：「有悔」。卦六位一，勿用二；苟
> 得「無咎」，一「有悔」，安在其爲健乎？又曰：「〈乾〉以易知，〈坤〉
> 以簡能」，〈乾〉之四位，既不爲易矣！〈坤〉之爻又曰：「龍戰於野」，
> 戰之於事，其足爲簡乎？易，六經也。學者之所宜用心。〔註11〕

上文雖爲科舉考題問答，卻能流露韓愈易學思想與主張，除能考察各爻爻辭之間矛盾與變化，最重要提出了對易之態度：「易，六經也。學者之所宜用心」，足見韓愈推崇儒家經典，又認爲《易》道精深，卦象爻辭之理，不應純以「易簡」之理視之，唯有用心才可不惑於易象，或甚至流於輕忽。而眞正體悟「卦六位一」之理，便能統括爻義與眾多易象，然學易豈又能以輕忽之心待之？實應深入鑽研，並把握「易簡」之原則，體其要義。若探其「文道合一」、「業精於勤」之文學觀，相較其易學「卦六位一」、「學宜用心」之主張，由兩者可探知韓愈易學與文學融攝思想之概況。

因此韓愈易學與文學融攝思想，可淵源於歷代文學道統論，而由唐古文運動興盛逐漸成形，並於韓愈詩文之中運用易學與文學融攝思想，於此交流底下所產生之作品，從思想上多可證韓愈獨崇儒家思想。在此認識之下，韓愈深研六經之首——《易經》，便不難推敲其造就其文學內容與思想境界之多變與深醇。在韓之後，唐宋古文大家，皆能秉持此脈絡各自發展其易學與文

而，自古文人多陷輕薄：屈原露才揚己，顯暴君過；宋玉體貌容冶，見遇俳
優。」，（臺北：臺灣中華書局，1966年3月），頁1～頁2。
〔註10〕〔宋〕姚鉉：《唐文粹》，卷七十九，〔唐〕柳冕撰，〈謝杜相公論房杜二相書〉，
（臺北：臺灣商務印書館，1967年，台二版），頁525。
〔註11〕〔唐〕韓愈，〔宋〕朱熹校：《朱文公校昌黎先生集》，卷十四，〈雜著〉，（臺
北：臺灣商務印書館，1970年，台二版），頁116～頁117。

學融攝思想。由此推論古文於宋成爲文章正宗，以及後代推崇唐宋古文大家爲古文宗派代表，或與諸位古文大家之易學與文學融攝思想有密切關聯。

（二）韓愈易學思想與其文學融攝之成就

觀韓愈易學思想與其古文融攝之成就而言，其或促進唐代古文運動之興盛，或使唐代古文思想根柢更加深厚，而非停滯於唐初浮華虛靡文風。韓欲矯正當時思想與流於形式之駢文，於〈原道〉一篇直探儒學學統，由堯、舜至三代禹、湯、文、武、周公，以至孔孟而下，是其所謂道之所原。稍後儒者之義大明，所循依歸者，或受此篇習染，然韓愈在文中主要嚴厲批評佛老思想之外，並涵括易學之「易簡」思想：

> 博愛之謂仁，行而宜之謂之義，由是而之焉之謂道，足乎己無待於外之謂德。其文《詩》、《書》、《易》、《春秋》，其法禮樂刑政……其民其爲道易明，而其爲教易行。〔註12〕

推崇孔孟仁義，申論道德綱常，並本之經籍、禮樂教化，如此對人民施行仁政與教化，能達到《易傳》所言「易則易知，簡則易從」〔註13〕之作用，才能進一步「天下之理得，而成位乎其中矣」〔註14〕，其中將《易》稱之爲道之「文」，乃是韓愈易學與文學融攝之思想。而透過此篇文章，發覺韓愈對於恢復唐初盛世政治、學術、文化之榮景，其志向昭昭若明，更寄託欲實踐儒家孔孟二聖之道，對於中興儒家學術其功勞甚大。然而參照蘇軾對韓之功業，則有揚有抑，不一味吹捧，在〈韓愈論〉亦論贊曰：

> 其爲論甚高，其待孔子、孟軻甚尊，拒楊、墨、佛、老甚嚴。此其用力，亦不可不謂之至也。然其論至於理而不精，支離蕩佚，往往自叛其說，而不自知。〔註15〕

由上蘇軾對於韓愈尊孔孟，排佛老與墨家之遠見，大表認同。但對於韓愈所論及儒家義理，則有所批評與擷取，非全盤挪用，更評其說「於理不精」、「支

〔註12〕〔唐〕韓愈，〔宋〕朱熹校：《朱文公校昌黎先生集》，卷十一，〈雜著〉，（臺北：臺灣商務印書館，1970 年，台二版），頁 95～頁 96。

〔註13〕〔魏〕王弼注、〔唐〕孔穎達疏、〔清〕阮元編：《周易正義》，卷七，〈繫辭傳〉上，（臺北：臺灣中華書局，1966 年 3 月），頁 3。

〔註14〕〔魏〕王弼注、〔唐〕孔穎達疏、〔清〕阮元編：《周易正義》，卷七，〈繫辭傳〉上，（臺北：臺灣中華書局，1966 年 3 月），頁 3。

〔註15〕〔宋〕蘇軾：《蘇軾文集·韓愈論》，（北京：中華書局，2004 年 11 月），頁 114。

離蕩佚」、「自叛其說」，此乃就宋代學術立場與背景批駁，或可從蘇軾以易學與古文融攝角度觀韓文，故批評之，但作爲蘇軾未受韓愈影響單一論據，仍嫌薄弱。

　　而易學中常涉及性論之範疇，在韓愈〈原性〉一文中展現出與古文融攝之情況，首先韓愈將性、情二分，歷來學者則批評此說仍受佛道思想影響，並非孔孟所言之「性」，蘇軾亦對韓愈此說有所批評。而韓愈文中區分「性」、「情」各爲上、中、下三品，且「性」分於五：仁、禮、信、義、智，則本孔孟儒學，實無可議；其「情」亦分爲七：喜、怒、哀、懼、愛、惡、欲，此種分法或有可議之處，韓愈原文論辯曰：

> 性也者，與生俱也；情也者，接於物而生也。……上之性就學而愈明，下之性畏威而寡罪，是故止者可教，而下者可制也。其品則孔子謂不移也。曰今之言性者異於此，何也？曰今之言者，雜佛老而言也，雜佛老而言者，奚言而不異？〔註16〕

在上文呈現出易學與議論文融攝之現象，或能啓發蘇軾。然其中韓愈批評唐代學者論「性」雜染佛老思想，區分愈細。蘇軾則在其〈韓愈論〉一文評韓之性論：

> 儒者之患，患在論性，以爲喜怒哀樂皆出於情，而非性之所有。夫有喜有怒，而後有仁義，有哀有樂，而後有禮樂。以爲仁義禮樂皆出於情而非性，則是相率而叛聖人之教也。老子曰：「能嬰兒乎？」喜怒哀樂，苟不出乎性而出乎情，則是相率而爲老子之「嬰兒」也。
>
> 〔註17〕

使用「相率而叛聖人之教」之批判，的確是較嚴苛評語，所以就蘇軾批評韓愈性論或受老子思想沾染來論，反觀蘇軾此文，亦可說其欲藉前人之弊，暢己之懷。而對照蘇軾之「性論」對韓說所提出之批判，乃是依據其父蘇洵之說，認爲情亦源於性，更在其《東坡易傳》提出之情本論〔註18〕相應和，並

〔註16〕　〔唐〕韓愈，〔宋〕朱熹校：《朱文公校昌黎先生集》，（臺北：臺灣商務印書館，1970 年，台二版），頁 96〜頁 97。

〔註17〕　〔宋〕蘇軾：《蘇軾文集・韓愈論》，（北京：中華書局，2004 年 11 月），頁 114〜頁 115。

〔註18〕　按：參照金生楊《「蘇氏易傳」研究》之立論，（成都：巴蜀書社，2002 年 1 月），金認爲「情本論」由蘇轍〈亡兄子瞻瑞明墓誌銘〉所云老蘇晚年研易「得其剛柔遠近，喜怒逆順之情」，（《蘇轍集》，北京：中華書局，2004 年 5 月，頁 1117〜頁 1128），又由黎靖德編《朱子語類》收朱熹評老蘇易學專於「愛、

且認為此性、情二分，是與老子之說相同。若就蘇軾易學與古文融攝而言來
考察上文，或可見大蘇受韓愈易學與文學融攝思想沾染之迹，不過由上引文
卻看出蘇軾本身之「性論」，仍采老子思想作為例證且論述精闢，並非不熟悉
老子理論者。因此暫時拋卻蘇軾過苛之評語，讚蘇軾對韓愈性論之洞見。此
外在蘇軾〈中庸論〉一文則可看出，其或受到老莊思想之影響，而建構起特
殊之「性命論」，此論題將於第四章第一節稍探論之。

　　韓愈又在〈師說〉一文中，闡述當時學子李蟠能好學，行古道，其中雖
主論尊師重道，但推其所源，乃本易之蒙卦、師卦，將其中思想與此議論和
贈序文融攝，〈師說〉所言「師者，所以傳道、授業、解惑也」，將師者肩負
傳承大道、教導六經，以及激勵經世致用之志之重責大任說得一清二楚，與
〈蒙卦・象傳〉：「蒙以養正，聖功也」之思想吻合，其中文章批判唐代童蒙
之師只流於「句讀之師」，貴族子弟依照父母安排，在「句讀之師」門下學習，
真是「小學而大遺」，此種思想可直溯〈蒙卦・卦辭〉：「匪我求童蒙，童蒙求
我」〔註19〕之思想，對於當時荒謬與本末倒置之教育觀，提出了深刻批評。
文後更稱讚主動向韓愈拜師「求」學之李蟠，更與〈蒙卦・象傳〉注「匪我
求童蒙，童蒙求我」為「志應」能「亨」，與此見解相應和。蘇軾在〈潮州韓
文公廟碑〉中稱讚韓愈「匹夫而為百世師，一言而為天下法」，亦認同其〈師

　　　　惡相攻吉凶生」，並稱東坡易說「六箇物事，若相咬然」，乃承襲其父蘇洵，
　　　　並批評大蘇之易學雜入佛說，(《朱子語類》冊五，卷第六十七，易三，綱領
　　　　下，〈論後世易象〉，北京：中華書局，1986年，頁1675～頁1677)，由朱子
　　　　之語此論漸為人知，稍推源考究，本自〈文言傳〉：「六爻發揮，旁通情也」，
　　　　以及〈繫辭傳〉下探討六爻關係所云云，而《四庫全書提要》亦引蘇籀《欒
　　　　城遺言》證之，可見蘇軾此說源自其父蘇洵，是為家學，而蘇軾將之發揚光
　　　　大，而蘇軾「情本說」，即是對儒家性善、性惡論進行再詮釋，其言「其於《易》
　　　　也，卦以言其性，爻以言其情」，並將性去「善惡之別」，而只是「散而有為」，
　　　　因此《易》道能將性情統合，而非過份離析為二，此更為《東坡易傳》特色，
　　　　於本文第三章詳述之。

〔註19〕按：可參照〔清〕阮元編纂，〔魏〕王弼注，〔唐〕孔穎達疏：《周易正義》，
　　　　卷一，〈蒙卦・卦辭〉：「亨。匪我求童蒙，童蒙求我。初筮告，再三瀆，瀆則
　　　　不告。利貞。」，(臺北：臺灣中華書局，1966年3月，頁19)。而在蘇軾《東
　　　　坡先生易傳》，則云：「『蒙』者，有蔽於物而已，其中固自有正也。蔽雖甚，
　　　　終不能沒其正，將戰於內以求自達，因其欲達而一發之，迎其正心，彼將沛
　　　　然而自得焉。苟不待其欲達而強發之，一發不達，以至於再三，雖有得，非
　　　　其正矣」，(嚴靈峰輯，臺北：藝文印書館，據明萬曆二十五年刊「兩蘇經解」
　　　　本影印，1965年，頁36)。

說〉中尊師重道、崇經向學之思想，蘇軾更在此篇古文中融攝易學思想：

> 文起八代之衰，道濟天下之溺；忠犯人主之怒，而勇奪三軍之帥。
> 豈非參天地，關盛衰，浩然而獨存者乎！蓋嘗論天人之辨，以謂人
> 無所不至，惟天不容偽。智可以欺王公，不可以欺豚魚；力可以得
> 天下，不可以得匹夫匹婦之心。故公之精誠，能開衡山之雲，而不
> 能回憲宗之惑。能馴鱷魚之暴，而不能弭皇甫鎛、李逢吉之謗。能
> 信於南海之民，廟食百世，而不能使其身一日安於朝廷之上。蓋公
> 之所能者，天也；所不能者，人也。〔註20〕

闡述韓愈能於魏晉南北朝至隋之後，興文風，倡儒道，甚至勇者無懼，耿
直進諫，並批其逆鱗——向憲宗直言「信佛者，乃自毀長城」，真可謂「道
德勇氣」之化身。然而此篇文中，或融合易學中所論及——「天人之際，
因應變化之道」。蘇軾認為韓愈乃為掌握天道，卻為無法掌握人道之士，言
有所憾，但仍可從碑文中得知蘇軾對韓愈之功蹟，大表以讚許，且韓文呈
現出易學憂患思想與人事應對進退之哲理。在碑文中「不可以欺豚魚」亦
由《易‧中孚‧象傳》中：「信及豚魚」而來，然亦可推敲可能源自韓愈〈貓
相乳〉〔註21〕一文，在韓詩中也直接引用「信及豚魚」之易學典故，蘇軾
於此引用此典正是稱讚韓愈之「精誠」，能得天時，亦寄託諷寓，卻無法避
及人禍。另韓愈〈進學解〉一篇則可以探討出其中尊經崇孔之思想，其論
「五經」曰：

> 〈周誥〉、〈殷盤〉佶屈聱牙，《春秋》謹嚴，《左氏》浮誇，《易》奇
> 而法，《詩》正而葩。〔註22〕

對於《易》道變化萬千，而又深有法則，表示認同。此外對於鑽研學術之觀
點：「曰業精於勤，荒於嬉；行成於思，毀於隨」，也與乾卦「君子自強不息」、
隨卦「君子以嚮晦入晏息」之思想有關，此可見韓愈易學與文學融攝思想。
韓文具有深度內涵，且又擅長於章法變化，韓愈文章作法或與其易學與文學
融攝思想有關聯。〈爭臣論〉更直截明引〈蠱卦〉之上九：「不事王侯，高尚

〔註20〕〔宋〕蘇軾：《蘇軾文集‧潮州韓文公廟碑》，（北京：中華書局，2004年11月），頁509。

〔註21〕〔唐〕韓愈，〔宋〕朱熹校：《朱文公校昌黎先生集》，卷十四，〈雜著〉，（臺北：臺灣商務印書館，1970年，台二版），頁15。

〔註22〕〔唐〕韓愈，〔宋〕朱熹校：《朱文公校昌黎先生集》，卷十二，（臺北：臺灣商務印書館，1970年，台二版），頁102～頁103。

其事」,〈蹇〉之六二:「王臣蹇蹇,匪躬之故」,論及爻辭義理稱「以所居之時不一,而所蹈之德不同也」,針對易學時位觀深入淺出闡述二爻解,雖易二卦二爻皆論臣下治道態度,但兩者卻大相逕庭,韓愈論及君臣之間關係,則就二爻時位加以引申,《東坡易傳》中對於兩爻之解釋,除了透過時位分析二爻分別於二卦中之義理,並在蠱卦上九言「良醫不治,君子不事事」,在〈蹇卦‧六二〉則言「君子不以爲不智者,以其非身之故也」,各有不同之結論,更將爻義託以「君子」稱之,藉此避諱於政治上明論君臣關係。由此可推出韓愈對於當時政治態度與蘇軾屢遭貶謫後心態,雖各自闡發不同思想作爲立論,但整體上而言韓愈之易學與古文融攝思想,呈現推崇孔孟、排拒佛老之觀點,並且已能就議論、序跋二類進行融攝。

在易學與詩融攝方面,韓愈於唐以文聞名,其詩開宋詩「以文爲詩」先河,而宋詩重議論、主理趣之特色,有助於闡述易學思想,或爲韓詩開拓之功。然於其詩作中亦善用易義與易象來深厚詩學意蘊,比如:〈南山詩〉使用剝卦與姤卦卦名作爲思想依據,通篇注重於理〔註23〕。此外於〈梁國惠康公主輓歌〉則以「巽宮非長女,臺室屬良人」〔註24〕,顯現韓愈運用〈說卦傳〉巽卦易象,「巽一索而得女,故謂長女」,以此尊稱已亡惠康公主,悼念之情,藉易以表,然而借「易象」指稱,更表韓愈心中易經崇高地位,且不拘於言象,直取其義,是其易學與文學融攝成就中感性作品之代表。在〈復志賦〉:「時憑高以回顧兮,涕泣下之交如」〔註25〕,鎔鑄大有卦六五爻辭思想,又「假大龜以視兆兮,求幽貞之所廬」鎔鑄歸妹卦九二爻之說,雖韓愈乾健不以「幽人」自比,然在〈送浮屠文暢師序〉一文仍有使用此易象,言「鬼神之所以幽人」〔註26〕。又,〈憫己賦〉:「惟否泰之相極兮,咸一得而一違。」〔註27〕則使用否泰二卦思想,實藉寓寄託韓之胸懷,欲於官宦生涯之中,堅持儒家濟世理想,超脫吉凶否泰之

〔註23〕朱天助:〈韓愈「南山詩」之「易」象〉,《湖南科技學院學報》,2009 年,第三十卷,第五期,頁 17〜頁 20。

〔註24〕〔唐〕韓愈,〔宋〕朱熹校:《朱文公校昌黎先生集》,卷九,(臺北:臺灣商務印書館,1970 年,台二版),頁 83。

〔註25〕〔唐〕韓愈,〔宋〕朱熹校:《朱文公校昌黎先生集》,卷一,(臺北:臺灣商務印書館,1970 年,台二版),頁 15〜頁 16。

〔註26〕〔唐〕韓愈,〔宋〕朱熹校:《朱文公校昌黎先生集》,卷二十,(臺北:臺灣商務印書館,1970 年,台二版),頁 156。

〔註27〕〔唐〕韓愈,〔宋〕朱熹校:《朱文公校昌黎先生集》,卷一,(臺北:臺灣商務印書館,1970 年,台二版),頁 16〜頁 17。

外。由以上韓愈詩、文與賦之例，可知皆爲易學與文學融攝思想明證，呈現關心國家，注重經世致用，並爲文簡潔之特色。

二、柳宗元易學思想與其文學

　　唐順宗永貞革新失敗，王伾、王叔文下臺後，引發八司馬案，導致王叔文集團中之柳宗元（773～819 年）遭受貶謫，並待罪任官於無實權之永州司馬一職，實已無政治前程可言，但在文學上卻是另一番風景，柳宗元在永州寫下膾炙人口之《永州八記》，雖遭逢此變，柳卻未改其耿介絕俗、好仁好義之性格，稍後遷謫〔註28〕，竟替同時遭貶至播州的劉禹錫上書，爲全劉之孝，卻更惹惱剛即位不久之唐憲宗，幸在宰相裴度幫忙下，將劉禹錫改遷至連州。柳雖未與劉對調遷謫地，甚更左遷至更加蠻荒之柳州，柳宗元仍以《易》之大健乾乾，反而在柳州推動教育與大興建設〔註29〕。在柳宗元遭逢貶謫之時，即便柳身在野，然其對於學術上文、道之關係亦提出主張，與在朝大倡古文與尊奉六經、獨尊儒家之韓愈相互輝映。柳宗元在〈答韋中立論師道書〉一文中，表明以儒爲主，兼融他家，對儒家經典之態度與韓愈雖相似，卻更偏重於寓經學於文學，而以文學闡述經學，雙重融攝下所產生之「和諧性」，除更能呈現所寄託人事哲理，亦能啓迪後輩，尤以蘇軾易學與古文融攝更受其沾染，在蘇軾文中言及柳子厚，亦能鑽研其書、讚其高蹈，據陸游《老學庵筆記·卷八》記載：

　　　　東坡在嶺海間，最喜讀陶淵明、柳子厚二集，謂之南遷二友。予讀
　　　　宋白尚書《玉津雜詩》，有云：「坐臥將何物？陶詩與柳文。」則前
　　　　人蓋有與公暗合者矣。〔註30〕

上文言蘇軾遭受貶謫，身於惠州、儋州之際，特別喜愛陶詩與柳文，因此蘇軾受柳宗元影響顯然易見。雖前人白尚書喜好陶詩與柳文與蘇同，但蘇軾更多了一分感同身受之情，此外在《老學庵筆記·卷十》記載：

〔註28〕 按：〔晉〕劉昫：《舊唐書·柳宗元傳》，卷一百六十，「宗元貶爲邵州刺史，在道再貶永州司馬」，（臺北：臺灣中華書局，1971 年，台二版），頁 11。〔宋〕歐陽脩、宋祁：《新唐書》，（臺北：臺灣中華書局，1971 年，台二版），頁 11。

〔註29〕 按：〔晉〕劉昫：《舊唐書·柳宗元傳》，卷一百六十，（臺北：臺灣中華書局，1971 年，台二版），頁 12。亦可參照〔宋〕歐陽脩、宋祁：《新唐書》，（臺北：臺灣中華書局，1971 年，台二版），頁 11。

〔註30〕 〔宋〕陸游：《老學庵筆記》，卷八，（北京：中華書局，1985 年），頁 87。

> 徐敦立侍郎頗好謔，紹興末，嘗爲予言：「柳子厚《非國語》之作，
> 正由平日法《國語》爲文章，看得熟，故多見其疵病。此俗所謂沒
> 前程者也。」予曰：「東坡公在嶺外特喜子厚文，朝夕不去手，與陶
> 淵明並稱二友。及北歸，與錢濟明書，乃痛詆子厚《時令》、《斷刑》、
> 《四維》、《貞符》諸篇，至以爲小人無忌憚者。豈亦由朝夕白繹耶？
> 恐是《非國語》之報。」敦立爲之抵掌絕倒。〔註31〕

自以上二則可看出東坡於晚年精讀柳文，正與其《東坡易傳》之修訂同一時
期，儘管後來赦罪北歸，與錢濟明書信往來中，對柳文提出批評，卻更加證
明蘇軾受到柳宗元思想影響，但也能入其文內，出其神外，提出別於柳宗元
之見解，以下可就柳宗元「柳宗元易學與文學融攝思想淵源」與「柳宗元作
品中易學與文學融攝之成就」來深究其易學與文學融攝思想。

（一）柳宗元易學思想與其文學融攝之淵源

對比韓、柳二家，韓愈易學與文學融攝思想，乃注重以經學爲主軸，並
形成儒學道統之「一元性」，實上溯先秦兩漢經學家之學統，推崇先秦周公、
孟子，跟隨漢代王充、桓譚尊經重道思想；而柳宗元則強調易學與文學融攝
之「多元性」，在其《答韋中立論師道書》裡云：

> 本之《書》以求其質，本之《詩》以求其恒，本之《禮》以求其宜，
> 本之《春秋》以求其斷，本之《易》以求其動，此吾所以取道之原也。
> 參之《穀梁氏》以屬其氣，參之《孟》、《荀》以暢其支，參之《莊》、
> 《老》以肆其端，參之《國語》以博其趣，參之《離騷》以致甚幽，
> 參之太史公以著甚潔。此吾所以旁推交通，而以爲之文也。〔註32〕

雖與韓愈〈進學解〉相似，主張作學問以經學入門，並同樣重視他家文章，
如：莊子、離騷與史記等，在韓愈文中云：

> 上規姚姒，渾渾無涯；〈周誥〉、〈殷盤〉，佶屈聱牙；《春秋》謹嚴，
> 《左氏》浮誇；《易》奇而法，《詩》正而葩；下逮《莊》、《騷》，太
> 史所錄；子雲、相如，同工異曲；先生之於文，可謂閎其中而肆其
> 外矣！〔註33〕

〔註31〕〔宋〕陸游：《老學庵筆記》，卷，（北京：中華書局，1985 年），頁 91～頁 92。
〔註32〕〔唐〕柳宗元：《柳河東集‧答韋中立論師道書》，（上海：上海人民出版社，
1974 年 5 月），頁 543。
〔註33〕〔唐〕韓愈：《朱公文校昌黎先生集‧進學解》，〔宋〕朱熹校，卷十二，（臺

文中自《書》、《春秋》、《易》、《詩》等論起，談諸經之優缺，亦采莊子、屈賦、史記，更論及揚雄、司馬相如爲文之法，韓、柳爲學之法擁有異曲同工之妙，由上二文所見，韓、柳二人對於易學與文學融攝思想所本之原，實無多大差異。

　　然而二者學術上仍有不同之差異，韓愈獨尊儒術，且由二人對荀子之見解，可見韓、柳二人不同之處，柳認爲「參之孟、荀，以暢其支」，將孟、荀並列；與韓愈認爲孟子「醇乎醇」，荀子則爲「大醇而小疵」〔註34〕顯然重視孟子甚於荀子。但是就孟、荀之易學而論，荀子對於易學之見解是「善爲易者不占」〔註35〕，秉持孔子以來著重義理易學之傳統，反觀孟子則多將易學陰陽、氣化思想融入於其修養論〔註36〕與養氣論〔註37〕，鮮少探論《易》本身義理，因此論及柳宗元與韓愈在易學上之見解，韓、柳各自應能有所承襲孟、荀之易學思想，並鎔鑄於文學作品之中。總體而言，韓愈特別尊孟，在形成「文道合一」前提下，形成「醇」儒、排他性強之易學與文學融攝思想，柳宗元則能在孟、荀之

北：商務印書館，1970 年，台二版），頁 102～103。

〔註34〕〔唐〕韓愈：《朱文公校昌黎先生集・讀荀子》，〔宋〕朱熹校，卷十一，〈雜著〉，「余欲削荀子不合者，附于聖人之籍，亦孔子之志歟！孟氏醇乎醇者也；荀與揚大醇而小疵」，（臺北：臺灣商務印書館，1970 年，台二版），頁 100。

〔註35〕〔先秦〕荀子：《荀子新注・大略》，北大哲學系注釋，第二十七篇，（臺北：里仁書局，1983 年 11 月），頁 548。

〔註36〕〔漢〕趙岐注、〔宋〕孫奭疏、〔清〕阮元編：《孟子正義》冊二，第二十六卷，〈盡心〉上，孟子曰：「盡其心者，知其性也。知其性，則知天矣。存其心，養其性，所以事天也。殀壽不貳，修身以俟之，所以立命也。」，（臺北：臺灣中華書局，1966 年 3 月），頁 2～頁 3。

〔註37〕〔漢〕趙岐注、〔宋〕孫奭疏、〔清〕阮元編：《孟子正義》冊一，第十六卷，〈公孫丑〉上，曰：「敢問夫子之不動心與告子之不動心，可得聞與？」「告子曰：『不得於言，勿求於心；不得於心，勿求於氣。』不得於心，勿求於氣，可；不得於言，勿求於心，不可。夫志，氣之帥也；氣，體之充也。夫志至焉，氣次焉。故曰：持其志，無暴其氣。」「既曰『志至焉，氣次焉』，又曰『持其志，無暴其氣』者，何也？」曰：「志壹則動氣；氣壹則動志也。今夫蹶者趨者是氣也而反動其心。」「敢問夫子惡乎長？」曰：「我知言，我善養吾浩然之氣。」「敢問何謂浩然之氣？」曰：「難言也。其爲氣也至大至剛，以直養而無害，則塞于天地之間。其爲氣也配義與道，無是餒也。是集義所生者，非義襲而取之也。行有不慊於心則餒矣。我故曰：告子未嘗知義。以其外之也。」，（頁 16～頁 17）；此外冊二，第二十三卷，〈告子〉上，「其日夜之所息，平旦之氣，其好惡與人相近也者幾希，則其旦晝之所爲，有桔亡之矣。桔之反覆，則其夜氣不足以存。夜氣不足以存，則其違禽獸不遠矣。人見其禽獸也，而以爲未嘗有才焉者，是豈人之情也哉？故苟得其養，無物不長；苟失其養，無物不消。孔子曰：『操則存，舍則亡。出入無時，莫知其鄉。』惟心之謂與！」，（頁 2～頁 3），（臺北：臺灣中華書局，1966 年 3 月）。

間，汲取養分，化為其多元包容易學與文學融攝之法；且柳宗元在《送文暢上人》中論曰：「將統合儒釋、宣滌疑滯」〔註38〕，更可看出柳宗元不但不排佛，甚至主張要調和儒佛，因此在易學與文學融攝思想上，可以追溯揚雄兼容老莊，兼融並蓄之雜學思想，亦下開蘇學——三蘇父子一家之學。

（二）柳宗元易學思想與其文學融攝之成就

柳宗元易學與文學融攝思想由「本之易以求其動」而來，因此詩文中善用易學典故及思想，深厚其文章內涵〔註39〕。先就其易學與古文融攝思想觀之，其著名〈封建論〉內與革卦思想不謀而合，可稱是柳宗元易學與文學融攝思想代表作之一：

> 魏之承漢也，封爵猶建；晉之承魏也，因循不革。而二姓陵替，不聞延祚。今矯而變之，垂二百祀，大業彌固，何繫於諸侯哉？或者又以為殷周聖王也，而不革其制，固不當復議也，是大不然。夫殷周之不革者，是不得已也。蓋以諸侯歸殷者三千焉，資以黜夏，湯不得而廢；歸周者八百焉，資以勝殷，武王不得而易。徇之以為安，仍之以為俗，湯武之所不得已也。夫不得已非公之大者也，私其力於己也，私其衛於子孫也。秦之所以革之者，其為制，公之大者也，其情私也，私其一己之威也，私其盡臣畜於我也。然而公天下之端自秦始，夫天下之道理。〔註40〕

此篇顯示出「文以明道」之主張中，易學與古文兩相融攝之下，進一步闡述「經世致用」——儒家至高之理想目標，亦是易學與文學融攝底下，呈現易學思想足以提升文學蘊藉與內涵之況。柳宗元更不諱言封建制度缺失，並推崇秦代郡縣制度乃欲革封建之弊端，即不以私人一家家天下，而以天下為公。文中引史論理，亦融《易·革卦·大象傳》：「君子以治歷明時」之思想，此文可說是唐代易學與文學融攝之高峰，因柳宗元犀利而不著痕跡之用法，或影響蘇軾對於易學與文學融攝思想之建立，蘇軾亦有〈論封建〉一文，特別

〔註38〕〔唐〕柳宗元：《柳河東集·送文暢上人》，（上海：上海人民出版社，1974年5月），頁422～頁423。

〔註39〕駱正軍：〈易學——柳宗元哲學思想的重要基石〉，《零陵師範高等專科學校學報》，第23卷第1期，2002年1月，頁3～頁6。

〔註40〕〔唐〕柳宗元：《柳河東集·封建論》，（上海：上海人民出版社，1974年5月），頁43。

讚許宗元議論，認爲「宗元之論出，而諸子之論廢矣！」〔註41〕，並以其論增益爲己論，亦可稱蘇軾認同柳鎔鑄《易·革卦·大象傳》思想，反對封建迂腐之政治制度。柳之〈閔生賦〉亦言「知徙善而革非兮，又何懼乎今之人。」〔註42〕，文中指出應以孔子與孟子爲榜樣，擇善固執而無惑持心，柳也在〈愚溪對〉中，藉夢與冉溪河神對話發一己之憂嘆，河神不滿柳宗元將之改名爲「愚」，提出質疑，柳對曰：

> 今汝獨招愚者居焉，久留而不去。雖欲革其名不可得矣！〔註43〕

今讀來頗有怨懟之氣，其中「欲革其名不可得」，除了代表自娛自諷，也象徵柳宗元仍期盼有所變動，希冀有機會從戴罪蟄伏之身，成爲治國安民之能才。對照《東坡易傳》之〈革卦·九五爻辭〉、〈革卦·小象傳〉解云：

> 非大人而革者，皆毀人以自成，廢人以自興，故人之從之也。〔註44〕

柳宗元政績與生平正是符合蘇軾口中「大人」之作爲，因此能革己成人，更新制度以興人，或爲柳宗元寄託政治革新理念，並自我鑑戒之處。然而柳宗元除鎔鑄易學思想於文學之中，亦有藉易象託以諷寓遣懷之意，於〈愚溪對〉一文，對坎、井二卦易象加以運用：

> 吾足蹈坎井，頭抵木石，衝冒榛棘，僵仆虺蜴，而不知怵惕。〔註45〕

可見柳宗元易學造詣深厚，明瞭坎有險阻之意，於〈井銘〉、〈祭井文〉亦明白指出，井有不窮之養與鑑鏡警省之意〔註46〕。柳亦在〈四門助教廳壁記〉一文引道：

〔註41〕〔宋〕蘇軾：《蘇軾文集·論封建》，（北京：中華書局，2004 年 11 月），頁158。

〔註42〕〔唐〕柳宗元：《柳河東集·閔生賦》，（上海：上海人民出版社，1974 年 5月），頁35～頁37。

〔註43〕〔唐〕柳宗元：《柳河東集·愚溪對》，（上海：上海人民出版社，1974 年 5月），頁223～頁225。

〔註44〕〔宋〕蘇軾：《東坡先生易傳》，嚴靈峰輯，〈革卦·象傳〉，「革之時大矣！」，（臺北：成文出版社，據明萬曆二十五年刊「兩蘇經解」本影印，1965 年），頁276。

〔註45〕〔唐〕柳宗元：《柳河東集·愚溪對》，（上海：上海人民出版社，1974 年 5月），頁223～頁225。

〔註46〕〔唐〕柳宗元：《柳河東集》，（上海：上海人民出版社，1974 年 5 月），其中〈井銘〉：「盈以其神其來，不窮惠我後之人。噫！疇肯似於政，其來日新。」，頁356；〈祭井文〉：「不窮之養，功並乳湩……神斯有仁，是鑒是臨。」，頁664～頁665。

《易傳太初篇》曰：「天子旦入東學，晝入南學，夕入西學，暮入北學。」〔註47〕

透過此引文，將《易傳太初篇》〔註48〕所載，探討四學起源與來歷，並持儒家承襲易學蒙卦重視教化思想，探討在上位者，即使位尊，仍不能廢學，可與韓愈〈師說〉以及柳文〈答韋中立論師道書〉二篇相對應。

若專論柳之易學思想與議論融攝，可由柳宗元好友劉禹錫曾有〈與董生言易〉以及〈辨易九六論〉二篇易說談起，劉認為董生以互體解泰卦流於附比，並認為周易九六之義，有老陰老陽之變，是由畢中和承自唐僧一行之易說，並非源自孔穎達之疏，柳宗元於〈與劉禹錫論周易九六書〉則提出：

> 與董生論《周易》九六義，取老而變，以為畢中和承一行僧得此說，異孔穎達《疏》，而以為新奇。彼畢子、董子，何膚末於學而遽云云也？都不知一行僧承韓氏、孔氏說，而果以為新奇，不亦可笑矣哉！
>
> 〔註49〕

當時柳宗元年少才俊，此文可知其鑽研《易》道甚深，對於九六陰陽之數，探本溯源，並服膺王韓注與孔疏，主義理釋易之法，柳文考證出劉禹錫以董生之說為主，且認為畢中和之說源自唐一行，柳認為劉此說是為失察，乃因「一行僧承韓氏、孔氏之說」〔註50〕，故柳易學與議論融攝，所呈現易學思想並不同於劉禹錫追求新說，甚沉溺於象數。依此而言，蘇軾易學主張大抵與柳宗元此說相近，皆贊成以義理為主之王韓注與孔疏為學易根柢，然蘇軾之〈易解〉一文之論點，卻與柳不盡相同，其對於易九六之推論，自稱源自於唐僧一行〔註51〕，則與劉禹錫接近。但此篇柳文中透過文論來闡述其易學思想，可歸於柳宗元易學與古文融攝之成就，文中直截論述易數並展現出簡

〔註47〕 〔唐〕柳宗元：《柳河東集·四門助教廳壁記》，（上海：上海人民出版社，1974年5月），頁434。

〔註48〕 按：中國科學院圖書館整理《續修四庫全書總目題要》，經部中有清喬松年所輯《易學太初篇》一書提要，其中云「採自《漢書·祭祀志》，於無所考。其書之宗旨若何。益難揣測。存其書名而已」，（北京：中華書局，1993年7月，頁196）。查《隋書·經籍志》、《舊唐書·經籍志》、《新唐書·藝文志》亦無此書，故唐應無此易傳流傳，可見柳宗元或由《漢書·祭祀志》引之。

〔註49〕 〔唐〕柳宗元：《柳河東集·與劉禹錫論周易九六書》，（上海：上海人民出版社，1974年5月），頁501～502。

〔註50〕 〔唐〕柳宗元：《柳河東集·天對》，（上海：上海人民出版社，1974年5月），頁227～頁228。

〔註51〕 〔宋〕蘇軾：《蘇軾文集·易解》，（北京：中華書局，2004年11月），頁193。

潔了當之特色。此外，柳宗元亦有一系列探討先秦儒家未及之處——由易傳論及天體演化，以及天地運行而成萬物之過程推論，比如：〈天對〉論及元氣、陰陽，其曰：

> 問曰：遂古之初，誰傳道之。上下未形，何由考之。冥昭瞢闇，誰能極之。馮翼惟象，何以識之。
>
> 對曰：本始之茫，誕者傳焉。鴻靈幽紛，曷可言焉！晳黑晰眇，往來屯屯，龐昧革化，惟元氣存，而何爲焉！
>
> 問曰：陰陽三合，何本何化。
>
> 對曰：合焉者三，一以統同。吁炎吹冷，交錯而功。〔註52〕

由上可知柳宗元自有一套宇宙生成論，在〈天說〉一文則不贊同韓愈認爲天有因果報應，並提出一番見解，其中亦論及天地、元氣、陰陽之概念：

> 彼上而玄者，世謂之天；下而黃者，世謂之地；渾然而中處著，世謂之元氣；寒而暑者，世謂之陰陽。是雖大，無異果蓏、癰痔、草木也。〔註53〕

論及宇宙萬物，不論寒暑交替，自大或小，都蘊含陰陽變化之理。柳宗元更於〈天爵論〉將儒家道德仁義與天地運行之理結合，其論云：

> 仁義忠信，先儒名以爲天爵，未之盡也。夫天之貴斯人也，則付剛健、純粹於其躬，俾爲至靈，大者聖神，其次賢能，所謂貴也。剛健之氣，鍾於人也爲誌，得之者，運行而可大，悠久而不息……道德之於人，猶陰陽之於天也，仁義忠信，猶春秋冬夏也……或曰：「子所謂天付之者，若開府庫焉，量而與之耶？」曰：否。其各合乎氣者也。莊周言天曰：「自然」，吾取之。〔註54〕

由上三篇可知柳宗元對於易學言天道，有深刻體會，由〈天對〉提出天體演化、〈天說〉論及萬物演化，更於〈天爵論〉將儒家道德說從天理而來之見解，並雜取莊子「天道自然」，附會其易說，可知柳宗元易學與文學融攝思想，不

〔註52〕〔唐〕柳宗元：《柳河東集·與劉禹錫論周易九六書》，（上海：上海人民出版社，1974 年 5 月），頁 501～502。

〔註53〕〔唐〕柳宗元：《柳河東集·天說》，（上海：上海人民出版社，1974 年 5 月），頁 285。

〔註54〕〔唐〕柳宗元：《柳河東集·天爵論》，（上海：上海人民出版社，1974 年 5 月），頁 49～頁 51。

拘於儒說，更兼採道家說法，吻合其〈答韋中立論師道書〉論及易學與古文融攝「本之易，以求其動」、儒道融攝「參之老莊，以肆其端」之言。

論及天象、地理之餘，柳宗元亦探討易與人事之間，對於卜筮提出看法，《非國語・卜》：

> 卜者，世之餘伎也，道之所無用也。蓋以毆陋民也，非恒用而徵信矣！〔註55〕

針對占卜一事，本為術數方伎，實無益於道。只是為了取信於平民百姓，使之體認大道；柳亦於《非國語・筮》批駁重耳親筮，而季子稱吉一事〔註56〕，二篇雖論國語二史事，但實則對於春秋戰國時期，以易專為卜筮之學提出批判，亦可見柳對於易學之見解——易非泥於卜筮。承自孔、荀之見解，不難推論此見解亦影響蘇軾對於《易經》經文之看法。另外在〈箕子碑〉中柳宗元盛讚箕子，亦有易學與古文融攝思想，其文云：

> 蒙難以正，授聖以謨。……《易》象是列，文王為徒。大明宣昭，崇祀式孚。古闕頌辭，繼在後儒。〔註57〕

對於殷三賢，獨讚美箕子能列入《易・明夷》一卦經文，並推崇其道德，對後世影響，希冀後儒能以此為典範。

明代茅坤將柳文列為唐宋八大家，而在文學史上中唐柳詩亦與劉禹錫、韋應物齊名，蘇軾多次讚美其詩，認為陶淵明與柳詩皆有「外枯而中膏，似澹而實美」之特質，更對〈江雪〉一詩，大加讚譽，認為是「殆天所賦，不可及也已」〔註58〕之作，然在柳宗元詩作中有不少易學與文學融攝思想流露，比如，〈晛民詩〉：「二公居矣，弗敢泰止，是獲泰已。」〔註59〕，即是引用泰卦，頌讚房玄齡、杜如晦二位賢相，求民安泰為己任，不以求己之苟安而為止，因此才能為官，又能保全自己，獲得安泰，於〈憎王孫文〉也提及「否、

〔註55〕〔唐〕柳宗元：《柳河東集・非國語卜》，（上海：上海人民出版社，1974 年 5 月），頁 764。

〔註56〕〔唐〕柳宗元：《柳河東集・非國語筮》，（上海：上海人民出版社，1974 年 5 月），頁 773～頁 774。

〔註57〕〔唐〕柳宗元：《柳河東集・箕子碑》，（上海：上海人民出版社，1974 年 5 月），頁 74。

〔註58〕〔宋〕蘇軾：《蘇軾文集・書鄭谷詩》，（北京：中華書局，2004 年 11 月），頁 2119。

〔註59〕〔唐〕柳宗元：《柳河東集・晛民詩》，（上海：上海人民出版社，1974 年 5 月），頁 23～頁 24。

泰」二卦，其云：

> 羣小遂兮君子違，大人聚兮尊無餘；善與惡不同鄉兮，否泰旣兆其
> 盈虛。〔註60〕

雖寫山中猴之可憎，仍有寄託否極泰來、否泰相對之易學思想於其中，藉此以
諷刺時政，羣小相攻訐而治政，實泰去否來，唯信任有德之才，並予以重任，
才眞正能達到趨吉避凶，否極泰來之勢，由此可知柳宗元易學與文學融攝思想，
仍欲藉詩文闡述內心淑世理想。而〈龜背戲〉一首則藉由宮廷貴族士夫所創，
以八卦形狀製作而成之遊戲，後盛行於民間之事託以諷喻，其詩云：

> 長安新技出宮掖，喧喧初徧王侯宅，玉盤滴瀝黃金錢，皎如文龜麗
> 秋天。八方定位開神卦，六甲離離齊上下。投變轉動玄機卑，星流
> 霞破相參差。四分五裂勢未已，出無入有誰能知？乍驚散漫無處所，
> 須臾羅列已如故。徒言萬事有盈虛，終朝一擲知勝負。脩門象棋不
> 復貴，魏宮粧奩世所棄。豈如瑞質耀奇文，願持千歲壽吾君。廟堂
> 巾笥非餘慕，錢刀兒女徒紛紛。〔註61〕

柳詩表面以流麗詩語，描繪「龜背戲」之玄妙，事實卻是批評此種遊戲假借
易卦與易象之形式，於政、於民無實質助益；遊戲看似冠冕堂皇，但卻形成
不良風氣，上自貴族下至平民皆沈溺於其中，此種遊戲應與圍棋類似，又簡
單於圍棋，因此更容易流傳於世。柳宗元以詩評事，是寄託諷喻，並抒發內
心感慨，所謂「豈如瑞質耀奇文，願持千歲壽吾君」，正是柳承孔子所云「君
子不器」，以及《易傳》云「以制器者尚其象」，君子不沉湎於「器之效」，而
能反求「器」背後隱含之哲理，柳宗元借詩言貴族與民間沉溺之狀，作爲警
戒。在〈登蒲州石磯望橫江口潭島深迥斜對香零山〉一詩，其「詭怪潛坤珍，
孤山乃北峙」〔註62〕便是善用坤卦易象，引申「坤珍」所指「符瑞」〔註63〕，
作爲寫景詩色調，渾融適切。

〔註60〕〔唐〕柳宗元：《柳河東集·憎王孫文》，（上海：上海人民出版社，1974年5
　　　　月），頁322～頁323。

〔註61〕〔唐〕柳宗元：《柳河東集·龜背戲》，（上海：上海人民出版社，1974年5
　　　　月），頁738。

〔註62〕〔唐〕柳宗元：《柳河東集·登蒲州石磯望橫江口潭島深迥斜對香零山》，（上
　　　　海：上海人民出版社，1974年5月），頁712～頁713。

〔註63〕〔唐〕柳宗元：《柳宗元詩箋釋》，〈登蒲州石磯望橫江口潭島深迥斜對香零
　　　　山〉，（上海：上海古籍出版社，1993年9月），頁104。

由以上可得知柳宗元易學與文學融攝思想，在於善用易學思想與將易象融入詩文之中，展現渾圓詭奇之特色；或以易卦思想結合當時政策，進行批判；或以易象抒發貶謫之情與寄託政治理念，甚至諷喻時政；或以易經當中形上思想，探論天道，闡述易理；或以易學史之角度，與劉禹錫論及易九六之說，成為宋代疑經思想源頭之一；或以史事批駁占卜、筮法，認為《易》道深遠，非占筮可明，此易學與文學融攝思想對於宋代蘇軾更有深刻之影響。因此柳宗元易學與文學融攝思想，雖不專論人事，但能有別於韓愈，兼論及象數，更開拓唐之後易學與文學融攝思想之廣度，呈現多元的包容性與兩者高度的融攝成就。

第二節　歐陽脩、王安石易學與文學融攝思想研究

一、歐陽脩易學思想與其文學

歐陽脩由一介平民，刻苦勵學，後成為宋初文壇領袖，可追溯歐年少鑽研韓文，並以承繼韓愈，尊經崇聖、推崇古文為己志。然而當時文壇古文並非主流，又有「太學體」〔註 64〕氾濫於科場，雖柳開、穆修、與石介等等先輩提倡，仍不如歐陽脩影響深遠〔註 65〕，歐更於擔任科舉主考官時，力主古文，獨排駢文，更提拔後進，使得文壇一洗華靡之風，之後王安石、三蘇等大家接連而出，遂使古文成為文章正宗，然其「文以明道」之主張，進而實踐於古文之中，即是易學與古文融攝之明證，在歐不少作品中擁有易學與文學融攝之思想。歐陽脩好古研經，其弟子曾鞏亦承其志，為文樸實無華〔註66〕，修史有功，與其師世稱「歐、曾」，曾鞏亦本「六經」之說，儒家之理，編纂《戰國策》，然曾於目錄序中，不贊同劉向專言策士，其流於詭譎狡詐為「不得不然」之說法，並提出「道者立本」、「法者適變」作為立論〔註 67〕，

〔註64〕孫望、常國武編：《宋代文學史》，（北京：人民文學出版社，2006 年 6 月），頁 125。

〔註65〕孫望、常國武編：《宋代文學史》，（北京：人民文學出版社，2006 年 6 月），頁 125。

〔註66〕〔宋〕李耆卿：《文章精義》，「曾子固文學劉向」，並注云「平平說去，疊疊不斷，最淡而古」，《四庫全書》珍本別輯，（臺北：臺灣商務印書館，1975 年），頁 3。

〔註67〕〔宋〕曾鞏：《元豐類稿·『戰國策』目錄序》，卷十一，上欄，「蓋法者所以適變也，不必盡同；道者所以立本也，不可不一。此理之不易者也。」，（臺北：世界書局，據鉛印本影印，1963 年 11 月），頁 8。

可見曾鞏之史識亦宗孔孟二聖，此說更爲明清古文運動，唐宋派、桐城派所繼承〔註68〕。除前章探討歐陽脩疑易思想與蘇軾學與文學思想之關係，於此章節可詳細探論歐陽脩文章著作，而曾鞏其〈洪範傳〉云：「易之道爲聖人之要道，非窮技曲學之謂也」〔註69〕，可略窺其易學思想仍受歐陽脩所影響，然曾並無單獨易論與易注，其易學體系似乎難明，因此本小節主要探論歐陽脩作品中蘊含易學與文學融攝思想。

（一）歐陽脩易學思想與其文學融攝之淵源

陸游《老學庵筆記・卷六》中提及有僧人僞作〈與僧大顛書〉，假稱爲韓愈之文，投歐陽脩所好，然於歐考察之下，實應知韓愈佚文蒐羅匪易，故才將此篇列爲備考。蘇軾不相信此篇文章爲韓愈所作，至陸游詳細考證其文內容之下，認爲此文「不足信」，陸云如下：

> 歐陽文忠公立論《易・繫辭》當爲〈大傳〉，蓋古人已有此名，不始於公也。有點僧遂投其好，僞作韓退之〈與僧大顛書〉，引〈繫辭〉謂之〈易大傳〉，以示文忠公。公以合其論，遂爲之跋曰：「此宜爲退之之言。」予嘗得此書石刻，語甚鄙，不足信也。〔註70〕

陸游理由主要在於「語甚鄙」，但朱熹在考證中則不贊同蘇軾對此文之看法，反而認爲只是「錯字多」〔註71〕；而查集古錄之跋，歐陽脩對其提出韓愈疑易之說，認爲此書信中韓愈以「《易・繫辭》爲大傳，……等語」〔註72〕，乃是韓愈行文習慣，因此作爲韓文明證之一，雖陸游提出反駁，認爲是「點僧」所僞作，但並無舉出實際證據。若先拋開〈與僧大顛書〉此文是否爲僞作，收錄此書信之集古錄跋尾以〈唐韓文公與顛師〉且稱「世所罕傳」〔註73〕，以此

〔註68〕上海古籍出版社：《古典文學三百題》，（上海：上海古籍出版社，1986年），頁87。

〔註69〕〔宋〕曾鞏：《元豐類稿・洪範傳》，卷十，下欄，（臺北：世界書局，據鉛印本影印，1963年11月），頁12。

〔註70〕〔宋〕陸游，《老學庵筆記》，卷六，（北京：中華書局，1985年），頁52。

〔註71〕〔宋〕黎靖德編：《朱子語類》冊八，第一百三十六卷，〈戰國漢唐諸子〉，「東坡卻罵以爲退之家奴隸亦不肯如此說！但是陋儒爲之，復假托歐公語以自盡。然觀集古錄，歐公自有一跋，說此書甚詳，東坡應是未見集古錄耳。看得來只是錯字多」，（北京：中華書局，1986年），頁3274。

〔註72〕〔宋〕歐陽脩，李之亮箋注：《歐陽脩集編年校注・集古錄跋尾》，第七冊，（成都：巴蜀書社，2007年），頁523～頁524。

〔註73〕〔宋〕歐陽脩，李之亮箋注：《歐陽脩集編年校注・集古錄跋尾》，第七冊，（成都：巴蜀書社，2007年），頁523。

得知歐陽脩對於韓文雅愛非常，勤於考佚集求。而〈唐韓文公與顓師〉一文稱
《易‧繫辭》爲〈易大傳〉，可在歐陽脩《易童子問》中考察，歐確實使用此稱
〔註74〕，因此陸游才言「公以合其論，遂爲之跋」，韓、歐或同使用〈易大傳〉
之名稱。更一進步探論，在易學與文學融攝思想上，歐亦受韓愈沾染，承襲韓
之尊經思想，歐認爲《易經》亦載聖人之道，在其〈送王陶序〉中云：

> 六經皆載聖人之道，而易著聖人之用，吉凶得失，動靜進退，《易》
> 之事也，其所以爲之用者，剛與柔也。〔註75〕

認爲《易》載聖人教化的大用，其中闡明剛柔變化即是運用之理，與韓愈〈原
道〉中所言相近：

> 夫所謂先王之教者，何也？博愛之謂仁，行而宜之之謂義，由是而
> 之焉之謂道，足乎己無待於外之謂德。其文，《詩》、《書》、《易》、《春
> 秋》。〔註76〕

韓愈認爲先王所以施教，仁義兼之，因之、成之而合道德，在外則以五經爲
顯，因此推崇經術之教。歐亦認同韓說，並進一步申論經術之重要，其於〈代
曾參答弟子書〉提出六經地位：

> 《詩》可以見夫子之心，《書》可以知夫子之斷，《禮》可以明夫子
> 之法，《樂》可以達夫子之德，《易》可以察夫子之性，《春秋》可以
> 存夫子之志。〔註77〕

且於《易童子問》論《易》爲「其言愈簡，其義愈深」〔註78〕，雖提出十翼
恐非孔子所著，但仍認同易學與文學之間關係，更蘊含一種文人自覺，透過
易理與文采契合，進行學術與思想、經學與政治以及文學與文化上之革新運
動，〈易或問三首之一〉更云：

> 易者，文王之作也。其書則六經也；其文則聖人之言也；其事則

〔註74〕〔宋〕歐陽脩，李之亮箋注：《歐陽脩集編年校注‧易童子問》，第四冊，（成
都：巴蜀書社，2007年），頁535～頁536。於卷三計使用二次。

〔註75〕〔宋〕歐陽脩，李之亮箋注：《歐陽脩集編年校注‧送王陶序》，第三冊，（成
都：巴蜀書社，2007年），頁170～頁174。

〔註76〕〔唐〕韓愈，〔宋〕朱熹校：《朱文公校昌黎先生集》，卷十一，〈雜著〉，（臺
北：臺灣商務印書館，1970年，台二版），頁95～頁96。

〔註77〕〔宋〕歐陽脩，李之亮箋注：《歐陽脩集編年校注‧代曾參答弟子書》，第四
冊，（成都：巴蜀書社，2007年），頁76～頁79。

〔註78〕〔宋〕歐陽脩，李之亮箋注：《歐陽脩集編年校注‧易童子問》，第四冊，（成
都：巴蜀書社，2007年），頁534。

天地萬物，君臣、父子、夫婦，人倫之大端也。〔註79〕

《易》乃六經之一，記載聖人之言，更包括天地萬物與五倫之則，注重《易》教，實有別於唐與宋初大部分文人純粹爲政治服務，或者吟風誦月之文學觀。以上可見歐陽脩易學與文學融攝思想，主要淵源於六經，而受韓愈影響甚深，認爲以推崇經籍，注重其政教實用，以及有助於道德文章，更無懼傳統舊說陳襲之勢，乃實事求是，進而造就宋代古文運動之盛，蘇軾亦受歐沾染，建構出一套易學與文學融攝思想。

（二）歐陽脩易學思想與其文學融攝之成就

歐於古文與詩詞中展現出大道精深、文辭雅潔之特色，因其文學擁有深厚學術根柢，首先可由其文章〈送楊寘序〉，探討其易學與文學融攝思想：

> 與夫堯舜三代之言語，孔子之文章，《易》之憂患，《詩》之怨刺，無以異其能。聽之以耳，應之以手，取其和者，道其堙鬱，寫其憂思，則感人之際，亦有至者矣！〔註80〕

展現出易學可加深文學思想之厚度，提出易學憂患思想，君子當明之，以此勉勵好友楊寘，歐亦運用「絜矩精微」之古文，進行闡述，乃其易學與古文融攝之明證。而在〈畫舫齋記〉則云：

> 周易之象，至於履險蹈難，必曰：「涉川」。蓋舟之爲物，所以濟險難，而非安居之用也。今予治齋於署，以爲燕安；而反以舟名之，豈不戾哉！夫子又嘗以罪謫走江湖間，自汴絕淮浮於大江，至於巴峽轉而以入於漢沔，計其水行幾萬餘裡。其羈窮不幸而卒遭風波之恐，往往叫號神明，以脫須臾之命者數矣！當其恐時顧視前後，凡舟之人，非爲商賈則必仕宦，因竊自歎，以爲非冒利與不得已者孰肯至是哉？賴天之惠，全活其生。〔註81〕

以「周易之象」言及「履險行難」之時，有如行官待罪之態，藉貶謫流離適舟之情狀，與商賈無異，寄寓任官如濟水行舟，仍須渡險歷難，除蘊含易學憂患思想，亦展現易學與古文融攝之成就。歐更於〈薛簡肅公文集序〉提出

〔註79〕〔宋〕歐陽脩，李之亮箋注：《歐陽脩集編年校注・易或問三首》，第二冊，（成都：巴蜀書社，2007年），頁90～頁93。

〔註80〕〔宋〕歐陽脩，李之亮箋注：《歐陽脩集編年校注・送楊寘序》，第三冊，（成都：巴蜀書社，2007年），頁154～頁156。

〔註81〕〔宋〕歐陽脩，李之亮箋注：《歐陽脩集編年校注・畫舫齋記》，第三冊，（成都：巴蜀書社，2007年），頁71～頁73。

君子能體悟易學憂患思想，自我修持，甚透過文章著作表明心志，此亦爲闡
述易學對於其文學理論建構之重要性：

> 君子之學，或施之事業，或見於文章，而常患於難兼也。蓋遭時之
> 士，功烈顯於朝廷，名譽光於竹帛，故其常視文章爲末事，而又有
> 不暇，與不能者焉。至於失志之人，窮居隱約，苦心危慮，而極於
> 精思，與其有所感激發憤，惟無所施於世者，皆一寓於文辭，故曰：
> 「窮者之言易工也」。〔註82〕

「文窮而後工」乃失志之人「窮居隱約，苦心危慮，而極於精思」，更「寓於
文辭」，此或受易學憂患思想影響，故君子操心也危，發憤著書，以求不朽之
盛事。而「易工」並非爲文流於華靡不實，而是更講求文章、文辭能具有效
性與藝術性，此即歐易學與文學融攝思想重要主張，以及爲文指導，雖朱熹
評歐「文人自立」〔註83〕，但朱之主要立場爲理學家，注重自省工夫有無，
藉以區分文學家與道學家之差異〔註84〕，欲別立門戶。然於學術保守之宋朝
初年，歐陽脩此說確實於學術上能有所發明，更指引出宋代學者與文人可以
開拓與遵循之方向。而其史學著作《五代史記》也流露出易學與文學融攝現
象，於〈五代史伶官傳序〉尤爲明顯，其曰：

> 成敗之迹而皆自於人歟！書曰：「滿招損，謙受益。」，憂勞可以興
> 國，逸豫可以亡身。〔註85〕

論及歷史成敗皆人爲也，除引用書經之語闡述史學思想，更融攝〈謙卦〉、〈豫
卦〉與〈繫辭傳〉等易學思想，以及中庸所云：「凡事豫則立，不豫則廢」〔註

〔註82〕〔宋〕歐陽脩，李之亮箋注：《歐陽脩集編年校注·薛簡肅公文集序》，第三
冊，（成都：巴蜀書社，2007年），頁210～頁211。

〔註83〕〔宋〕黎靖德編：《朱子語類》冊八，卷一百三十，〈本朝四·自熙寧至靖康
用人〉，問：「東坡與韓公如何？」曰：「平正不及韓公。東坡說得高妙處，只
是說佛，其他處又皆粗。」又問：「歐公如何？」曰：「淺」。久之，又曰：「大
概皆以文人自立。平時讀書，只把做考究古今治亂興衰底事，要做文章，都
不曾向身上做工夫，平日只是以吟詩飲酒戲謔度日」，（北京：中華書局，1986
年），頁3113。

〔註84〕漆俠：《宋學的發展與演變》，（石家莊：河北人民出版社，2004年4月），頁
216～頁217。

〔註85〕〔宋〕歐陽脩：《新五代史·伶官傳序》冊二，第三十七卷，（臺北：臺灣中
華書局，1971年），頁1～頁2。

〔註86〕〔漢〕鄭玄注、〔宋〕孔穎達疏、〔清〕阮元編：《禮記正義》，〈中庸〉，（臺北：
臺灣中華書局，1966年3月）。

86〕，呈現於文中。胡瀚平認為「與《易經》『彰往而察來，顯微而闡幽』的其本命題是一致的。」〔註87〕，也代表歐陽脩透過古文作品進行學術上，經學、史學與文學相互融攝，於其中易學與文學融攝思想之成就，清晰可見。在〈與樂秀才第一書〉云：

> 古人之學者非一家，其為道雖同，言語文章未嘗相似。孔子之繫易，周公之作書，奚斯之作頌，其辭皆不同，而各自以為經。子游、子夏、子張與顏回同一師，其為人皆不同，各由其性，而就於道耳。今之學者或不然，不務深講而篤信之，徒巧其詞以為華，張其言以為大。夫強為則用力艱，用力艱則有限，有限則易竭。又其為辭不規模於前人，則必屈曲變態以隨時俗之所好，鮮克自立。此其充於中者不足，而莫自知其所守也。〔註88〕

提出聖人傳經，文辭不同，孔子、周公以及奚斯卻能持其大道而立於世，藉此讚許樂秀才文辭「高健志甚，壯而力有餘」，由此可知歐陽脩認為「崇道深講」、「規模前人」，才可以「卓然自立」。在以上易學與序跋、雜記與書牘類古文融攝之中，除了可體悟易學深厚文學，亦可理解易學能賦予文學獨特性，否則流於「屈曲變態」、「隨俗所好」，非長久之道。

此外在易學與詩、詞、賦融攝方面，歐於〈讀易〉一詩中，「焚香讀易過殘春」，顯示喜愛研易，特別於季春初夏時節，體會大道「變易」之理。又如：〈送楊辟秀才〉一詩，前言楊生服膺仁、義、禮、樂，為文醇厚，肯定其才，詩末二句云：

> 世好競辛鹹，古味殊淡泊；〈否〉、〈泰〉理有時，惟窮見其確。〔註89〕

詩中引用〈否〉、〈泰〉二卦，代表人事吉凶禍福，自有其時，人能知天時而戮力自知、全力以赴，才可趨吉避凶，於歐〈易或問〉更云：「治亂在人而天不與者，《否》、《泰》之象詳矣。」〔註90〕，認為人禍亂世，非天之力，乃在人事，強調人文主義，亦可與上詩相參證。上述詩中「古味殊淡泊」一句透

〔註87〕 胡瀚平：〈歐陽脩文學作品中的——易經思想〉，《古典文學》，第十四卷，1997年5月，頁233～頁247。

〔註88〕 〔宋〕歐陽脩，李之亮箋注：《歐陽脩集編年校注・與樂秀才第一書》，第四冊，（成都：巴蜀書社，2007年），頁333～頁334。

〔註89〕 〔宋〕歐陽脩，李之亮箋注：《歐陽脩集編年校注・送楊辟秀才》，第一冊，（成都：巴蜀書社，2007年），頁57～頁60。

〔註90〕 〔宋〕歐陽脩，李之亮箋注：《歐陽脩集編年校注・易或問》，第四冊，（成都：巴蜀書社，2007年），頁86～頁90。

露出歐陽脩對於古文推崇，最末句「惟窮見其確」〔註91〕，「窮」不只說明楊
生境遇困窘而堅守志節，也代表因楊對「道」之窮究，而文理更顯眞確。歐
詩亦能藉易象言理，如：〈葛氏鼎〉言及古鼎出土震撼當時，相應〈鼎卦‧象
傳〉：「大亨以養聖賢」，歐詩中：

> 器大難用識者不，以示世俗遭揶揄；明堂會朝饗諸侯，饔官百品供
> 王羞。調以五味烹全牛，時有用捨吾無求；二三子學雕琳球，見之
> 始驚中歎愀。〔註92〕

很明顯將「鼎」與「聖賢」相比附，「器大」、「時有用捨吾無求」，皆可證歐
陽脩以葛氏鼎自勉，後又以詩句道出易學思想：

> 馬圖出河龜負疇，自古怪說何悠悠；嗟吾老矣不能休，勉強做詩慚
> 效尤。〔註93〕

「怪說何悠悠」即是反對「河圖洛書」之傳說，此見解亦於歐之易學論著《易
童子問》中詳細說解，歐陽脩提出〈繫辭〉與〈說卦〉說法矛盾，實「非人情
也」〔註94〕，因此歐以詩之精要語言，闡述其易學思想，展示高度藝術成就。

　　而歐陽脩詞雖多爲婉約之作，但仍有鎔鑄易學憂患思想之特色，比如：
其熙寧五年退居潁州，西湖系列詞其中一首〈采桑子〉：

> 平生爲愛西湖好。來擁朱輪，富貴浮雲，俯仰流光二十春。歸來恰
> 似遼東鶴，城郭人民，觸目皆新，誰識當年舊主人。〔註95〕

歐寫其從政爲官二十餘年，堅守儒道思想，且仍視「富貴如浮雲」，有如「遼
東鶴」，而「遼東鶴」一詞雖引用自《搜神後記》，丁令威化鶴筆記故事，亦
能與中孚卦九二爻辭「鶴鳴在陰，其子和之；我有好爵，吾與爾靡之」、上九
爻辭「翰音，登於天；貞凶」有相應之處，又另一首〈采桑子〉：

〔註91〕按：〔宋〕歐陽脩，李之亮箋注之《歐陽脩集編年校注‧送楊辟秀才》，第一
　　　　冊，（成都：巴蜀書社，2007年），頁60。一詩引《周易‧乾‧文言》：「確乎
　　　　其不可拔」，來證歐詩「確」字之解。

〔註92〕〔宋〕歐陽脩，李之亮箋注：《歐陽脩集編年校注‧葛氏鼎》，第一冊，（成都：
　　　　巴蜀書社，2007年），頁208～頁210。

〔註93〕〔宋〕歐陽脩，李之亮箋注：《歐陽脩集編年校注‧葛氏鼎》，第一冊，（成都：
　　　　巴蜀書社，2007年），頁208～頁210。

〔註94〕〔宋〕歐陽脩，李之亮箋注：《歐陽脩集編年校注‧易童子問》，第四冊，（成
　　　　都：巴蜀書社，2007年），頁535。

〔註95〕〔宋〕歐陽脩，李之亮箋注：《歐陽脩集編年校注‧采桑子》，第七冊，（成都：
　　　　巴蜀書社，2007年），頁198。

十年前是樽前客，月白風清，憂患凋零。老去光陰速可驚。鬢華雖改心無改，試把金觥。舊曲重聽。猶似當年醉裏聲。〔註96〕

明顯將「憂患」二字，用於詞中，〈繫辭傳〉所謂：「作《易》者，其有憂患乎？」，〈繫辭傳〉並深入探討〈履〉、〈謙〉、〈復〉、〈恒〉、〈損〉、〈益〉、〈困〉、〈井〉、〈巽〉〔註97〕等九卦，以修身明德，於進退出處，憂患困逆之間，皆能秉持《易》道深微，藉以自我砥礪。整首詞除感慨流光逝去，年老鬢白之餘，亦有自我激勵之語，「鬢華雖改心無改」是服膺儒道之心恆在，易恒卦六五爻辭：「恒其德，貞」，豈不與詞中思想相呼應，在上所舉二首詞中所流露清雋之氣之外〔註98〕，更表達出歐為官而後貶官隱居心態之轉變，除可感受歐憂患之情，亦見其善用典故作詞之功力。歐作之中表達出憂患之詞實不少，在至和元年返回京師，所作一闋〈聖無憂〉：

世路風波險，時年一別須臾。人生聚散長如此，相見且歡娛。〔註99〕

由詞句中可看出歐陽脩即便返朝，也以「險惡」、「一別」、「常聚散」為人生哲理與憂患意識之依託，透過詞作將其昇華而得到積極思想，是易學與文學融攝底下，產生思想、文學及藝術之飛躍與開脫。在賦之創作，胡瀚平也在其文章分析〈秋聲賦〉，〔註100〕胡先生以漢象數易理解讀〈秋聲賦〉，又論〈試筆繫辭傳〉，文中引《易·繫辭》：「書不盡言，言不盡意」，探討其重「神」之文學論，以「紆曲寓意，含而不吐」之風格稱讚之。由此可知〈秋聲賦〉為宋代散文賦代表，除受文學上古文運動影響，也代表易學思想對此篇文章創作理論或有引導。

　　歐陽脩承繼韓愈，提出「文以明道」之道統與文統說，實際上是對於古代經典重新認同，以及再次闡述發明。易學於宋代甚興，有別於唐定於一尊

〔註96〕〔宋〕歐陽脩，李之亮箋注：《歐陽脩集編年校注·采桑子》，第七冊，（成都：巴蜀書社，2007 年），頁 200。

〔註97〕按：帛書易傳則將〈巽〉寫作〈渙〉。參照廖名春《帛書『易傳』初探》，其中〈帛書「衷」釋文〉，便摘錄此不同處，可惜並無細部探論，或待考（頁276），亦可參照附錄二〈帛書易傳圖版〉圖4——《衷》2 下，左邊數來第九行中間部分（頁314）。（臺北：文史哲出版社，1998 年 11 月），頁272～頁277。

〔註98〕李栖：《歐陽脩詞研究及其校注》，（臺北：文史哲出版社，1982 年 3 月），頁105。

〔註99〕〔宋〕歐陽脩，李之亮箋注：《歐陽脩集編年校注·采桑子》，第七冊，（成都：巴蜀書社，2007 年），頁 200。

〔註100〕胡瀚平：〈歐陽脩文學作品中的——易經思想〉，《古典文學》，第十四卷，1997 年 5 月，頁 233～頁 247。

之見，宋代易學除了義理派中儒理、老莊、史事三宗形成，象數派亦新興圖書易一宗，而歐陽脩以義理爲主，闡述人事、儒理以及探論史事，因無通注全本《易經》，或不需刻意將之歸於何宗，但學術上之地位與其文學成就，應與其易學與文學融攝思想有高度相關，今學者黃黎星曾言歐陽脩文學觀念受《周易》影響，尤其在「文道合一、簡易爲文、窮而後工」三主張〔註101〕，因此歐於古文、詩、詞以及賦當中，皆能夠善用易學思想，明引鎔鑄，申述闡揚，表現出易學與文學融攝之下，極高之思想與文藝成就，所以下開曾鞏、王安石、三蘇等古文大家，更促成蘇軾於易學與文學融攝思想體系之完成，宋歐陽脩可說是此思想之始祖。而在歐陽脩之後，曾鞏因無易注，又專研於史學，雖與歐陽脩師徒並稱「歐、王」，但文壇上、學術上、政治上能承繼歐之地位者，乃王安石。而王雖踵繼前賢，但在政治上推行新政過於獨斷，急於求成，且個性執拗，因此導致孤立無援，最後新政失敗，更造成宋代新舊黨爭的重大弊病。而本文礙於主題暫不論其《三經新義》成就與謬誤之處，然王之作品之中仍可見深受歐陽脩易學與文學融攝思想影響，亦流露出有別於歐陽脩之思想與特色。另外，雖蘇、王無直接淵源，但三蘇之見或刻意與王相左，亦可顯王安石之見解特殊，仍有其價值，故底下詳細論之。

二、王安石易學思想與其文學

王安石原受歐陽脩提拔，早期多任地方官員，由此累積治政經驗，並立下改革之志，神宗時成爲主政之宰相，亦是繼歐之後的文壇領袖，詩文俱佳，然而固執己見，不肯雅納他言，當朝忠耿之士，如：韓琦、文彥博、富弼、歐陽脩、司馬光……等等皆自請外放〔註102〕。王安石推行新法，亟需人才，卻得罪一批賢士，紛紛與之絕交或疏離，只得任用呂惠卿等一批貪利忘義之士，「新學」之弊莫不源於此。而其學術主張，雖承自歐陽脩，亦有主見，尤其對於經術與科舉取士之關係，更提出應統一經術之主張，以使拔擢人才達公正之標準，《三經新義》由此而生。而在文、道二者，王亦重道輕文，贊同韓、歐之「文以載道」，在其〈上邵學士書〉中亦言「文貫乎道」〔註103〕，但

〔註101〕黃黎星：〈「周易」對歐陽脩文學觀念的影響〉，（山東：周易研究，1999年，第三期），頁81。

〔註102〕〔元〕脫脫：《宋史・王安石本傳》，冊十五，卷三二七，（臺北：臺灣中華書局，1971年），頁1～頁7。

〔註103〕〔宋〕王安石：《臨川先生文集》，（臺北：華正書局，1975年4月），頁799。

其「道」已非韓、歐純粹儒家之思，是參雜法、墨二家思想而成之道〔註104〕，在南宋人陳善《捫蝨新話》提及：

> 唐文章三變，本朝文章亦三變，荊公以經術，東坡以議論，程氏以性理，三者要各自立門戶，不相蹈襲，然其末流，皆不免有弊，雖一時舉行之過，其實亦事勢有激而然也。〔註105〕

可見王安石將經術融攝於其文學作品之中，因此在其作品裡或亦含有易學與文學融攝思想，歷來文學批評多將王安石作品稱作「奇崛雄健，瘦硬峻峭」〔註106〕，其中思想底蘊，不少源於王之易學，因此底下就「王安石易學與其文學融攝之淵源」以及「王安石易學思想與其文學融攝之成就」二小節進行探討，並針對蘇軾之思想，與王相異同之處，進行比較，試圖釐清王、蘇軾二人易學與文學融攝思想，運用之分別。

（一）王安石易學思想與其文學融攝之淵源

明人茅坤《唐宋八大家文鈔》，將王安石列於歐陽脩之後，並曾探討王安石學術思想淵源，其云：

> 王荊公湛深之識、幽渺之思，大較并本之古六藝之旨，而於其中別自爲調，鑱刻萬物，鼓鑄群情，以成一家之言者也。〔註107〕

更可得出王安石學術思想仍源於六經，而能「別自爲調」，是以融入法、墨二家，並關注政治教化，因此觀察其學術思想，十分重視經世致用，然而其經術、文學與政治主張卻與蘇軾大相逕庭，主要因素是王個性與修爲造就，排他性強〔註108〕，故王安石充滿陽剛之氣提出「天變不足畏」、「人言不足恤」、

〔註104〕馬茂軍，〈「荊公新學」與王安石散文的風格〉，（華南：華南師範大學學報，社會科學版，1996 年，第 6 期），頁 88。

〔註105〕〔宋〕陳善：《捫蝨新話》，上集卷三，（北京：中華書局，1985 年），頁 23。

〔註106〕吳小林：〈論王安石的散文美學思想〉，（南昌：江西社會科學，1994 年，第 12 期），頁 119。

〔註107〕〔明〕茅坤著、王水照編：《歷代文話·唐宋八大家文鈔》，〈王文公文鈔引〉，（上海：復旦大學出版社，2007 年），頁 1900。

〔註108〕按：在《答司馬諫議書》中，司馬光對王安石推行新法，提出四點批評——侵官、生事、征利、拒諫，王安石一一批駁，其云「某則以謂：受命於人主，議法度而修之於朝廷，以授之於有司，不爲侵官；舉先王之政，以興利除弊，不爲生事；爲天下理財，不爲征利；闢邪說，難壬人，不爲拒諫。至於怨誹之多，則固前知其如此也。人習於苟且非一日，士大夫多以不恤國事、同俗自媚於眾爲善。上乃欲變此，而某不量敵之眾寡，欲出力助上以抗之，則眾何爲而不洶洶然？」，（臺北：華正書局，1975 年 4 月，

「祖宗不足法」之見解，內在以「六藝」爲本，是自成一體系〔註109〕，其「湛深之識、幽渺之思」與王深研易理有高度相關，茅坤又評：

> 以予觀之，荊公之雄不如韓、逸不如歐、飄宕疎爽不如蘇氏父子兄弟，而匠心所注，意在言外，神在象先，如入幽林邃谷，而杳然洞天，恐亦古來所罕者。〔註110〕

茅坤認爲王安石之文，不如韓愈雄放、不如歐陽脩俊逸，也不如蘇氏父子「飄宕疎爽」〔註111〕，但其優點則爲「意在言外，神在象先」，茅此句評論實發覺王安石易學與文學融攝思想，可惜並未再詳細探討。而王安石曾於〈答曾子固書〉亦自言治經大要：

> 世之不見全經久矣！讀經而已，則不足以知經。故某自百家諸子之書，至於《難經》、《素問》、《本草》、諸小說無所不讀；農夫、女工無所不問，然後於經爲能知其大體而無疑。蓋後世學者與先王之時異矣！不如是，不足以盡聖人。揚雄雖爲不好，非聖人之書。然於墨、晏、鄒、莊、申、韓，亦何所不讀，彼致其知而後讀，以有所去取，故異學不能亂也。惟其不能亂，故能有所去取者，所以明吾道而已。〔註112〕

王之學問乃從子部入門，所以不拘於一學，醫藥之書、小說家之語，皆納入治經之根本，亦推崇孔子不恥下問，不論農夫抑或女工皆能往來而請教，如此才能眞正通曉經籍，出入其中而無礙。此外王安石對揚雄仍有讚賞之處，

頁773），足可見王之排他性，民間傳以「拗相公」，或以小名「獾郎」作爲戲劇本事，實有文可據，尤其「拒諫」一事，本有其況，王安石以「難壬人」爲由，拒絕忠耿賢能之士，雖自言似孟子「予豈好辯哉？予不得已也！」、「雖千萬人吾往矣！」，但衡量當朝之勢，的確爲不明智之舉，後甚流於剛愎自用，自發「人言不足恤」之豪語，然而對照其於金陵隱居晚年清淡可親之詩，令人有判若雲泥之嘆！

〔註109〕 張白山：《王安石》，（臺北：萬卷樓圖書有限公司，1986 年 8 月），頁 59～頁 62。

〔註110〕 〔明〕茅坤著、王水照編：《歷代文話·唐宋八大家文鈔》，〈王文公文鈔引〉，（上海：復旦大學出版社，2007 年），頁 1900。

〔註111〕 〔宋〕黎靖德編：《朱子語類》冊八，「東坡善議論，有氣節」，（卷第一百三十，本朝四，〈自熙寧至靖康用人〉，北京：中華書局，1986 年，頁 3113）、「東坡文字明快」、「坡文雄健有餘」（卷第一百三十九，〈論文〉上，北京：中華書局，，頁 3306、頁 3311）；曾棗莊：《蘇文彙評》，（臺北：文史哲出版社，1998 年 5 月），頁 551～頁 552。

〔註112〕 〔宋〕王安石：《臨川先生文集》，（臺北：華正書局，1975 年 4 月），頁 779。

認爲作學問應如揚雄，能博覽諸子之作，往後能知其中優劣並汰劣存菁，若能如此便可不受佛家思想困惑，此與蘇氏父子治經之法不同〔註113〕。雖王安石所學廣博，然此廣博仍圍繞「治經爲用」，故林敬文稱王荊公「內求知命屬節，外在經世致用」〔註114〕。在〈與祖擇之書〉王亦提出相似見解：

> 治教政令，聖人之所謂文也。書之策，引而被之天下之民，一也。
> 聖人之於道也，蓋心得之作，而爲治教政令也。〔註115〕

聖人稱「文」乃是「治教政令」，「書之策」可使人民一統意見，以收風行草偃之效，此思想即是蔡芳定所云「發展了儒家思想中『兼濟天下』」〔註116〕。

若考察王安石易學著作《易解》二十卷，於《宋史・藝文志》與《永樂大典》皆無著錄，惟私家目錄記載，如：明陳第《世善堂藏書目錄》存錄〔註117〕，今佚文多散逸在諸家輯佚之易著，今人金生楊集佚 262 條〔註118〕，另楊倩描集佚 265 條，爲《荊公易解鈎沉》〔註119〕，因此就唐宋古文大家而言，宋之後能針對《易》進行全本注解，而傳行於世者，王安石與蘇軾二人之易注應有不小的學術影響力。

由王安石解《易・繫辭傳下》「包犧氏之王天下也……作結繩而爲罔罟，以佃、以漁，蓋取諸離。……神農氏沒，黃帝、堯、舜氏作通其變使民不倦……黃帝、堯、舜垂衣裳而天下治，蓋取諸乾坤」〔註120〕云：

> 舟楫杵臼而次，以一聖人足以具此。必至於五六聖而備焉，何也？
> 聖人也者，因物之變而通之者也。物之所未厭，聖人不強去；物之所未安，聖人不強行。故曰「通其變使民不倦」。〔註121〕

由上《易解》佚文可以清楚知曉，王解易以義理爲主，流露出儒家入世之懷

〔註113〕 按：可參照本章第三節蘇洵、蘇轍易學與文學融攝思想。
〔註114〕 林敬文：《王安石研究》，（臺北：花木蘭文化出版社，2010 年 3 月），頁 28。
〔註115〕 〔宋〕王安石：《臨川先生文集》，（臺北：華正書局，1975 年 4 月），頁 812。
〔註116〕 蔡芳定：《北宋文論研究》，（臺北：文史哲出版社，2002 年 12 月），頁 121。
〔註117〕 〔明〕陳第：《世善堂藏書目錄》，（北京：中華書局，1985 年），頁 2。
〔註118〕 金生楊：〈王荊公「易解」考略〉，四川：《古籍整理研究學刊》，2001 年，第三期，頁 13。
〔註119〕 楊倩描：《王安石「易」學研究》，（石家庄：河北大學博士論文，2004 年 6 月），頁 13。
〔註120〕 〔魏〕王弼注、〔唐〕孔穎達疏、〔清〕阮元編：《周易正義》，卷八，〈繫辭傳〉下，（臺北：臺灣中華書局，1966 年 3 月），頁 3～頁 4。
〔註121〕 按：楊倩描所集佚《荊公易解鈎沉》，（石家庄：河北大學博士論文，2004 年 6 月，頁 41），其中收錄《厚齋易傳》引用王安石《易解》之段落。

抱，強調「通變安民」之思想，亦注重訓詁工夫〔註122〕，因此王安石易學可歸於義理易中儒理易一宗。然而真正可見出其易學與文學融攝思想之處在於〈上人書〉一文，其曰：

> 文者，務爲有補於世而已矣！所謂辭者，猶器之有刻鏤繪畫也。誠
> 使巧且華，不必適用；誠使適用，亦不必巧且華。要之以適用爲本，
> 以刻鏤繪畫爲之容而已。不適用，非所以爲器也；不爲之容，其亦
> 若是乎否也。然容亦未可已也！勿先之，其可也。〔註123〕

其中文、道關係，明顯承繼韓、歐「文以載道」，提出「文有補於世」，前曾提及王於〈上邵學士書〉云「文貫乎道」〔註124〕，二文皆注重文章切合實用，在〈上人書〉一文區分「文」與「辭」，將二者比喻爲「器」與「刻鏤繪畫」，來說明過重於「辭」，即是重視器之外在華巧，則未必適用；反之，若能重視「器」之用，則不需華巧之「刻鏤繪畫」。而在《易・繫辭》所云聖人之道四之一「以制器者尚其象」〔註125〕，其中「尚其象」非在制其形，卻在通其神，神即王所云「適用」，所以韓康伯釋云「夫非忘象者，則無以制象」〔註126〕，即是知曉此理，因此王安石文中所喻之出處，乃其易學與文學融攝思想之所根源。在〈答吳孝宗書〉中云：

> 若子經（吳孝宗）欲以文辭高世，則世之名能文辭者，已無過矣！
> 若欲以明道，則離聖人之經，皆不足以有明也。〔註127〕

上段亦探討若只注重文辭，不足以明道，更不足以通聖人之經。《易・乾文言》：「君子所以進德修業，忠信，所以進德。修辭以立其誠，所以居業也」〔註128〕，

〔註122〕 楊倩描：《王安石「易」學研究》，（石家庄：河北大學博士論文，2004 年 6 月），頁 86。

〔註123〕 〔宋〕王安石：《臨川先生文集》，（臺北：華正書局，1975 年 4 月），頁 811。

〔註124〕 〔宋〕王安石：《臨川先生文集・上邵學士書》，「非夫誠發乎文，文貫乎道，仁思義色，表裏相濟者，其孰能至於此哉！因環列書室，且欣且慶，非有厚也。公義之然也，某嘗患近世之文辭，弗顧於理；理弗顧於事。以裘積故實爲有學，以雕繪語句爲精新。譬之擷奇花之英，積而玩之，雖光華馨采，鮮媚可愛，求其根柢濟用，則蔑如也。」，（臺北：華正書局，1975 年 4 月），頁 799。

〔註125〕 〔魏〕王弼注、〔唐〕孔穎達疏、〔清〕阮元編：《周易正義》，卷七，〈繫辭傳〉上，（臺北：臺灣中華書局，1966 年 3 月），頁 14。

〔註126〕 〔魏〕王弼注、〔唐〕孔穎達疏、〔清〕阮元編：《周易正義》，卷七，〈繫辭傳〉上，（臺北：臺灣中華書局，1966 年 3 月），頁 15。

〔註127〕 〔宋〕王安石：《臨川先生文集》，（臺北：華正書局，1975 年 4 月），頁 787。

〔註128〕 〔魏〕王弼注、〔唐〕孔穎達疏、〔清〕阮元編：《周易正義》，卷一，〈乾・文

王安石《易解》之佚文云：

　　「忠信」，行也。「修辭」，言也。〔註129〕

即是以儒理注易，強調「言行一致」，並非研修華巧之語，而成巧言令色之徒；
「居業」即居聖人之志業，此乃出於「心誠辭正」，辭正而又能履踐道德，才
能符合《易・繫辭》所謂聖人之道「以言者尚其辭」〔註130〕。

　　故王安石透過注重經術，來建構其「文、道」之關係，其中由〈上人書〉
可知王安石易學與文學融攝思想，強調「治經致用，為文益世」之思想，此
即是由易學中「器」之用乃「尚象」者重其神而能制之，且為「文」乃符合
此理，為「辭」則在乎「誠」，如此一來，「言行」相符，「德言」相修，能服
膺大道以來「治教政令」，因此王之思想上，以儒家為主，又兼采諸家思想來
輔佐之。

　　對照蘇軾易學與文學融攝思想而言，蘇軾雖贊同「經世致用」，但卻反對
王安石以《三經新義》，以及其單純將「有補於世」之思想，來一天下、排他
說。蘇軾贊同「重道」，為文既可闡述易學思想，亦應發展文學形式，以達到
「華實相副，期於適用」〔註131〕，並且能成為「文理自然，姿態橫生」之文
〔註132〕，此處乃王、蘇分判之處，至於蘇軾易學與古文融攝之成就，將在本
文第四、五章詳細探論。

（二）王安石易學思想與其文學融攝之成就

　　茅坤曾贊王安石〈上皇帝萬言書〉與〈上神宗皇帝百年無事箚子〉為「成
一家之言也」、「其尤最者」、「王佐之才」〔註133〕，在二篇文章中，亦流露其
易學思想〔註134〕，更於〈上蔣侍郎書〉、〈答韓絳書〉與〈答史諷書〉，顯示其

　　言〉，（臺北：臺灣中華書局，1966 年 3 月），頁 8。

〔註129〕楊倩描：《王安石「易」學研究》，（石家庄：河北大學博士論文，2004 年 6
　　　　月），頁 16。

〔註130〕〔魏〕王弼注、〔唐〕孔穎達疏、〔清〕阮元編：《周易正義》，卷七，〈繫辭傳〉
　　　　上，（臺北：臺灣中華書局，1966 年 3 月），頁 14。

〔註131〕〔宋〕蘇軾：《蘇軾文集・與任孫元老》，（北京：中華書局，2004 年 11 月），
　　　　頁 1842。

〔註132〕蔡芳定：《北宋文論研究》，（臺北：文史哲出版社，2002 年 12 月），頁 146
　　　　～頁 150。

〔註133〕〔明〕茅坤著、王水照編：《歷代文話・唐宋八大家文鈔》，〈王文公文鈔引〉，
　　　　（上海：復旦大學出版社，2007 年），頁 1900。

〔註134〕按：據學者耿亮之，〈王安石易學與其新學與洛學〉云「王安石中年的易論，
　　　　主要有《易象論》、《大人論》、《易泛論》、《致一論》、《九卦論》、《卦名解》、

易學思想與主張〔註135〕，逐漸形成了「治經致用，爲文益世」易學與文學融
攝思想之根柢，亦是其易學與古文融攝之成就。於《臨川先生文集》卷六十
三〈易泛論〉、〈卦名解〉、〈河圖洛書義〉〔註136〕……等，皆是直截以議論文
章，探討易學之相關論題，在三篇易論中可看出，王安石易學思想除以義理、
人事爲主，仍參酌象數，三文展現易學與議論融攝之況，其中流露思想便是
扣緊上所述之「治經致用」。另外書論〈洪範傳〉〔註137〕一，亦於其中可見易
學與之融攝，王安石此「引經證經」之法，頗有見地。而在策問、箚子一類
文章，仍屬議論文章，於《策問九》云：

> 《易》曰：「黃帝、堯、舜，垂衣裳而天下治。」蓋取諸乾坤。說者
> 曰：「垂衣裳以辨貴賤，乾坤尊卑之義也」。夫垂衣裳以辨貴賤，自
> 何世始？始於黃帝，獨曰：黃帝可也。於堯、舜，曰：堯、曰：舜
> 可也。兼三世而言之，吾疑焉！二三子姑爲之解。〔註138〕

論及《易‧繫辭下》之文，卻以歷史角度，分析「垂衣裳」一事，應源自黃
帝時期，文中並對此處將「三世」並稱說法，提出質疑。此乃源自歐陽脩《易
童子問》疑經思想，逐漸成爲學術風氣，王亦追隨之，更進一步分析〈繫辭

《河圖洛書義》等等，此外見於《洪範傳》、《原性》、《上皇帝萬言書》、《周
禮義》、《秦始皇》等書信詩文中者達上百條之多。這些易論不僅表明了王安
石的易學整體觀，而且包含了王安石的易道論、易象觀、圖書說、治易方法
乃至卦名卦辭解釋等等，成爲我們現在研究王安石易學的主要依據。」，（山
東：《周易研究》，1997 年，第 4 期，頁 38）；此外金生楊〈王荊公「易解」
考略〉，在其研究比對之下，認爲王安石或受《易》之「時與才」之影響，此
文曰《周易》中有「時」與「才」的概念，《彖》、《象》認爲卦象之吉凶，
因所處的時機而不同，適時則吉，失時則凶。《易》中「才」多指陰陽之質。
而「時」與「才」又往往與人事相聯繫。王安石注《易》非常注重這一點。
他在《上皇帝萬言書》中提出如何培養人才等內容，在《易解》中則以卦爻
言才。」，（四川：《古籍整理研究學刊》，2001 年，第三期，頁 17）。

〔註135〕按：參照金生楊〈王荊公「易解」考略〉，其云「在《上蔣侍郎書》以及《答
韓絳書》、《答史諷書》等文章中，王安石均提到讀《易》。在讀書過程中，王
氏注重深沉之思，這種方法，對於哲學著作《周易》來說，是獲取其奧妙的
有效方法。」，（四川：古籍整理研究學刊，2001 年，第三期，頁 14）。

〔註136〕〔宋〕王安石：《臨川先生文集》，（臺北：華正書局，1975 年 4 月），頁 668
～頁 673。

〔註137〕〔宋〕王安石：《臨川先生文集》，（臺北：華正書局，1975 年 4 月），頁 685
～頁 697。

〔註138〕〔宋〕王安石：《臨川先生文集》，（臺北：華正書局，1975 年 4 月），頁 748
～頁 749。

傳〉中不符史事之處。除了疑經，王安石亦注重「變易」思想，〈議服劄子〉
一文中便云：

> 先王制服也，順性命之理而爲之節。恩之深淺、義之遠近、禮之所
> 與，奪刑之所生殺，皆於此乎權之。《傳》曰：「三年之喪未有知其
> 所從來者也」。蓋朞年及總麻緣是以爲衰，而其輕重遲速之制，非得
> 與時變易。唯貴之於賤，或降、或絕、或否。〔註139〕

此亦對國家制定服飾提出見解，以爲服飾可「順性命之理」且作爲「儀節」，
並引左傳證其論，整體仍流露「爲文益世」，而將易學「與時變易」融攝爲用。

　　此外在對於歷史、人事之議論文章亦明顯流露易學與之融攝，在〈三聖
人〉，論及對於「三聖人：伊尹、伯夷、柳下惠」之看法：

> 《易》曰：「與天地合其德，與日月合其明，與鬼神合其吉凶。」此
> 蓋聖人之事也，德苟不足以合於天地，明苟不足以合於日月，吉凶
> 苟不足以合於鬼神，則非所謂聖人矣！〔註140〕

即引用《易‧乾文言》〔註141〕，來闡述聖人乃合天地、日月與鬼神，方笑一
認爲王安石是以孟子批評三聖人之角度，來闡述其「治經致用」，「革新制法」
之思想〔註142〕；在〈夫子賢於堯舜〉〔註143〕一文亦引《易》曰：「通其變使
民不倦」〔註144〕，來盛讚孔子，亦代表其文章內易學與文學融攝思想，注重
「德合天地」、「通變治民」之思想；〈大人論〉一篇，其文章名稱即由《易‧
乾卦》九二、九五爻「利見大人」而來〔註145〕，文中又引〈繫辭傳〉盛讚聖

〔註139〕〔宋〕王安石：《臨川先生文集》，（臺北：華正書局，1975 年 4 月），頁 451。

〔註140〕〔宋〕王安石：《臨川先生文集》，（臺北：華正書局，1975 年 4 月），頁 676
　　　　～頁 677。

〔註141〕〔魏〕王弼注、〔唐〕孔穎達疏、〔清〕阮元編：《周易正義》，卷一，〈乾‧文
　　　　言〉，（臺北：臺灣中華書局，1966 年 3 月），頁 12～頁 13。

〔註142〕方笑一：《北宋新學與文學》，（上海：上海古籍出版社，2008 年 6 月），頁 148
　　　　～頁 149。

〔註143〕〔宋〕王安石：《臨川先生文集》，（臺北：華正書局，1975 年 4 月），頁 367
　　　　～頁 677。

〔註144〕〔魏〕王弼注、〔唐〕孔穎達疏、〔清〕阮元編：《周易正義》，卷八，〈繫辭傳〉
　　　　下，（臺北：臺灣中華書局，1966 年 3 月），頁 4。

〔註145〕按：王安石《臨川先生文集‧大人論》云「易之道，於乾爲至。而乾之盛，
　　　　莫盛於二五，而二五之辭皆稱利見大人，言二爻之相求也。」，（臺北：華正
　　　　書局，1975 年 4 月），頁 707。

人「盛德大業」，以及以「蓍之德，圓而神，卦之德，方以智。」〔註146〕，強調聖人乃用蓍卦傳大道者，非受蓍卦拘泥而苟苟營生者。方笑一更稱其「實踐思想」之重要，更言其「引《易》證《孟》」〔註147〕，顯示王之易學與文學融攝思想，著重履卦「辨上下，定民志」親身躬踐之精神。王安石於〈致一論〉則引易曰：「精義入神，以致用；利用安身，以崇德也」〔註148〕，強調聖人致用之道在於──「道器兩不相離」、「安身崇德」，王又於〈原性〉云：

> 伏羲作《易》，而後世聖人之言也。非天下之至精、至神，其孰能與
>
> 於此！〔註149〕

盛讚易三聖之首伏犧畫八卦，考察天下萬物與人民之情，然後世二聖接續其功以辭繫之，使《易》更加完備而可用於世，仍符合「治經致用」之思想。

接續探討易學中之性論，王安石〈性情〉一論闡述性情不可分論，所謂「性者情之本，情者性之用」，此思想與蘇洵情本論「愛、惡相攻吉凶生」〔註150〕有異曲同工之妙，林敬文稱之為「性情合一說」，並以此說認為王不贊同

〔註146〕按：原文引自〔魏〕王弼注、〔唐〕孔穎達疏、〔清〕阮元編：《周易正義》，卷七，〈繫辭傳〉上，（臺北：臺灣中華書局，1966年3月，頁16）；亦參照林敬文，《王安石研究》言「此處解卦存乎爻，申『道之用見於器』，可謂明矣。」、並以『『道以致用』之精神」解釋「神人、聖人、大人」，然而荊公將三種境界「合而為一，以聖人貫之」，注重「德業」而不偏重「神之境界」，（臺北：花木蘭文化出版社，2010年3月，頁51、頁68）。

〔註147〕方笑一：《北宋新學與文學》，「此文以《易》證《孟》，行文略顯艱澀，思路還是相當清晰的，其宗旨就是要證明建功立業的合理性，鼓勵君子勇於實踐」，（上海：上海古籍出版社，2008年6月），頁149～頁150。

〔註148〕按：原文引自〔魏〕王弼注、〔唐〕孔穎達疏、〔清〕阮元編：《周易正義》，卷八，〈繫辭傳〉下，（臺北：臺灣中華書局，1966年3月，頁6）；亦參照林敬文，《王安石研究》云〈致一論〉「道之用見於器，器之外無道。道不能自見，待禮樂刑政而日章」、「能致一己精天下之理，於下學上達之闡發，不遺餘力」，（臺北：花木蘭文化出版社，2010年3月，頁51、頁69）。

〔註149〕〔宋〕王安石：《臨川先生文集》，（臺北：華正書局，1975年4月），頁727。

〔註150〕按：此句出自於《朱子語類》，評蘇洵易學思想之特色，（《朱子語類》，卷第六十七，易三，綱領下，〈論後世易象〉，北京：中華書局，1986年，頁1675～頁1677），而在冷成金《蘇軾的哲學觀與文藝觀》一書，（北京：學苑出版社，2004年，2版，頁92～頁111），與〈從「東坡易傳」看蘇軾的情本論思想〉一文（《福建論壇人文社會科學版》，2004年，第二期，頁73～78），其中對蘇軾哲學觀中認為蘇軾之人性論，根源於人類之情感，並闡發蘇洵之見解，冷先生將之稱為「情本論」，而金生楊《「蘇氏易傳」研究》則云「第一、人情說……第二、權謀之術……第三、爭鬥與爭鬥之道」，源於蘇洵縱橫家之學，（成都：巴蜀書社，2002年1月，頁119～頁133）。

「性善情惡說」，故有「性非情無以見，情非性無以用」之言〔註151〕，強調二者相互作用，王更在〈命解〉一文，以旅卦初六與上九陰陽相應，來說解其認為「情有善惡」之別：

> 《易・旅》之初六，與上九同患，悲夫離道以合世、去禮以從俗、
>
> 苟命之窮矣！孰能恃此以免者乎！〔註152〕

在《荆公易解鈎沉》中釋旅為「出而麗乎外」，是相對於家人卦而言〔註153〕，若論旅之初六、上九二爻，其共患難乃基於同聲相應，同氣相求之情，若只注重外在之「麗」，好色而不好德，不行大道，不體本性，不守禮義，同流合污於世，豈可免於大難？由上可看出王安石易學與古文融攝，仍與儒家思想緊密結合。

　　王安石於宋詩之地位，乃承接仁宗朝歐陽脩、石曼卿、梅堯臣、與蘇舜欽之詩學成就，成為詩壇盟主〔註154〕，因此其易學與詩之融攝，於《臨川文集》卷十一，〈韓子〉一詩所云「力去陳言夸末俗，可憐無補費精神」〔註155〕，提出對唐代古文大家韓愈雖力闢陳言，但是過於注重詩學上之語言形式，實非「為文益世」，更於〈奉酬永叔見贈〉言「他日若能窺孟子，終身何敢望韓公」〔註156〕，認為韓愈文學主張與地位之評價，仍不如為仁義行走天下之孟子。因此王安石古詩呈現了孔孟二聖，儒者悲憫胸懷，早期〈省兵〉：「遊民慕草野，歲熟不在天」、〈河北民〉：「汝生不及貞觀中，斗粟數錢無兵戎」、〈收鹽〉：「不煎海水餓死耳，誰肯坐守無逃亡」、〈促織〉：「只向貧家促機杼，幾家能有一絢絲」……等等，皆推崇唐杜甫以來社會寫實之藝術特色〔註157〕，若探討其思想根柢，源自《易》之〈蠱卦・大象傳〉：「振民育德」與〈剝卦・

〔註151〕林敬文：《王安石研究》，（臺北：花木蘭文化出版社，2010年3月），頁56
　　　　～頁59。

〔註152〕〔宋〕王安石：《臨川先生文集》，（臺北：華正書局，1975年4月），頁682。

〔註153〕楊倩描：《王安石「易」學研究》，（石家庄：河北大學博士論文，2004年6
　　　　月），頁37～頁38。

〔註154〕劉大杰：《中國文學發展史》，（臺北：華正書局，1998年8月，校訂本），頁
　　　　689～頁699。

〔註155〕〔宋〕王安石：《臨川先生文集》，末句「一本作：默默誰另識道真」，（臺北：
　　　　華正書局，1975年4月），頁371～頁372。

〔註156〕〔宋〕王安石：《臨川先生文集》，末句「一本作：默默誰另識道真」，（臺北：
　　　　華正書局，1975年4月），頁371～頁372。

〔註157〕張白山：《王安石》，（臺北：萬卷樓圖書有限公司，1986年8月），頁83～頁
　　　　89、頁94。

大象傳〉：「上以厚下安宅」之思想〔註158〕，可見其易學與詩之融攝，注重「防患未然，愛民以德」之思想。

另外，在部分詠物詩中則可見王安石運用〈益卦・象傳〉：「損上益下」之易學思想，與〈和聖俞農具詩・耒耜〉一詩融攝，盛讚「神農、后稷」之功：

耒耜見於易，聖人取風雷；不有仁智兼，利端誰與開；神農后稷死，

般爾相尋來；山林盡百巧，揉斲無良材。〔註159〕

上文首聯乃源自《易・繫傳辭》下「包犧氏沒，神農氏作。斲木爲耜，揉木爲耒，耒耨之利以教天下，蓋取諸益。」〔註160〕，而益卦乃「風、雷」二象組成，在其「大象傳」並云「君子以見善則遷，有過則改」〔註161〕，是以「神農、后稷」爲模範，與梅聖俞共勉！又，詠史詩中如〈秦始皇〉：

天方獵中原，狐兔在所憎；傷哉六孱王，當此鷙鳥膺。摶取已掃地，

翰飛尚憑凌；遊將跨蓬萊，以海爲丘陵。勒石頌功德，群臣助驕矜；

舉世不讀易，但以刑名稱。蚩蚩彼少子，何用辨堅冰。〔註162〕

詩中「舉世不讀易，但以刑名稱」，乃批評秦世嚴罰峻刑，若能深研易之〈噬嗑〉、〈豐〉二卦，如：〈噬嗑・大象傳〉所云「先王以明罰敕法」、〈豐卦・大象傳〉所云「君子以折獄致刑」，刑罰本以治世，並非用以殘民，秦始皇焚書坑儒，後至李斯、趙高之徒大行暴虐之事，此不知《易》之用刑治獄本於民情，詩末句「蚩蚩彼少子，何用辨堅冰」，「堅冰」，王安石此借指嚴酷之刑，本源自《易》之〈坤卦・初六爻辭〉與〈坤卦・小象傳〉，其中〈坤卦・小象傳〉云「馴致其道」，即王安石欲婉轉寄寓之言──在上位者若能馴民以道，不正達成孔子「導之以德，齊之以禮」之理想，且可避免滅亡之路。因此王安石在宋詩創作，以易學與之融攝，且流露出「爲文益世」之易學與文學融

〔註158〕〔魏〕王弼注、〔唐〕孔穎達疏、〔清〕阮元編：《周易正義》，卷三，剝卦大象傳：「山附於地，剝；上以厚下安宅」，（臺北：臺灣中華書局，1966年3月），頁10。

〔註159〕〔宋〕王安石：《臨川先生文集》，（臺北：華正書局，1975年4月），頁371～頁372。

〔註160〕〔魏〕王弼注、〔唐〕孔穎達疏、〔清〕阮元編：《周易正義》，卷八，〈繫辭傳〉下，（臺北：臺灣中華書局，1966年3月），頁3。

〔註161〕〔魏〕王弼注、〔唐〕孔穎達疏、〔清〕阮元編：《周易正義》，卷四，恆卦九三爻辭：「不恆其德，或承之羞，貞吝。」，（臺北：臺灣中華書局，1966年3月），頁18。

〔註162〕〔宋〕王安石：《臨川先生文集》，（臺北：華正書局，1975年4月），頁147。

攝思想。而在語言形式上，以古詩見長，除善用經術，尤善以《易》之爻象辭與易象鎔鑄其中，呈現出獨特之風格。此特色與三蘇確有異同，因此底下則論及三蘇所形成「蘇學」之中，蘇軾與父子、兄弟之間，易學與文學融攝思想傳承、往來與沾染之處，或可理解早期王安石與蘇氏父子思想之差異。

第三節　蘇洵、蘇轍易學與文學融攝思想

　　清人張鵬翮（1649～1725 年）以「一門父子三詞客，千古文章四大家」〔註163〕作為聯句，頌讚三蘇文章成就可與唐宋古文大家韓、柳、歐三大家並提。然三蘇文章盛行於北宋中期，卻因政爭，而遭受查禁於一時，直至南宋初年稍稍恢復，北方金朝尤廣為流傳與推崇。蘇洵（1009～1066 年）為蘇軾、蘇轍之父，乃三蘇之首，歐陽脩於洵墓誌銘云：

> 君之行義修於家，信於鄉里，聞於蜀之人久矣。當至和、嘉祐之間，
> 與其二子軾、轍偕至京師，翰林學士歐陽脩得其所著書二十二篇獻諸
> 朝。書既出，而公卿士大夫爭傳之。……悉取所為文數百篇焚之。益
> 閉戶讀書，絕筆不為文辭者五六年，乃大究六經百家之說，以考質古
> 今治亂成敗、聖賢窮達出處之際，得其精粹，涵畜充溢，抑而不發。
> 久之，慨然曰：「可矣。」由是下筆頃刻千言。其縱橫上下，出入馳
> 驟，必造於深微而後止。蓋其稟也厚，故發之遲；其志也愨，故得之
> 精。自來京師，一時後生學者皆尊其賢，學其文，以為師法。〔註164〕

可見其文受歐推崇之，以及時人爭相師法。然其二子成就，更青出於藍，蘇軾繼歐陽脩之後，為文壇之宗，因此「蘇學」實建立於蘇洵，之後大、小二蘇承繼父業而光大發揚之。學術上蘇洵於《六經論》中闡述經學為文學之根柢，更由經學出入史學、文學之間，並藉縱橫之術探討儒學本原，使「蘇學」別立一家，《宋儒學案》以「蜀學」稱之，與洛學、新學鼎足相抗。蘇洵亦「作《易傳》，未成而卒」〔註165〕，張方平〈文安先生墓表〉則云「有易傳，十卷」〔註166〕，

〔註163〕按：參照李一冰《蘇東坡新傳》所引圖四蘇氏故居（眉山）三蘇祠，（臺北：聯經出版社，2005 年 10 月）。

〔註164〕〔宋〕歐陽脩：《歐陽脩集編年校注・霸州文安縣主簿蘇君墓誌銘》，李之亮箋注，（成都：巴蜀書社，2007 年），頁 601。

〔註165〕〔宋〕歐陽脩：《歐陽脩集編年校注・霸州文安縣主簿蘇君墓誌銘》，李之亮箋注，（成都：巴蜀書社，2007 年），頁 601。

〔註166〕張方平：《樂全集・文安先生墓表》，冊四，第三十九卷，「《文集》二十卷、《證

惜無刻版流傳，幸蘇軾繼承遺志，專注《易傳》，於易學史留名；蘇轍雖無易學專著，但因蘇洵遺志，亦深研《易》理，並與蘇軾切磋探論，有助於《東坡易傳》完成，《欒城遺言》即云「蒙卦獨是公解」，或可佐證〔註167〕。小蘇於經學上其《五經論》、《詩集傳》、《春秋傳》，乃輔佐蘇軾之經論。然二人經籍研究皆源於老蘇《六經論》，並以「人情」注釋經典〔註168〕，此說確是蘇軾易學與文學融攝思想所本，於小蘇文學作品中，亦見出易學與文學融攝思想之迹，不令父兄專美於前。因此蘇洵於當時擁有易學專著，並透過文學作品，展現其易學與文學融攝思想，促使蘇軾、蘇轍傳承而建立一套易學與文學融攝思想體系，成為三蘇學術體系當中耀眼之思想，亦為構成三蘇豐偉成就之根基。然三蘇能在北宋大家中，別立蜀學一派，並與當時王安石新學、二程洛學、司馬光朔學相互頡頏，實因三蘇皆反對新政而又有別於他學之見解，更對於王安石新學《三經新義》多有批評，與王政治、學術上之主張有所不同。所以本節欲探三蘇此思想淵源與體系，以追本溯源，並稍釐清與王安石此思想之異同，底下就「蘇洵易學與文學融攝思想」以及「蘇轍易學與文學融攝思想」二小節，探討蘇軾建構此思想和其父弟之淵源與脈絡。

一、蘇洵易學思想與其文學

　　蘇洵二位兄長，蘇澹、蘇渙（1001～1062年）皆因科舉而任官，蘇洵年幼雖不喜學，仍受父兄影響，欲志於仕宦，然而舉進士、茂才異等，多次不第，及至年二十七歲時，焚舊作數百篇，閉門苦讀，後出入經史、諸子之間，鑽研多載，始成一家，後由益州張方平薦蘇於歐陽脩，蘇於〈上歐陽內翰書第一書〉曾自言為學經過：

> 洵少年不學，生二十五年，始知讀書，從士君子游。年既已晚，而
> 又不遂刻意屬行，以古人自期，而視與己同列者，皆不勝己，則遂
> 以為可矣！其後困益甚，然每取古人之文而讀之，始覺其出言用意，

　　　法》三卷、《易傳》十卷」，（臺北：臺灣商務印書館，1970年），頁57～頁62。

〔註167〕〔宋〕蘇籀：《欒城遺言》，《四庫全書》本，第八六四冊，（臺北：臺灣商務印書館，1983年），頁173。

〔註168〕按：曾棗莊其《蘇轍評傳》：「蘇轍兄弟對儒家經典的解釋，都是沿著蘇洵《六經論》的路子，以人情說解釋六經。」，（臺北：五南圖書出版，1995年，頁41），而蘇洵《六經論·詩論》：「詩之教，不使人之情至於不勝。」，（《嘉祐集》，《四庫全書》本，臺北：臺灣商務印書館，頁55），即是一證。

與己大別。時復內顧，自思其才，則又似夫不遽止於是而已者。由
是盡燒囊時所爲文數百篇，取《論語》、《孟子》、《韓子》及其他聖
人、賢人之文，而兀然端坐，終日以讀之者七八年矣！方其始也，
入其中而惶然，博觀於其外，而駭然以驚。及其久也，讀之益精，
而其胸中豁然以明，若人之言固當然者，然猶未敢自出其言也。時
既久，胸中之言日益多，不能自制，試出而書之，已而再三讀之，
渾渾乎覺其來之易矣。然猶未敢以爲是也。〔註169〕

而蘇洵將其七篇史論獻予歐陽脩，歐陽脩大爲讚嘆，始薦其人，並將之二十
二篇文章，流傳於京城，蘇文噪名於世。〔註170〕

　　今人謝武雄亦云老蘇「學本經傳，出入諸子，其思想可謂熔眾家於一
爐」〔註171〕，蘇洵爲文仍本諸儒家，對於文統與道統之見，則有別於韓、
柳與歐陽脩，其經學、文學及史學等學術，皆有論文，亦有易學與文學融
攝思想存於其中，老蘇擅長策論、史論，代表其文學成就部分源自縱橫之
術，謝武雄並稱之「好用縱橫家言，其行文亦跌宕博辯，頗有戰國策之風
格」〔註172〕。

（一）蘇洵易學思想與其文學融攝之淵源

　　徐琬章認爲三蘇於唐宋八大家當中，屬獨特一派，有別韓、柳、歐、曾、
王，而不拘泥於文章主切合實用，其云：

　　　不拘執於文以載道，亦重文采，議論亦較活潑，可謂文質彬彬者
　　　流。……蘇洵不是一位經術深厚的經學家，他是一位文章卓然有立
　　　的文學家。〔註173〕

徐先生評老蘇經術未深厚，主要應針對蘇洵未能有經學著作流傳，但此說並
不代表蘇洵不重視經術，而且其易傳未能流傳，實不能論斷老蘇非「經術深

〔註169〕〔宋〕蘇洵：《嘉祐集・上歐陽內翰書第一書》，《四庫全書》本，（臺北：臺
　　　　灣商務印書館，1977年6月），頁108～頁109。
〔註170〕〔宋〕歐陽脩，李之亮箋注：《歐陽脩集編年校注・霸州文安縣主簿蘇君墓誌
　　　　銘》，（成都：巴蜀書社，2007年），頁601。
〔註171〕謝武雄：《蘇洵之言論及文學之研究》，（臺北：文史哲出版社，1981年），頁
　　　　41。
〔註172〕謝武雄：《蘇洵之言論及文學之研究》，（臺北：文史哲出版社，1981年），頁
　　　　48。
〔註173〕徐琬章：《蘇洵及其政論》，（臺北：文津出版社，1984年6月），頁76。

厚的經學家」，徐先生應是以經學與文學，兩端學術相較之下，老蘇較注重文學言之，然老蘇非經學家？於其《六經論》可見其經學之論述，其中〈易論〉則是可探討其易學與文學融攝思想淵源之重要依據，此論中探討其易學思想，以及對於推尊易學而由文學闡述之主張，其文如下：

> 聖人之道，得禮而信，得《易》而尊，信之而不可廢，尊之而不敢
> 廢，故聖人之道所以不廢者，禮爲之明，而《易》爲之幽也。〔註174〕

所論及文、道關係，可得知蘇洵確爲重視道之「實用」，因此雖推崇道，認爲其透過《禮》而能得民信，並且能使大道明晰透徹；透過《易》而能使民尊崇，並能闡述大道之幽微。因此易學對於文學而言，有政教之功能性，以及使文學之思想愈加深厚，其文又云：

> 故其道之所以信於天下而不可廢者，禮爲之明也。雖然，明則易達，
> 易達則褻，褻則易廢，聖人懼其道之廢而天下復於亂也，然後則
> 《易》。觀天地之象以爲爻，通陰陽之變以爲卦，考鬼神之情以爲辭，
> 探之茫茫，索之冥冥，童而習之，白首而不得其源，故天下視聖人，
> 如神之幽，如天之高。尊其人而其教亦隨而尊，故其道之所以尊於
> 天下而不敢廢者，《易》爲之幽也。〔註175〕

蘇洵探討聖人之道特爲士人所信所尊，實由「禮」、「易」而來，聖人則《易》以防其道衰廢而天下復亂，《易》爲聖人「觀天地」、「通陰陽」、「考鬼神」而來，然一般士人，不知其所由，矇蔽於《易》之「幽微」，陷溺於各式怪謬附會之說，窮經皓首猶不得其門而入，蘇洵提出了批評：

> 凡人之所以見信者，以其中無所不可測者也。人之所以獲尊者，以
> 其中有所不可窺者也。是以禮無所不可測，而《易》有所不可窺，
> 故天下之人信聖人之道而尊之。不然，則《易》者，豈聖人務爲新
> 奇祕怪以夸後世邪？聖人不因天下之至神則無所施其教，卜筮者，
> 天下之至神也，而卜者聽乎天而人不預焉者也；筮者，決之天而營
> 之人者也。龜，漫而無理者也，灼荊而鑽之，方功義弓，惟其所爲，
> 而人何預焉？〔註176〕

〔註174〕〔宋〕蘇洵：《嘉祐集・易論》，《四庫全書》本，（臺北：臺灣商務印書館，1977年6月），頁51。

〔註175〕〔宋〕蘇洵：《嘉祐集・易論》，《四庫全書》本，（臺北：臺灣商務印書館，1977年6月），頁51〜頁52。

〔註176〕〔宋〕蘇洵：《嘉祐集・易論》，《四庫全書》本，（臺北：臺灣商務印書館，

並且對於《易》與卜筮、龜占之關係，提出論辯，聖人非以「新奇秘怪」來欺世盜名，而是藉由卜筮來推行政教，龜占純爲預測天意，而卜筮是工具、是方法，是使民眾感受天人之際欲達以平和之術，因此天人相參，而政教長存：

> 聖人曰：「是天人參焉，道也。」道有所施吾教矣，於是因而作《易》，
> 以神天下之耳目，而其道遂尊而不廢。此聖人用其機權，以持天下
> 之心，而濟其道於不窮也。〔註177〕

此篇〈易論〉，除以儒家政教思想爲主，另雜入法家「機權」思想，謝武雄言法家「具體明快」，並說明老蘇儒學爲本，而法家爲用，造成其思想體系「立意敦厚而效率卓高」〔註178〕，但非純儒家之見，南宋朱熹猛烈批駁：

> 看老蘇《六經論》，則是聖人全是以術欺天下。〔註179〕

朱熹切中要點，嚴厲指摘，固有所見，而若就《易》中「變易」思想觀之，其所謂「通陰陽之變」，應就其「聖道與教化關係」，實際上乃是老蘇易學與文學融攝思想要義，著重「實用」與「通變」。因此蘇洵易學與文學融攝思想，本原六經，兼容諸子，而以儒爲主，旁及他家。雖認同韓、歐道統之論，或與王安石之主張相類，然更注重文統之經營。於老蘇〈仲兄字文甫說〉，以風水比喻「文道」渾然天成，其中言及〈渙卦〉，可見其易學與古文融攝之況，其中融攝思想或由《易》中太極和諧觀，以及由〈渙卦·大象傳〉而來，其云：

> 兄嘗見夫水之與風乎？油然而行，淵然而留，渟洄汪洋，滿而上浮
> 者，是水也，而風實起之。蓬蓬然而發乎大空，不終日而行乎四方，
> 蕩乎其無形，飄乎其遠來，既往而不知其迹之所存者，是風也，而
> 水實形之。〔註180〕

論及「水」與「風」之象，易卦則指「坎」與「巽」，而此文以二易象作爲比喻，先以其兄蘇渙之字作爲議論起始，而運用排比、形容及摹寫寫二者之象

　　1977 年 6 月），頁 52。

〔註177〕〔宋〕蘇洵：《嘉祐集·易論》，《四庫全書》本，（臺北：臺灣商務印書館，
　　1977 年 6 月），頁 52。

〔註178〕謝武雄：《蘇洵之言論及文學之研究》，（臺北：文史哲出版社，1981 年），頁
　　45。

〔註179〕〔宋〕黎靖德編：《朱子語類》冊八，卷第一百三十，本朝四，〈自熙寧至靖
　　康用人〉，（北京：中華書局，1986 年），頁 3318。

〔註180〕〔宋〕蘇洵：《嘉祐集·仲兄字文甫說》，《四庫全書》本，（臺北：臺灣商務
　　印書館，1977 年 6 月），頁 144。

態，對於「水」之象態說法，其子蘇軾以水自喻，行文之法，與之頗爲相似，而接下則寫風、水二者相互交流、融攝，運用大量摹寫與比喻，將二者之「極觀」〔註181〕，寫得維妙維肖，極盡動感，而展示其易學與文學融攝之境界甚高，其續論〈渙卦〉所蘊含文學意義：

> 故曰：「風行水上，『渙』。」此亦天下之至文也。然而此二物者豈有求乎文哉？無意乎相求，不期而相遭，而文生焉。是其爲文也，非水之文也，非風之文也，二物者非能爲文，而不能不爲文也。物之相使而文出於其間也，故曰：此天下之至文也。今夫玉非不溫然美矣，而不得以爲文；刻鏤組繡，非不文矣，而不可以論乎自然。故夫天下之無營而文生之者，唯水與風而已。〔註182〕

所謂「天下至文」，由風行水上，美哉煥哉，其背後或亦融入道家「自然無爲」思想，所謂「無意相求」、「不期相遭」，論及「不能不爲」，都與老莊之學有相當關係，以儒爲本，兼及縱橫、道、法、兵以成其易學與文學融攝思想。其接續可探討此思想於作品中之實踐與成就。

（二）蘇洵易學思想與其文學融攝之成就

對於蘇洵以儒家六經爲本原，兼采眾家之長，而鎔鑄極具特色之易學與文學融攝思想，強調「通變」、「自然」、「實用」，亦在其詩文作品之中流露無遺，在易學與古文融攝方面，其〈仲兄字文甫說〉一文開首云：

> 洵讀《易》至〈渙〉之六四曰：「渙其群，元吉。」曰：嗟夫，群者，聖人所欲渙以混一天下者也。〔註183〕

可見《東坡易傳》解〈渙〉六四義理之所本，而又能以己見論之，頗超越蘇

〔註181〕 按：查《嘉祐集・仲兄字文甫說》：「今夫風水之相遭乎大澤之陂也，紆餘委蛇，蜿蜒淪漣，安而相推，怒而相凌，舒而如雲，蹙而如鱗，疾而如馳，徐而如徊，揖讓旋辟，相顧而不前，其繁如穀，其亂如霧，紛紜鬱擾，百里若一，汩乎順流，至乎滄海之濱，滂薄洶湧，號怒相軋，交橫綢繆，放乎空虛，掉乎無垠，橫流逆折，潰旋傾側，宛轉膠戾，回者如輪，縈者如帶，直者如燧，奔者如焰，跳者如鷺，投者如鯉，殊狀異態，而風水之極觀備矣」，《四庫全書》本，（臺北：臺灣商務印書館，1977 年 6 月）。可見蘇洵下筆千言，實用功於文統，經營文章，確爲文采相備！

〔註182〕 〔宋〕蘇洵：《嘉祐集・仲兄字文甫說》，《四庫全書》本，（臺北：臺灣商務印書館，1977 年 6 月），頁 144。

〔註183〕 〔宋〕蘇洵：《嘉祐集・仲兄字文甫說》，《四庫全書》本，（臺北：臺灣商務印書館，1977 年 6 月），頁 144。

洵之易學成就。〔註 184〕而文中除以「坎」、「巽」二卦卦象風水，以及風水成「渙」，申論〈渙卦・大象傳〉「風行水上，『渙』」，代表「自然」而成至文，《東坡易傳》解〈渙卦・象傳〉，其云：

> 水將自擇其安而歸焉。古之善治者，未嘗與民爭；而聽其自擇，然後
> 從而導之……先王居渙散之中，安然不爭，而自爲長久之計。〔註 185〕

論在上位治民之道，能「因勢利導」、「順其自然」，才爲治民長久〔註 186〕，此應源自老蘇自然而成至文之論，運用於政教之法，然而老蘇於〈仲兄字文甫說〉文中書寫風水二易象，相濡相動段落，隱含〈渙卦〉思想，可觀其易學與贈序文融攝：

> 今夫風水之相遭乎大澤之陂也，紆餘委蛇，蜿蜒淪漣，安而相推，
> 怒而相淩，舒而如雲，蹙而如鱗，疾而如馳，徐而如徊，揖讓旋辟，
> 相顧而不前，其繁如縠，其亂如霧，紛紜鬱擾，百里若一，泊乎順
> 流，至乎滄海之濱，滂薄汹湧，號怒相軋，交橫綢繆，放乎空虛，
> 掉乎無垠，橫流逆折，潰旋傾側，宛轉膠戾，回者如輪，縈者如帶，
> 直者如燧，奔者如焰，跳者如鷺，投者如鯉，殊狀異態，而風水之
> 極觀備矣！〔註 187〕

寫大澤之上風水相遇，二者所成之象，「殊壯異態」，實爲「通變」之言；而以「雲」、「鱗」、「縠」、「霧」、「輪」、「帶」、「燧」、「焰」、「鷺」、「鯉」等等自然與人文之物象，作爲風水融攝而成之新樣態，是論及「無意相求」而成文，「不期相遭」而凝象，是「自然成文」之說於其中顯矣，此思想影響蘇軾頗深。

〔註 184〕〔宋〕蘇軾：《東坡先生易傳》，〈渙・六四爻辭〉解：「上九之有六三者，以應也；九五之有六四、九二之有初六者，以近也；皆有以群之。「渙」而至於群，天下始有可收之漸。其德大者，其所群也大；其德小者，其所群也小。小者合於大，大者合於一，是謂「渙其群」也。近五而得位，則四之所群者最大也，因君以得民，有民以自封殖，是謂「丘」也；「夷」、平也，民之蕩蕩焉，未有所適從者也。彼方不知其所從，而我則爲丘以聚之，豈「夷」者之所思哉？民之所思，思夫有德而爭民者也。」（嚴靈峰輯，臺北：成文出版社，據明萬曆二十五年刊「兩蘇經解」本影印，1965 年，頁 260）。

〔註 185〕〔宋〕蘇軾：《東坡先生易傳》，嚴靈峰輯，（臺北：成文出版社，據明萬曆二十五年刊「兩蘇經解」本影印，1965 年），頁 261。

〔註 186〕〔宋〕蘇軾：《東坡先生易傳》，嚴靈峰輯，（臺北：成文出版社，據明萬曆二十五年刊「兩蘇經解」本影印，1965 年），頁 260。

〔註 187〕〔宋〕蘇洵：《嘉祐集・仲兄字文甫說》，《四庫全書》本，（臺北：臺灣商務印書館，1977 年 6 月），頁 144～頁 145。

其「實用」之見，多見於政論與史論，除易學經世思想與之融攝，更雜揉縱橫之術，進行迴返之論辯，以表治世之志。其中流露易學與文學融攝思想，比如：〈審勢〉一文，將治國得先審勢，論及「強弱」、「革易」、「變易」，及以「陰陽」比喻以藥石養人之身心狀態，其云：

> 譬之一人之身，將欲飲藥餌石以養其生，必先審觀其性之為陰，其性之為陽，而投之以藥石。藥石之陽而投之陰，藥石之陰而投之陽。故陰不至於涸，而陽不至於亢。苟不能先審觀己之為陰與己之為陽，而以陰攻陰，以陽攻陽，則陰者固死於陰而陽者固死於陽，不可救也。是以善養身者先審其陰陽，而善制天下者先審其強弱以為之謀。〔註188〕

文中以「藥石」養生之法，不難推敲蘇洵仍受蜀地道教養生思想影響，而此論及陰陽調和，雖道教易學將之發揚，但亦起源《易》太極和諧觀，蘇洵藉「藥石」養生比喻在上位者施政教之法，注重「切合實用」，仍為儒家以圖濟世為理想。

蜀地乃道教興盛之地，雲霧縹緲之鄉，蘇洵詩作亦鎔鑄神仙之氣，然仍以易學與詩融攝，其由〈坎〉、〈巽〉成〈渙〉，「自然成文」之思想，進而呈現儒道會通、易文交融之特色與文學成就，比如：〈憶山送人〉：

> 少年喜奇蹟，落拓鞍馬間；縱目視天下，愛此宇宙寬；山川看不厭，浩然遂忘還；岷峨最先見，晴光獻西川；遠望未及上，但愛青若鬟；大雪冬沒脛，夏秋多蚘蚓；乘春乃敢去，匍匐攀屏顏；有路不容足，左右號鹿猿；陰崖雪如石，迫暖成高瀾；經日到絕頂，目眩手足顛；自恐不得下，撫膺忽長歎；坐定聊四顧，風色非人寰；仰面囁雲霞，垂手撫百山；臨風弄襟袖，飄若風中仙。〔註189〕

蘇洵詩作寫出年少「浪蕩」，「不喜為學」之證，喜遊「岷峨」，登訪春山，詩中呈現對自然山川之頌讚，「愛此宇宙寬」一句也象徵著蘇洵內心對於天地宇宙之追求，反觀人生追求功名利祿上，亦如攀登高峰，然而年少之蘇洵雖能戮力向上，以達成父兄之期望，考取科舉官名，但其本性仍如風與水般，倘

〔註188〕〔宋〕蘇洵：《嘉祐集・審勢》，《四庫全書》本，（臺北：臺灣商務印書館，1977年6月），頁2。

〔註189〕〔宋〕蘇洵：《嘉祐集・憶山送人》，《四庫全書》本，（臺北：臺灣商務印書館，1977年6月），頁156。

祥天地，不喜拘束，因此最末句「臨風弄襟袖，飄若風中仙」，則帶有道家隱逸思想、道教僊化思想。而老蘇在詩句描摩江河奇景，寫其進京應舉過程，依然帶有「自然成文」之風：

> 聳聳青玉幹，折首不見端；其餘亦詭怪，土老崖石頑；長江渾渾流，
> 觸齧不可攔；苟非峽山壯，浩浩無隅邊；恐是造物意，特使險且堅；
> 江山兩相值，後世無水患。〔註190〕

寫其水路之景，知曉「造物意」，而能見其「亦詭怪」。其中「長風送清帆」、「後世無水患」二句仍使用風、水二易象，後又寫其陸路之景：

> 水行月餘日，泊舟事征鞍；爛熳走塵土，耳囂目眵昏；爛熳走塵土，
> 耳囂目眵昏。中路逢漢水，亂流愛清淵；道逢塵土客，洗濯無瑕痕；
> 振鞭入京師，累歲不得官；悠悠故鄉念，中夜成慘然；《五噫》不復
> 留，馳車走輾轅；自是識嵩嶽，蕩蕩容貌尊；不入眾山列，體如鎮
> 中原；幾日至華下，秀色碧照天；上下數十里，映睫青巉巉；迤邐
> 見終南，魁岸蟠長安；一月看山嶽，懷抱鬥以騫；漸漸大道盡，倚
> 山棧叅緣；下瞰不測溪，石齒交戈鋋；虛聞怖馬足，險崖磨吾肩；
> 左山右絕澗，中加一繩慳；傲睨駐鞍巒，不忍驅以鞭；累累斬絕峰，
> 兀不相屬聯；背出或逾峻，遠驚如爭先；或時度岡嶺，下馬步險艱；
> 怪事看愈好，勤劬變清歡；行行上劍閣，勉強踵不前；矯首望故國，
> 漫漫但青煙；及下鹿頭阪，始見平沙田；歸來顧妻子，壯抱難留連；
> 遂使十餘載，此路常周旋。〔註191〕

段落中由陸路奔波之狀，寫至科舉落第之窘狀，幸而老蘇生性豁達，轉而橫越南遊終南山與秦嶺，其中山嶽絕峰，淙溪深澗令其忘絕挫敗疲弊之情。「遂使十餘載，此路常周旋」寫出蘇洵不忘父兄期盼，亦爲平生經世職志所趨，多次從此路進京趕考，儘管之後其決心不再科舉仕進，返鄉專心教導二子，待大、小二蘇學有所成，能通其志，亦再次攜二子由此路進京趕考。

　　蘇洵最後受歐陽脩薦拔，而修《太常因革禮》，堅持良史之見，後遂以霸州文安縣主簿給薪，然卻因病而亡，卒於任內，雖未來得及完成《太常因革

〔註190〕〔宋〕蘇洵：《嘉祐集・憶山送人》，《四庫全書》本，（臺北：臺灣商務印書館，1977年6月），頁156。

〔註191〕〔宋〕蘇洵：《嘉祐集・憶山送人》，《四庫全書》本，（臺北：臺灣商務印書館，1977年6月），頁157。

禮》，更未將其《易傳》刊行，然而在其《嘉祐集》當中，仍可探出其易學與文學融攝思想，注重「通變」、「實用」、「自然」，爲蘇軾建構其易學與文學融攝思想體系所承襲，並加以鎔鑄創新，成爲蘇軾易學、文學高度成就重要之思想根柢。

二、蘇轍易學思想與其文學

　　蘇轍爲蘇洵第三子，蘇軾之弟，因長兄景先早夭與蘇軾相依相長，蘇軾曾稱其文「體氣高妙」〔註192〕，宋史則讚其文「汪洋澹泊」〔註193〕，而思想仍承襲其父蘇洵以儒爲主旁及他家，其〈初發彭城有感寄子瞻〉：「不知身安危，俯仰道所存」〔註194〕展露出經世之志，也於策問當中展現儒家治世之心，小蘇應舉進士後，於母喪丁憂其間寫下一系列《進論》、《進策》，計五十篇〔註195〕，皆爲儒家憂國憂民之言，後來小蘇更成爲宋仁宗親主持舉賢良方正、直言勇諫之士，乃於謹對中不諱指出當朝弊病，言及仁宗之病與朝廷之失，引起朝廷輔宰爭議，多主張罷黜，幸仁宗寬厚降等錄取列爲第四等次〔註196〕。仁宗甚至認爲舉大、小蘇「爲子孫得兩宰相矣」〔註197〕，除見仁宗爲人仁慈，也可見出小

〔註192〕〔宋〕蘇軾：《蘇軾文集·書子由超然臺賦後》，（北京：中華書局，2004年11月），頁2059。

〔註193〕〔元〕脫脫：《宋史·蘇轍傳》，卷三三九，（臺北：臺灣中華書局，1971年），頁1～頁10。

〔註194〕〔宋〕蘇轍：《蘇轍集·初發彭城有感寄子瞻》，（北京：中華書局，2004年5月），頁130。

〔註195〕〔宋〕蘇轍：《蘇轍集·欒城應詔集》，（北京：中華書局，2004年5月），頁1243～頁1337。

〔註196〕按：《宋史·蘇轍傳》：「蘇轍，字子由，年十九，與兄軾同登進士科，又同策制舉。仁宗春秋高，轍慮或倦於勤，因極言得失，而於禁廷之事，尤爲切至……策入，轍自謂必見黜。考官司馬光第以三等，范鎮難之。蔡襄曰：『吾三司使也，司會之言，吾愧之而不敢怨。』惟考官胡宿以爲不遜，請黜之。仁宗曰：『以直言召人，而以直言棄之，天下其謂我何？』」宰相不得已，置之下等，授商州軍事推官，（臺北：臺灣中華書局，1971年，頁1～頁10）；蘇轍〈潁濱遺老傳〉中云：「轍年十九舉進士，釋褐。二十三舉直言，仁宗親策之於廷。時上春秋高，始倦於勤。轍因所問，極言得失……策入，轍自謂必見黜。然考官司馬君實第以三等，范景文難之，蔡君謨曰：『吾三司使也，司會之言；吾愧之而不敢怨』，惟胡武平以爲不遜，力請黜之，上不許曰：『以直言召人，而以直棄之，天下謂我何？』」，兩者記載相近，同樣指出蘇轍個性耿介，而直言仁宗倦政，朝廷多得失。可見出蘇轍經世致用之志。

〔註197〕〔元〕脫脫：《宋史·蘇軾本傳》，（臺北：臺灣商務印書館，1988年1月），頁4181。

蘇之見確為精闢之論，更在往後為官之路，堅持為國為民，戮力治政。

小蘇雖與蘇軾相師友，亦能建構一套擁有個人特色之易學與文學融攝思想，於其〈上兩制公書〉曾言：

> 今夫易者，聖人之所以盡天下剛柔喜怒之情，勇敢畏懼之性，而寓之八物。因八物之相遇，吉凶得失之際，以教天下之趨利避害，蓋如是而已。〔註198〕

易卦乃至文章，亦源自聖人欲盡人情、通人性，此說仍與老蘇、蘇軾相同。而小蘇與父兄並稱「三蘇」，同列唐宋古文大家，其在經學、文學與史學之學術思想上，皆有著作與創見，其與蘇軾分注五經〔註199〕，小蘇專攻《詩》、《春秋》，有《詩集傳》、《春秋傳》，此外《論語拾遺》、《孟子解》亦有特殊之見，而於易學則因老蘇遺志與蘇軾切磋共研，而別有己說，著有〈易說〉之論，《欒城遺言》雖言《東坡易傳》中〈蒙卦〉為蘇轍所解，然因孤證，學術界仍有爭議，但可視為蘇轍亦鑽研《易》道，而與其兄相輔相成之參證，亦可從其作品中探其易學與文學融攝思想。

（一）蘇轍易學思想與其文學融攝之淵源

蘇轍自小與其兄，由其母程氏啟蒙，又入道士張易簡私塾學經，後由遊歷返家之老蘇親自調教，〈祭亡兄瑞明文〉言：

> 手足之愛，平生一人。幼學無師，受業先君。兄敏我愚，賴以有聞。〔註200〕

談論與兄友愛，更於學業彼此切磋精進，又於〈亡兄子瞻瑞明墓誌銘〉曰：

> 猗歟先君，名施四方，公幼師焉，其學以光⋯⋯，我初從公，賴以有知。撫我則兄，誨我則師。〔註201〕

父兄對其思想、著作以及人生態度影響甚大，蘇轍對於儒家思想之認同，亦由此而來，易學與文學融攝思想仍於父兄基礎之下，得到啟發與闡述，其中

〔註198〕〔宋〕蘇轍：《蘇轍集・上兩制公書》，（北京：中華書局，2004 年 5 月），頁386～頁 389。

〔註199〕按：此五經指亦《易》、《詩》、《書》、《春秋》、《論語》，蘇軾注《易》、《書》、《論語》，成《易傳》、《書傳》、《論語解》，惟《論語解》亡佚。

〔註200〕〔宋〕蘇轍：《蘇轍集・祭亡兄瑞明文》，（北京：中華書局，2004 年 5 月），頁 1099。

〔註201〕〔宋〕蘇轍：《蘇轍集・亡兄子瞻瑞明墓誌銘》，（北京：中華書局，2004 年 5月），頁 1127～頁 1128。

文氣論，歷來多以孟子養氣，至曹丕《典論・論文》進一步發展，而成於劉勰《文心雕龍》〔註202〕，但仍可探老蘇、蘇軾此思想與小蘇之關係與淵源，並可論及易學與文學融攝之處。先就老蘇〈心術〉一文來看，其中論及「氣」，以「戰之道」言之，指士氣〔註203〕；於〈詩論〉提及「是非不平之氣」乃基於好色之人情〔註204〕；而於〈上皇帝十事書〉言：

> 朝廷所以恃以制之者，特以屬其廉隅、全其節緊，而養其氣，使知
> 有所恥也；且必有異材焉，後將以爲公卿，而安可薄哉！〔註205〕

蘇洵以政教立場，言縣吏之操守，此養氣之說乃探討道德層面，指涵養節氣。而觀蘇軾〈董傳留別〉：「麤繪大布裹生涯，腹有詩書氣自華」〔註206〕，言董傳人窮志不窮，苦讀而有「氣質」，言及詩書爲養氣之具，養氣方面蘇軾則亦受道家養生思想影響。若探討老蘇、大蘇或受易學影響產生氣論之層面，在蘇洵其〈上皇帝十事書〉中，認爲天地乃由陰陽二氣，而成二十四節氣，論及宇宙天氣之氣，運行不息〔註207〕，於蘇軾之〈上劉侍讀書〉更論及「才」與「氣」應相輔相成，其論氣曰：

> 軾聞天下之所少者，非才也。才滿於天下，而事不立。天下之所少
> 者，非才也，氣也。何謂氣？曰：是不可名者也。若有鬼神焉而陰
> 相之。⋯⋯夫氣之所加，則己大而物小，於是乎受其至大，而不爲
> 之驚；納其至繁，而不爲之亂；任其至難，而不爲之憂；享其至樂，
> 而不爲之蕩。是氣也，受之於天，得之於不可知之間，傑然有以蓋
> 天下之人，而出萬物之上，非有君長之位，殺奪施與之權，而天下
> 環向而歸之，此必有所得者矣。〔註208〕

〔註202〕李凱：〈蘇轍文論的價值及地位——兼論古代「文氣」說〉，《社會科學研究》，四川科學院，1997年，第一期，頁17〜頁140。

〔註203〕〔宋〕蘇洵：《嘉祐集・心術》，《四庫全書》本，（臺北：臺灣商務印書館，1977年6月），頁11〜頁12。

〔註204〕〔宋〕蘇洵：《嘉祐集・詩論》，《四庫全書》本，（臺北：臺灣商務印書館，1977年6月），頁55。

〔註205〕〔宋〕蘇洵：《嘉祐集・上皇帝十事書》，《四庫全書》本，（臺北：臺灣商務印書館，1977年6月），頁90。

〔註206〕〔宋〕蘇軾：《蘇軾詩集・董傳留別》，（北京：中華書局，2007年4月），頁221〜頁222。

〔註207〕〔宋〕蘇洵：《嘉祐集・上皇帝十事書》，《四庫全書》本，（臺北：臺灣商務印書館，1977年6月），頁90。

〔註208〕〔宋〕蘇軾：《蘇軾詩集・董傳留別》，（北京：中華書局，2007年4月），頁

蘇軾以「才」、「氣」分論，定義「氣」之難得，更勝於「才」，此「氣」，「受之於天」，指天賦異稟，而悠長不絕，此說或源於《易‧繫辭傳》上：「《易》與天地準，故能彌綸天地之道……旁行而不流，樂天知命，故不憂」與《易‧說卦傳》：「將以順性命之理」云云〔註209〕，此處亦可視爲易學與古文融攝之例。然老蘇、蘇軾論「氣」實源自孟子養氣論，孟子於〈公孫丑〉一章云：

> 其爲氣也，至大至剛，以直養而無害，則塞乎天地。其爲氣也，配義與道；無是，餒也。是集義所生者，非義襲而取之也。行有不慊於心，則餒矣。〔註210〕

然孟子所謂「至大至剛」之氣，亦源自易學陰陽二氣之分，屬陽剛之氣，而蘇轍養氣論與老蘇、蘇軾二人，起源亦同，而又參合魏晉文論，發展出一套理論，將文與氣合稱，論爲「文者氣之所形」，〈上樞密韓太尉書〉言：

> 文不可以學而能，氣可以養而致。孟子曰：「我善養吾浩然之氣。」今觀其文章，寬厚宏博，充乎天地之間，稱其氣之小大。太史公行天下，周覽四海名山大川，與燕、趙間豪俊交游；故其文疏蕩，頗有奇氣。此二子者，豈嘗執筆學爲如此之文哉？其氣充乎其中，而溢乎貌，動乎其言，而見乎其文，而不自知也。〔註211〕

言及孟子之「浩然之氣」、司馬遷之「奇氣」，而於文中更提出「知言養氣」之法：內以博覽諸書與反躬自省，涵養文章道德之蘊；外以遊歷山川之秀，以及結交俊傑之友，涵養爲文之氣。此說極類〈蒙卦‧象傳〉：「蒙以養正」、〈大畜

221～頁222。

〔註209〕 按：可參照〔魏〕王弼注、〔唐〕孔穎達疏、〔清〕阮元編《周易正義》，卷七，〈繫辭傳〉上「《易》與天地準，故能彌綸天地之道。仰以觀於天文，俯以察於地理，是故知幽明之故；原始反終，故知死生之說；精氣爲物，遊魂爲變，是故知鬼神之情狀。與天地相似，故不違；知周乎萬物而道濟天下，故不過；旁行而不流，樂天知命，故不憂；安土敦乎仁，故能愛。範圍天地之化而不過，曲成萬物而不遺，通乎晝夜之道而知，故神無方而《易》無體」，（臺北：臺灣中華書局，1966年3月，頁6）；與卷九，〈說卦傳〉：「昔者聖人之作《易》也，將以順性命之理。是以立天之道，曰陰與陽；立地之道，曰柔與剛；立人之道，曰仁與義。兼三才而兩之，故《易》六畫而成卦；分陰分陽，迭用柔剛，故《易》六位而成章。」，（臺北：臺灣中華書局，1966年3月，頁1～頁2）。

〔註210〕 〔漢〕趙岐注、〔宋〕孫奭疏、〔清〕阮元編：《孟子正義》冊二，第十六卷，〈公孫丑〉上，（臺北：臺灣中華書局，1966年3月），頁16～頁17。

〔註211〕 〔宋〕蘇轍：《蘇轍集‧上樞密韓太尉書》，（北京：中華書局，2004年5月），頁381～頁382。

卦‧象傳〉:「養賢也」及〈小畜卦‧大象傳〉:「君子以懿文德」之思想,此外由此基礎擴張成爲其易學與文學融攝思想之基本論調,而小蘇亦承襲其父風水成〈渙〉,「自然成文」之說,於〈御風辭〉:「因物之自然,以致千里。」〔註212〕,《孟子解》:「天者,莫之使而自然者也;命者,莫之致而自至者也」〔註213〕,是其文仍注重文理自然,而蘇軾亦言小蘇文:「其秀傑之氣終不可沒」〔註214〕,「秀傑之氣」即是指其重視「自然成文」之展現。然其「實用」之易學與文學融攝思想仍承繼老蘇、翼輔大蘇,於《秘閣試論五首‧劉愷丁鴻孰賢論》:

> 君子之立言,非以苟顯其理。將以啓天下之方悟者;立行,非以苟
> 顯其身。將以教天下之方動者。言行之所開塞,可無慎乎!〔註215〕

論及言行,亦指文章,君子皆爲天下「方悟」、「方動」者而爲,以使啓蒙,而有所開塞,認同文、道融攝關係建立於「實用」,其在於〈歷代論〉引言:

> 予少而力學,先君,予師也。亡兄子瞻,予師友也。父兄之學,皆
> 以古今成敗得失爲議論之要。以爲士生於世,治氣養心,無惡於身,
> 推是以施之人,不爲苟生也。不幸不用,猶當以其所知,著之翰墨,
> 使人有聞焉。〔註216〕

明白指出小蘇所學源於其父蘇洵,並與蘇軾「師友」之間,文中注重「古今成敗得失」,即是扣緊「實用」,若不能修身立德、立業立功,亦應著書立說,與〈蒙卦‧大象傳〉:「君子以果行育德」思想相符,是小蘇易學與文學融攝思想主張之一,亦是蘇學特色。因此蘇轍易學與文學融攝思想,源自父兄,亦尊六經、並倡實用,更推崇孟子,由孟子養氣論,形成其特殊易學與文學融攝思想,底下就蘇轍文學作品中所流露易學與文學融攝思想探析之。

(二)蘇轍易學思想與其文學融攝之成就

蘇轍詩文歷來文評,雖認爲才不及蘇軾〔註217〕,而其中亦有氣盛於蘇軾

〔註212〕〔宋〕蘇轍:《蘇轍集‧御風辭》,(北京:中華書局,2004年5月),頁337。

〔註213〕〔宋〕蘇轍:《蘇轍集‧孟子解》,(北京:中華書局,2004年5月),頁948。

〔註214〕〔宋〕蘇軾:《蘇軾文集‧答張文潛書》,(北京:中華書局,2004年11月),1540。

〔註215〕〔宋〕蘇轍:《蘇轍集‧劉愷丁鴻孰賢論》,(北京:中華書局,2004年5月),頁1339~頁1340。

〔註216〕〔宋〕蘇轍:《蘇轍集‧歷代論‧引》卷七,(北京:中華書局,2004年5月),頁958。

〔註217〕〔宋〕蘇轍:《蘇轍集‧前言》,(北京:中華書局,2004年5月),頁11~頁13。

之處，欲探其易學與文學融攝思想之成就，亦可先探其〈易說〉三首中，將
其易學思想透過論說之文展露無遺，其曰：

> 「一陰一陽之謂道，繼之者善也；成之者性也。」何謂「道」？何
> 謂「性」？請以子思之言明之，子思曰：「喜怒哀樂之未發謂之中，
> 發而皆中節謂之和。中也者，天下之大本也；和也者，天下之達道
> 也。致中和天地位焉，萬物育焉！」中者，性之異名也；性者，道
> 之所寓也。道無所不在，其在人為性；性之未接物也，寂然不得，
> 其眹可以喜、可以怒、可以哀、可以樂，特未有以發耳。及其與物
> 接，而後喜、怒、哀、樂更出而迭用。出而不失節者，皆善也。所
> 謂：「一陰一陽者」，猶曰：「一喜一怒云爾」。言陰、陽、喜、怒皆
> 自是出也，散而為天地，歛而為人言。其散而為天地則曰：「天地位
> 焉。萬物育焉」；言其歛而為人則曰：「成之者性」，其實一也。得之
> 於心，近自四支百骸，遠至天地萬物，皆吾有也。一陰一陽自其遠
> 者言之耳。〔註218〕

對「道」與「一陰一陽」以《中庸》之說解之，與蘇軾相類，而更依此論及
道實「散而為天地，歛而為人言」，指出其易學與文學融攝思想，乃由「陰陽
喜怒」出於道，分化於宇宙中為天地萬物，凝鍊而成人言文章，是易學與經
論融攝，並成為蘇轍以「人情」為主之說，進行易學與文學融攝思想之創作。

蘇轍亦承襲老蘇易學與文學融攝思想，而展現「實用」之特色，在其替
皇帝行擬批答公文書詔，於文章應對中亦使用易象，其中〈蠱卦〉本以治幹
政事為意涵，如：〈韓忠彥免同知樞密院不許不允批答二首之二〉曰：

> 省表具之。惟乃先正，歷事累朝，經國論道，有賢相之規，治兵禦
> 戎，得名將之略。風績猶在，子孫不忘。今朕舉以試卿，意卿得其
> 遺意。勉膺成命，其勿煩請。上可以幹國之蠱，下可以信父之志。
> 所請宜不允，仍斷來章。〔註219〕

文中「上可以幹國之蠱，下可以信父之志」藉此勉勵韓琦（1008～1075年）
長子韓忠彥（1038～1109年）。韓琦本為宋賢相良將，可謂北宋初元老重臣，
而其子欲請免同知樞密院職，未得允許。而以此文更可見蘇轍運用易象融攝

〔註218〕〔宋〕蘇轍：《蘇轍集‧易說》，（北京：中華書局，2004年5月），頁1224。
〔註219〕〔宋〕蘇轍：《蘇轍集‧韓忠彥免同知樞密院不許不允批答二首之二》，（北京：
中華書局，2004年5月），頁590～頁591。

於文章之中，以儒家治世爲主，並注重治經籍以用於世之風，是其易學與古文融攝無礙。

而由蘇轍〈易說〉一文，可知其鑽研《易》理頗深，且在其〈喜姪邁還家〉一詩提及：

> 林下酒尊還漫設，床頭易傳近看無；老年遊宦眞安往，南北相望結草廬。〔註220〕

此《易傳》或可能爲蘇軾託付之遺著，故蘇轍可能傳其兄之《易傳》鈔本〔註221〕，而就易學與詩融攝方面來看，蘇轍仍運用易象於詩文之中，展現「自然」之風，如：〈次韻王適雪晴復雪二首之二〉詩中：

> 同雲自成幄，飛雪來無根；一爲清風卷，坐見東方曉；重陰偶復合，
> 飛霰滿南軒；油然青春意，已見出土萱；老病一不堪，惟恃濁酒溫；
> 開戶理松菊，掃蕩無遺痕；卷舒朝夕間，誰識造化元；乾坤本何施，
> 中有神怪奔；萬物極毫末，顛倒何足掀；老農但知種，荷鉏理南園。
>
> 〔註222〕

詩中論及「乾坤」，以天地間雲、雪、飛霰之嚴寒冬末，寄託來年新春之意，當如老農勤而不息，仍發乾卦「自強不息」之見，而與〈墨竹賦〉：「萬物一理」〔註223〕、〈王維吳道子畫〉：「天地兼萬事同一理」〔註224〕二文所論，皆隱含對於易象運用，應符合「自然成文」，而不矯揉造作，又〈御風辭〉：

> 超然而上，薄乎雲霄而不以爲喜也；拉然而下，隕乎坎井而不以爲凶也。〔註225〕

辭中論及「風」巽柔之意〔註226〕，更以〈坎〉、〈井〉之象，談論其代表意涵

〔註220〕〔宋〕蘇轍：《蘇轍集・喜姪邁還家》，（北京：中華書局，2004年5月），頁1199。

〔註221〕按：可參照本文第一章第三節《東坡易傳》版本略考，或注48。

〔註222〕〔宋〕蘇轍：《蘇轍集・次韻王適雪晴復雪二首之二》，（北京：中華書局，2004年5月），頁168。

〔註223〕〔宋〕蘇轍：《蘇轍集・墨竹賦》，卷十七，（北京：中華書局，2004年5月），頁333。

〔註224〕〔宋〕蘇轍：《蘇轍集・王維吳道子畫》，卷二，（北京：中華書局，2004年5月），頁23。

〔註225〕〔宋〕蘇轍：《蘇轍集・御風辭》，（北京：中華書局，2004年5月），頁337。

〔註226〕按：蘇轍亦將巽命爲堂名，有〈和鮮於子駿益昌官舍八詠・巽堂〉一詩：「山前三秦道，車馬不遑息；日出紅塵生，不見青山色；峰巒未嘗改，往意自奔迫；誰言幽堂居，近在使者宅；俯聽辨江聲，却立眡石壁；藤蘿自太古，松竹列新

「凶險」，藉此詠歎列子憑虛御風，而不以物傷性，超然悲喜。而蘇轍於〈河冰〉〔註227〕與〈悟老住慧林〉〔註228〕皆使用「乘流得坎止」、〈次韻知郡賈蕃大夫思歸〉：「得坎浮槎」〔註229〕、〈和子瞻次韻陶淵明勸農詩並序〉用「乘流得坎」〔註230〕等等之詞，蘇軾於詩文中亦頻繁使用〔註230〕，代表二蘇對於人生風波起伏，如遇坎險不斷，因而深有體悟，亦是明《易》為憂患之書，知其易理，融攝於其作品，而形成二蘇各自易學與文學融攝思想底蘊。

蘇轍易學與文學融攝思想，重視乾卦「天行健」陽剛之氣，雖歷代以孟子「知言養氣」作為其「文氣論」起源，然不能不推及其易學修為之根本，〈上樞密韓太尉書〉一文，以「知言」作為內在修為基礎，此乃蘇學之主張──以六經為本原，而旁及百家之說，並作為文章道德之內涵；而文中並以「養氣」作為由內而外之途徑，內以涵養心性，外而廣歷天下奇景山川，交遊海內豪俊名紳，可成下筆行文之氣勢，亦與〈蒙〉、〈小畜〉、〈大畜〉等卦思想相通，蘇軾稱許蘇轍為文「體氣高妙」，除小蘇當時年輕氣盛、行文不泥，更因鎔鑄易學思想而於其文章，並運用敘述、寫景、議論等手法，實展現出極高之文學成就。於詩文當中亦善用易象，尤以坎卦，代表對於官宦生涯起伏不定之省思，亦受其兄蘇軾影響，而小蘇在人生態度上，亦如《易》之趨吉避凶，言語及文章比蘇軾沉穩內斂，更於蘇軾死後隱居潁川，著書教子，雖宋史將之評為「與兄進退出處，無不相同」〔註231〕，然若由其易學與文學融攝思想觀之，亦有別於父兄之處，仍可卓然而立〔註232〕。

植：暑簟臥清風，寒樽對佳客：試問東行人，誰能同此適。」，寫其快意自適，清風寒樽皆相宜。《蘇轍集》，（北京：中華書局，2004年5月），頁101。

〔註227〕〔宋〕蘇轍：《蘇轍集·河冰》，（北京：中華書局，2004年5月），頁275。

〔註228〕〔宋〕蘇轍：《蘇轍集·悟老住慧林》，（北京：中華書局，2004年5月），頁1188。

〔註229〕〔宋〕蘇轍：《蘇轍集·次韻知郡賈蕃大夫思歸》，（北京：中華書局，2004年5月），頁234。

〔註230〕〔宋〕蘇轍：《蘇轍集·和子瞻次韻陶淵明勸農詩並引》，（北京：中華書局，2004年5月），頁944～頁945。

〔註230〕按：將於本文第五章第三節第二目「尺牘：流行坎止，隨時而悅」詳細論之。

〔註231〕〔元〕脫脫：《宋史·蘇轍傳》，卷三三九，（臺北：臺灣中華書局，1971年），頁1～頁10。

〔註232〕〔明〕茅坤著、王水照編：《歷代文話·唐宋八大家文鈔》，〈蘇文定公文鈔引〉，「其鑱削之思，或不如父：雄傑之氣，或不如兄，然而沖和澹泊，猶逸疏宕……而綽約不窮者已，西漢以來別調也。」，（上海：復旦大學出版社，2007年），頁2004。

第三章 《東坡易傳》之文學特色

　　本文探究蘇軾易學與文學融攝思想，由前三章針對歷史傳承、古文大家風格流變，以及蜀學氛圍等外緣因素影響，可得知蘇軾此融攝思想之淵源脈絡。稍回顧上一章「唐宋古文大家易學與文學融攝思想」，所探討此融攝思想於文學上之沿革，蘇軾乃推崇韓愈，尊其師歐陽脩成就卻能出其右，此外在兼采眾家思想之特色或可溯及柳宗元，更承襲於其父蘇洵，切磋於其弟蘇轍，並與王安石相頡頏。

　　然而蘇軾奉蘇洵遺命，著作《易傳》，可稱爲易學家矣！在此易學專著中，有許多易學見解與其文學主張相輝映，可發掘出其中易學與文學融攝思想，蘇軾由易學思想爲根基而以文學形式作爲呈現，亦能視作獨特的易學成就，無怪乎朱熹以「文人之經」〔註1〕蓋棺論定此書。若就其此著作進行探討，先得釐清其形制與內容；而釐清《東坡易傳》形制與內容，其版本源流不得不重視，本文以明焦竑（1541～1620年）〔註2〕序畢氏刻本〔註3〕爲底本之《東

〔註1〕 按：「文人之經」之出處，乃是宋黎靖德《朱子語類》引朱熹所云「後世之解經者有三：（一）儒者之經；（一）文人之經，東坡、陳少南輩是也；（一）禪者之經，張子韶輩是也。」，此論點亦啓蒙本論文，欲以此重新探論。（《朱子語類》冊一，第十一卷，學五，〈讀書法〉下，北京：中華書局，1986年，頁193～頁194）。

〔註2〕 按：參照姜亮夫《歷代人物年里碑傳綜表》生卒標爲一五四一至一六二〇，（臺北：華世書局，1976年，頁462）。而明代著名學者焦竑的生年有三說。其一，生於嘉靖二十年（1541年），此據錢大昕《疑年錄》；其二，生於嘉靖十八年（1539年），此據《明狀元圖考》說他登第時爲五十一歲推斷；其三，生於嘉靖十九年（1540年），據容肇祖《中國文學史大綱》（臺北：文海出版社，1971年）所編年譜、李劍雄《焦竑評傳》所編年譜（南京：南京大學，1998年）。其卒年亦有兩說，其一，萬曆四十八年（1620年），如黃宗羲《明儒學案》、錢大昕《疑年錄》、《明史·焦竑傳》；其二，萬曆四十七年（1619年），如黃

坡先生易傳》〔註4〕、《四庫全書薈要・東坡易傳》〔註5〕與《四庫全書・東坡易傳》〔註6〕二鈔本以及今龍吟點評《東坡易傳》〔註7〕為主，而另參照《蘇氏易傳》〔註8〕，版本詳細之源流已於本文第一章深入考究；其二近來研究《東坡易傳》學者，成果豐碩，亦以蘇軾自有易學體系論之，本文欲接續前輩名家之步伐，並深入藉由其解經方式與條例作為例證，並探討《東坡易傳》，使得蘇軾易學與文學融攝思想之基礎論點更明顯可見，因此底下就「源自儒家『能近取譬』之方式」、「兼採道家『自然為文』之主張」，以及「善用縱橫家議論、援史之法」，由此三節析論《東坡易傳》之文學特色。

第一節　源自儒家「能近取譬」之方式

《四庫全書提要》，將《東坡易傳》列為義理易學一脈，內雖引朱子〈雜學辨〉以東坡為首，並言蘇雜於佛禪，在〈東坡易傳提要〉：「朱子所不取者，僅十四條，未足以為是書病」〔註9〕，著寫提要者替蘇軾辯駁，可見朱熹雖反對東坡雜揉諸家，尤批評雜禪解易，但反對條例實為不多，只計十四條云云。然而朱子雖傳二程之學，學統純正無庸置疑，並集理學大成，對於《東坡易傳》之論斷，自有立場。後黃宗羲《宋元學案》〔註10〕原無收三蘇之學，不

　　　　汝亨《寓林集》。姜亮夫應採用錢大昕《疑年錄》與《明儒學案》之說法，本文亦採之。

〔註3〕　按：依據金生楊《「蘇氏易傳」研究》考證《兩蘇經解》之版本，主要有畢氏、顧氏二刻本，（成都：巴蜀書社，2002 年 1 月，頁 82～頁 83）。

〔註4〕　〔宋〕蘇軾：《東坡先生易傳》，嚴靈峰輯，（臺北：成文出版社，據明萬曆二十五年刊「兩蘇經解」本影印，1965 年）。

〔註5〕　〔清〕于敏中編：《四庫全書薈要・東坡易傳》，影印摛藻堂《四庫全書薈要》本，（長春：吉林出版社，2005 年）。

〔註6〕　〔清〕紀昀編：《四庫全書・東坡易傳》，第九冊，景印文淵閣版本，（臺北：臺灣商務印書館，據國立故宮博物院藏本影印，1983 年）。

〔註7〕　〔宋〕蘇軾：《東坡易傳》，龍吟點評，（吉林：吉林文史出版社，2002 年 12 月）。

〔註8〕　〔宋〕蘇軾：《蘇氏易傳》，據清張海鵬學津討源本排印而來，（北京：中華書局，1985 年）。

〔註9〕　〔清〕紀昀主編，《四庫全書提要・易類》：「然朱子之駁，不過一十九條，其中辨文義者四條，又一條謂蘇說無病，然有未盡其說者，則朱子所不取者，僅十四條，未足以為是書病」，（臺北：藝文出版社，2006 年），頁 74。

〔註10〕　〔清〕黃宗羲著、全祖望增校，《宋元學案》，第二十四，卷九九，（臺北：河洛圖書出版社），1975 年 3 月，頁 65。

以「學案」錄之則有其史見，後由其弟子全祖望紹述其志，增校其書，另列三蘇爲〈蜀學略〉，言其「蘇氏之學出於縱橫之學，而雜於禪甚矣」〔註11〕，此論或受朱熹影響。而若不就朱熹或黃宗羲之觀點，卻以思想會通層面——易學與文學融攝面向而言，或能看出蘇軾能吸收儒學外之思想，作爲闡述儒學之用。本節欲就此論點，作爲敘論基礎詳細探討《東坡易傳》所源自儒家之文學特色，並分析其傳承儒家孔、孟二聖之處。

一、推崇孔子「不占而已」與主義理之法

宋代爲疑經時代，當時學術環境不如現在擁有許多考古文物與科學技術，但歐陽脩《易童子問》大膽對十翼提出懷疑，《易傳》恐非孔子所著，於今日考古出土長沙王帛書多篇易傳，終稍可佐證歐陽脩此推論非妄言，《東坡易傳》或受歐沾染亦採取了理性之見解與作法，並承襲蘇洵易學研究成果〔註12〕，形成蘇軾本身對於卜筮之看法，更正如孔子所言：「不占而已矣！」〔註13〕，荀子亦言：「善爲易者不占」〔註14〕，因此蘇軾不迷於占筮。他認爲「《易》者，卜筮之書也」、「《易》者本於卜筮」、「《易》之爲文爲卜筮而作。」〔註15〕，其中「《易》者」與「《易》之爲文」或針對〈卦辭〉而論。若稍考究歸納蘇軾之《易·卦辭》解，每卦幾乎不詳注〈卦辭〉，可見蘇軾推崇涵有孔子易學思想之十翼，即認同《易傳》中「以義理釋易」之法，在《論語》中可證孔子易學思想乃主義理，於〈子路篇〉中云：

> 子曰：「南人有言曰：『人而無恆，不可以作巫醫。』善夫！」「不恆其德，或承之羞。」子曰：「不占而已矣。」〔註16〕

〔註11〕同上注，《宋元學案·荊公新學略序》，第二十四，卷九八，頁35。

〔註12〕〔宋〕蘇洵：《嘉祐集·易論》，《四庫全書》本，（臺北：臺灣商務印書館，1977年6月），頁51～頁52。

〔註13〕〔魏〕何晏注、〔宋〕刑昺疏、〔清〕阮元編：《論語正義》，第一卷，〈子路〉，（臺北：臺灣中華書局，1970年9月，台三版），頁15～頁16。

〔註14〕〔先秦〕荀子：《荀子新注·大略》，北大哲學系注釋，第二十七篇，（臺北：里仁書局，1983年11月），頁548。

〔註15〕〔宋〕蘇軾：《蘇軾文集》，（北京：中華書局，2004年11月），〈易論〉，頁52：〈詩論〉，頁55。

〔註16〕〔魏〕何晏注、〔宋〕刑昺疏、〔清〕阮元編：《論語正義》，第一卷，〈子路〉，子曰：「南人有言曰：『人而無恆，不可以作巫醫。』善夫！」「不恆其德，或承之羞。」子曰：「不占而已矣！」，（臺北：臺灣中華書局，1970年9月，台三版），頁15～頁16。

此段中即是引用恆卦九三爻辭之言「不恆其德，或承之羞」。﹝註17﹞《東坡易傳》於此爻辭解還加以闡述，認為南人之言確為可信，但是蘇軾引用南人之言為《左傳》所載，則是引用失誤﹝註18﹞。另在〈恆卦‧九三爻辭〉、〈恆卦‧小象傳解〉解中，亦能顯現主義理之特色：

> 夫無常之人，與之為巫醫且不可，而況可與有為乎？人惟有常，故
> 其善惡可以外占而知，無常之人，方其善也，若可與有為；及其變
> 也，冰解潦竭，而吾受其羞。故與是人遇者，去之吉，貞之吝。善
> 惡各有徒，惟無常者無徒。故曰：「不恆其德，無所容也。」﹝註19﹞

本段易注探討無原則、無操守之人，在善惡之間擺盪，其心態不正，且不易令人理解與信任，因此實難與之親近與相處，因此蘇軾才評曰：「去吉貞吝」、「善惡各有徒，惟無常者無徒」，對照王弼以爻位論恆卦，蘇軾解易之法更接近孔子主義理之法，並兼論及人事，以巫醫作為比喻，解說為德持恆之道。

　　蘇軾更在釋《易‧繫辭傳》上：「鳴鶴在陰……《易》曰：『負且乘，致寇至』，盜之招也。」注云：

> 夫論經者當以意得之，非於句義之間也。於句義之間，則破碎牽蔓
> 之說，反能害經之意。孔子之言《易》如此，學者可以求其端矣。
>
> ﹝註20﹞

明白指出論經應「以意得之」，在繫辭上孔子釋《易》非溺於經文文句，反而應鑽研孔子所言之《易》道，及其初始之意，而非拘泥於話語之形式，甚至流於「破碎牽蔓」，此亦或批評當時易學學術，多為承襲漢學象數易學以讖緯、圖書說解《易》者，因此《東坡易傳》推崇孔子以「義理」解易之法，更對繫辭中孔子闡述《易經》經文與文句，提出勿溺句義，而應求意端，以闡明

﹝註17﹞ 〔魏〕王弼注、〔唐〕孔穎達疏、〔清〕阮元編：《周易正義》，卷四，恆卦九三爻辭：「不恆其德，或承之羞，貞吝。」，（臺北：臺灣中華書局，1966 年 3月），頁 18。

﹝註18﹞ 按：嚴靈峰輯，〔宋〕蘇軾《東坡先生易傳》在九三爻辭與小象傳解中云：「《傳》曰：『人而無恆，不可作巫醫』。子曰：『不占而已矣！』」，此處以為是《左傳》所云應為錯誤。（臺北：成文出版社，據明萬曆二十五年刊「兩蘇經解」本影印，1965 年），頁 185。

﹝註19﹞ 〔宋〕蘇軾：《東坡先生易傳》，嚴靈峰輯，（臺北：成文出版社，據明萬曆二十五年刊「兩蘇經解」本影印，1965 年），頁 185。

﹝註20﹞ 〔宋〕蘇軾：《東坡先生易傳》，嚴靈峰輯，（臺北：成文出版社，據明萬曆二十五年刊「兩蘇經解」本影印，1965 年），頁 389。

幽微之《易》道。若觀南宋理學大家朱熹對蘇軾之見解，朱熹雖不滿蘇氏父子之文學主張〔註21〕，但仍稱許其義理之高處，於〈答汪尚書〉，其曰：

> 蘇氏之言，高者出人有無，而曲成義理；下者指陳利害，而切近人情。〔註22〕

朱熹對蘇軾之文，其中闡述儒家思想、關心民瘼，以及指陳時政之弊，有高度認同感。孔子以義理闡述易學思想，本之道德倫理，而在政治思想之運用，則以「正名」爲輔翼，論及五倫：君臣、父子、兄弟、夫婦、朋友等人倫秩序之重新建立，在其《東坡易傳》中論及君臣關係，在〈大過卦·象傳〉解中云：

> 〈大過〉者，君驕而無臣之世也。《易》之所貴者，貴乎陽之能禦陰，不貴乎陽之陵陰而蔑之也。人徒知夫陰之過乎陽之爲禍也，豈知夫陽之過乎陰之不爲福也哉！立陰以養陽也，立臣以衛君也，陰衰則陽失其養，臣弱則君棄其衛，……所利於往者，利其有事也，有事則有患，有患則急人，患至而人急，則君臣之勢可以少均。故曰：「剛過而中，巽而說行，利有攸往，乃亨。」〔註23〕

言及君御臣貴能居尊位，而不蔑視臣下，兩者應相互信賴、相輔相成，不應成「君驕無臣」之況，又於〈家人卦·九五爻辭〉、〈家人卦·小象傳〉解：

> 〈家人〉四陽，惟九五有人君之德，故稱其德、論天下之家焉。君臣欲其如父子，父子欲其如君臣，聖人之意也。〔註24〕

以陰陽、時位解〈爻辭〉、〈小象傳〉，而論及君臣關係，且以父子倫常來印證，是可知蘇軾服膺儒家倫理思想來說解其君臣觀，而在〈蹇卦·六二爻辭〉、〈蹇卦·小象傳〉解：

> 初六、九三、六四、上六，彼四者或遠或近，皆視其勢之可否以爲往來之節；獨六二有應於五，君臣之義深矣。是以不計遠近、不慮可否、無往無來、「蹇蹇」而已。君子不以爲不智者，以其非身之故也。〔註25〕

〔註21〕 林麗眞：《義理易學鉤玄》，〈朱熹對東坡易傳的評議〉，（臺北：大安出版社，2004年11月），頁150～頁156。

〔註22〕 〔宋〕朱熹：《朱文公文集·答汪尚書》，卷三十，（臺北：臺灣商務印書館，1967年，台二版），頁456～頁457。

〔註23〕 〔宋〕蘇軾：《東坡先生易傳》，嚴靈峰輯，（臺北：成文出版社，據明萬曆二十五年刊「兩蘇經解」本影印，1965年），頁157～頁159。

〔註24〕 〔宋〕蘇軾：《東坡先生易傳》，嚴靈峰輯，（臺北：成文出版社，據明萬曆二十五年刊「兩蘇經解」本影印，1965年），頁208。

〔註25〕 〔宋〕蘇軾：《東坡先生易傳》，嚴靈峰輯，（臺北：成文出版社，據明萬曆二

言〈蹇卦〉之六二爻、九五爻，君臣相應，以義相待，君不以利益使臣、臣不以利益侍君，乃儒家仁義之道。易注本身善用排比，解說義理，呈現儒家文學之特色。此外〈小過卦・六二爻辭〉、〈小過卦・小象傳〉解：

> 卦合而言之，〈小過〉者，臣強之世也；爻別而觀之，六五當強臣。
> 六二以陰居陰，臣強而不僭者也。〈大過〉以夫妻爲君臣，而〈小過〉
> 寄之「祖」與「妣」者，〈大過〉君驕，故自君父言之；而〈小過〉
> 臣強，故爲臣子之辭，其義一也。曰：不幸而過其祖矣，而猶遇其
> 妣；妣未有不助祖者也，不幸而不及其君矣，而猶遇其臣；臣未有
> 不忠於其君者也，故〈小過〉之世，君弱而不能爲政，臣得專之者，
> 惟六二也。然而於祖曰：「過」，於君曰：「不及」者，以見臣之不可
> 「過」其君也。〔註26〕

小過與大過二卦相較，小過一卦爲臣強君弱之際，六二雖爲強臣，卻不僭越禮，而輔弼其君；大過則形勢相反。在此段文獻比對之中，可發現其運用前呼後應之文章章法，對照合宜。由以上大過、小過、蹇、家人四卦，得知蘇軾對於儒家君臣觀之認同，並運用於解經之中，詮釋其義理。

《東坡易傳》十分推崇孔子仁德論，對於君子仍以「道德仁義」作爲與小人有別之標準，在〈升卦・六四爻辭〉、〈升卦・小象傳〉解言及「仁人」形象：

> 上有所適，下升而避之，失於此而償於彼，雖不爭可也，人或能之。
> 今六四下爲三之所升，而上不爲五之所納，此人情必爭之際也。然
> 且不爭而「虛邑」以待之，非仁人其孰能爲此？〔註27〕

「不爭虛以待之」即仁人形象，雖時位之改變，有爭與不爭之化，但仁人皆能以謙虛的態度面對人事，在此段末句以激問作結，極能興起反躬自省之心。又釋〈繫辭傳〉上：「安土敦乎仁，故能愛」一句，其曰：

> 使物各安其所，然後厚之以仁。不然，雖欲愛之不能也。〔註28〕

在上位者，若能安置人民與萬物，使其安定，並厚施恩德，此已達「博施眾

十五年刊「兩蘇經解」本影印，1965 年），頁 217〜頁 218。

〔註26〕〔宋〕蘇軾：《東坡先生易傳》，嚴靈峰輯，（臺北：成文出版社，據明萬曆二
十五年刊「兩蘇經解」本影印，1965 年），頁 347〜頁 348。

〔註27〕〔宋〕蘇軾：《東坡先生易傳》，嚴靈峰輯，（臺北：成文出版社，據明萬曆二
十五年刊「兩蘇經解」本影印，1965 年），頁 261。

〔註28〕〔宋〕蘇軾：《東坡先生易傳》，嚴靈峰輯，（臺北：成文出版社，據明萬曆二
十五年刊「兩蘇經解」本影印，1965 年），頁 376。

濟」仁君之所做為。若並非如此，即使自號愛民，也無法深得民心，而入聖
人之列。然論及聖人之道與仁、智二者之道有所差異，可觀其《東坡易傳》
釋〈繫辭傳〉上：「一陰一陽之謂道，繼之者善也，成之者性也。」〔註29〕，
注文論曰：

> 仁者見道而謂之仁，智者見道而謂之智。夫仁智，聖人之所謂善也。
> 善者道之繼，而指以為道則不可。今不識其人，而識其子，因之以
> 見其人則可，以為其人則不可。故曰：「繼之者，善也。」學道而自
> 其繼者始，則道不全。〔註30〕

仁、智二者為聖人所稱善，是大道所踐履者，然而仁者不能等同仁道，智者不
能等同大智，蘇軾以父子二人外貌極為相似作為舉例，訪客雖見子言其神似其
父，但子畢竟不能等同於其父。因此東坡以儒家義理結合人事闡述《易》道，
呈現其易學與文學融攝思想。在釋〈繫辭傳〉上：「顯諸仁、藏諸用」，又曰：

> 仁者，其已然之迹也；用者，其所以然也。〔註31〕

提出仁者之境界，實踐仁德乃為「已然之迹」，而非逆情干譽，矯情求名之舉。
其與孔子所云「無求生以害仁」、「未見蹈仁而死者」相類，代表蘇軾道德論仍
源自儒家，且符合孔子「道之以德，齊之以禮，有恥且格」之說法，亦是代表
蘇軾易學與文學融攝思想之根基，正在於推崇孔子主義理，倡仁德之理念。

二、沿襲孟子「人性論」與滔滔舉證之用

　　蘇軾在《孟子義·以佚道使民以生道殺民》一文，引用《孟子·盡心篇》
所云，文中探討上位者應如何治民，以及是否對民使用「刑殺」？仔細考察
全文，除善用對話，營造出問答氛圍，更引用了《書》、《詩》、《易》與《論
語》等儒家經典，作以印證，頗能沿襲孟子文氣，全文如下：

> 使民為農。民曰：「是食我之道也。」使民為兵。民曰：「是衛我之
> 道也。」使民為城郭溝池。民曰：「是域我之道也。」雖勞而不怨也。
> 曰：「盤庚之民，何以怨？」「民可與樂成而不可與慮始，蓋終於不

〔註29〕　〔魏〕王弼注、〔唐〕孔穎達疏、〔清〕阮元編：《周易正義》，卷七，〈繫辭傳〉
　　　　　上，（臺北：臺灣中華書局，1966年3月），頁7～頁8。
〔註30〕　〔宋〕蘇軾：《東坡先生易傳》，嚴靈峰輯，（臺北：成文出版社，據明萬曆二
　　　　　十五年刊「兩蘇經解」本影印，1965年），頁378～頁379。
〔註31〕　〔宋〕蘇軾：《東坡先生易傳》，嚴靈峰輯，（臺北：成文出版社，據明萬曆二
　　　　　十五年刊「兩蘇經解」本影印，1965年），頁380。

怨也。」《詩》曰:「晝爾於茅,宵爾索綯,亟其乘屋,其始播百穀。」可謂勞矣。然民豈不思之,曰:「上之人果誰爲也哉!」若夫田獵之娛,宴好之奉,上之人所自爲爲之者,君不蓋不以勞民也。古者水衡少府,天子之私藏。大司農錢,不以給共養勞費,共養勞費一出少府,爲是也。孟子曰:「以佚道使民,勞而不怨,以生道殺民,雖死不怨殺者。」以佚道使民,可也,以生道殺民,君子蓋難言之。《易》曰:「古之聰明睿智神武而不殺。」季康子曰:「如殺無道,以就有道,何如?」孔子曰:「子爲政,焉用殺?」夫殺無道就有道,先王之所不免也,孔子諱之。然則殺者,君子之所難言也。〔註32〕

文中化用《尚書‧盤庚》一篇典故,以此說解盤庚遷民、使民之道,乃能爲民設想,所以民不怨聲載道;又引《詩經‧七月》強調百姓耕種、架屋、生活之辛勞。後引《易‧繫辭傳》上來說明古之聖人,聰明睿智,運用各種方式以服民,而不刑殺百姓;最末又引《論語‧顏淵》,季康子與孔子之對話,探討治政,並非專主刑殺,應持德教化。〔註33〕而蘇軾確也如孟子一般,善用舉證之法,呈現雄辯滔滔之勢,除「引經證之」,在文末言先王不免用刑殺,孔子仍堅守理念,故不言之。其「難言」者在於儒家主張「仁政」,因此文結尾卻也能如孟子之文,篇章結語往往發人深省。

宋邵博《邵氏聞見後錄》有一則記載,道出蘇軾與孟子之關係:

東坡帥揚州,曾旼罷州學教授,經眞州,見呂惠卿。惠卿問:「軾何如人?」旼曰:「聰明人也。」惠卿怒曰:「堯聰明、舜聰明邪,大禹之聰明邪?」旼曰:「雖非三者之聰明,是亦聰明也。」惠卿曰:

〔註32〕 〔宋〕蘇軾:《蘇軾文集》,(北京:中華書局,2004 年 11 月),頁 175～頁 176。

〔註33〕 按:大蘇文中化用《尚書正義‧商書‧盤庚》:「盤庚遷于殷,民不適有居」,以此說解使民之道,乃應如盤庚爲民設想,(卷九,臺北:臺灣中華書局,1972 年 3 月,台二版,頁 2);又引《毛詩正義‧豳風‧七月》,「晝爾于茅,宵爾索綯,亟其乘屋,其始播百穀。」說明百姓耕種、生活之辛勞,(卷八之一,臺北:臺灣中華書局,1966 年,台二版,頁 12);亦引《易‧繫辭傳》上:「古之聰明叡知,神武而不殺。是以明於天之道,而察於民之故,是興神物以前民用。聖人以此齊戒,以神明其德夫。」,(卷七,臺北:臺灣中華書局,1966 年 3 月,頁 17);最末又引《論語‧顏淵》,「季康子問政於孔子曰:『如殺無道,以就有道,何如?』孔子對曰:『子爲政,焉用殺?子欲善,而民善矣!君子之德,風;小人之德,草;草上之風,必偃。』」(〔魏〕何晏、〔清〕阮元編纂:《論語正義》,第十五卷,〈顏淵〉,臺北:臺灣中華書局,1970 年 9 月,台三版,頁 13)。

「軾學何人？」旼曰：「學孟子。」惠卿益怒，起立曰：「何言之不

倫也？」旼曰：「孟子以民為重，社稷次之，此所以知蘇公學孟子也。」

惠卿默然。〔註34〕

由上筆記，除看出當時新舊黨爭激烈，勢如水火，呂惠卿對蘇深惡欲絕，更可得知蘇軾受孟子政治思想沾染，乃為當時士大夫之卓見。

若探論《東坡易傳》引用《孟子》處，統計分析如下：1.〈損卦・象傳〉解引《孟子・盡心》上：「以佚道使民，雖勞不怨；以生道殺民，雖死不怨殺者。」〔註35〕，透過此句解釋「『損』而有孚」，是在上位者損民有道，且實為受損者設利，受損者若能體悟其利大於其損，自然能接納此損害，且信於上位者；2.〈升・上六〉引用《孟子・盡心》上：「求則得之，舍則失之。」〔註36〕說明「求在我」與「求在外」終將導致「不息」之正與不正，能得「不息」之正，實為「求之有道，得之有命」；3.〈繫辭傳〉上解，蘇軾更論及性善：「孟子以善為性，以為至矣！讀易而後知其非也。孟子之於性，蓋見其繼者而已！夫善性之效也，孟子不及見性，而見夫性之效，因以所見者為性。」〔註37〕應是針對《孟子・告子》上之論，而對孟子性善論提出批駁；4.〈繫辭傳〉上

〔註34〕　〔宋〕邵博：《邵氏聞見後錄》，卷二十一，全宋筆記第四編，第六冊，（鄭州：大象出版社，2003年），頁145。

〔註35〕　〔漢〕趙岐注、〔宋〕孫奭疏、〔清〕阮元編：《孟子正義》冊二，第二十六卷，〈盡心〉上，（臺北：臺灣中華書局，1966年3月），頁11。

〔註36〕　〔漢〕趙岐注、〔宋〕孫奭疏、〔清〕阮元編：《孟子正義》冊二，第二十六卷，〈盡心〉上，孟子曰：「『求則得之，舍則失之』，是求有益於得也，求在我者也。『求之有道，得之有命』，是求無益於得也，求在外者也。」，（臺北：臺灣中華書局，1966年3月，頁11）；第二十二卷，〈告子〉上，公都子曰：「告子曰：『性無善無不善也。』或曰：『性可以為善，可以為不善，是故文武興則民好善，幽厲興則民好暴。』或曰：『有性善，有性不善，是故以堯為君而有象，以瞽瞍為父而有舜，以紂為兄之子且以為君，而有微子啟、王子比干。』今曰『性善』，然則彼皆非歟？」孟子曰：「乃若其情則可以為善矣，乃所謂善也。若夫為不善，非才之罪也。惻隱之心，人皆有之；羞惡之心，人皆有之；恭敬之心，人皆有之；是非之心，人皆有之。惻隱之心，仁也；羞惡之心，義也；恭敬之心，禮也；是非之心，智也。仁義禮智，非由外鑠我也，我固有之也，弗思耳矣。故曰：求則得之，舍則失之。或相倍蓰而無算者，不能盡其才者也。《詩》曰：『天生蒸民，有物有則。民之秉彝，好是懿德。』孔子曰：『為此詩者，其知道乎！故有物必有則，民之秉彝也，故好是懿德。』」，（臺北：臺灣中華書局，1966年3月，頁10）。

〔註37〕　〔宋〕蘇軾：《東坡先生易傳》，嚴靈峰輯，（臺北：成文出版社，據明萬曆二十五年刊「兩蘇經解」本影印，1965年），頁379。

解「一陰一陽之謂道。繼之者，善也；成之者，性也」〔註38〕探討陰陽本質，而所稱「婁、曠」，乃指離婁、師曠，暗引自《孟子・離婁》上〔註39〕，藉此說明——即便假二賢人之耳聰目明，亦無法明晰理解陰陽之道。由上述可得知蘇軾引《孟子》解易之四條條例，從中也可見蘇軾對於孟子思想之批評，以及受其沾染之處。此外，孟子施行仁義之政治思想、反求本心之修養論、人之性善性惡論等，蘇軾有一定之鑽研，並且由此思想作爲根柢，鎔鑄於易注之中，形成類似孟子滔滔舉證之文章特色。

首先，探討《東坡易傳》在〈繫辭傳〉上之易解，論及「仁」之定義，明顯受孟子影響，其云：

> 聖人者亦然，有惻隱之心，而未嘗以爲仁也；有分別之心，而未嘗以爲義也。所遇而爲之，是心著於物也。人則從後而觀之，其惻隱之心成仁，分別之心成義。〔註40〕

孟子將仁釋爲「惻隱之心」、義釋爲「分別之心」，蘇軾受其沾染，並言因「所遇爲之」而「心著於物」，仁義之成，應由他人觀之，而非汲汲於虛名，而流於沽名釣譽，如此才眞正成爲實踐仁、義之聖人。相較孔子重視仁德，孟子

〔註38〕〔宋〕蘇軾：《東坡先生易傳》，嚴靈峰輯，「陰陽果何物哉？雖有婁、曠之聰明，未有得其彷彿者也。陰陽交，然後生物；物生，然後有象；象立，而陰陽隱矣！」，（臺北：成文出版社，據明萬曆二十五年刊「兩蘇經解」本影印，1965 年），頁 377。

〔註39〕〔漢〕趙岐注、〔宋〕孫奭疏、〔清〕阮元編：《孟子正義》冊一，第十四卷，〈離婁〉上，孟子曰：「離婁之明，公輸子之巧，不以規矩，不能成方員。師曠之聰，不以六律，不能正五音。堯舜之道，不以仁政，不能平治天下。今有仁心仁聞而民不被其澤，不可法於後世者，不行先王之道也。故曰：徒善不足以爲政，徒法不能以自行。《詩》云：『不愆不忘，率由舊章。』遵先王之法而過者，未之有也。聖人既竭目力焉，繼之以規矩準繩，以爲方員平直，不可勝用也。既竭耳力焉，繼之以六律正五音，不可勝用也。既竭心思焉，繼之以不忍人之政而仁覆天下矣。故曰：爲高必因丘陵，爲下必因川澤。爲政不因先王之道，可謂智乎？是以惟仁者宜在高位。不仁而在高位，是播其惡於眾也。上無道揆也，下無法守也；朝不信道，工不信度；君子犯義，小人犯刑，國之所存者幸也。故曰：城郭不完，兵甲不多，非國之災也。田野不辟，貨財不聚，非國之害也。上無禮，下無學，賊民興，喪無日矣。《詩》曰：『天之方蹶，無然泄泄。』泄泄猶沓沓也。事君無義，進退無禮，言則非先王之道者，猶沓沓也。故曰：責難於君謂之恭，陳善閉邪謂之敬，吾君不能謂之賊。」（臺北：臺灣中華書局，1966 年 3 月），頁 2～頁 11。

〔註40〕〔宋〕蘇軾：《東坡先生易傳》，嚴靈峰輯，（臺北：成文出版社，據明萬曆二十五年刊「兩蘇經解」本影印，1965 年），頁 365～頁 366。

則注重「義」之道德，蘇軾除在君臣觀上提出「君臣之義」外，並於〈乾·
文言傳〉解「利者，義之和」一句論及禮義，認爲禮而「亨通」與義而「利
和」之定義，其云：

　　　禮非亨，則偏滯而不合；義非利，則慘洌而不和。〔註41〕

此處除承襲孟子善用對比之法，亦爲蘇軾受到其父蘇洵以儒家道德觀爲主，
而滲入縱橫家思想之影響，余敦康將此思想稱爲「自然之理與人事之功」之
調和，冷成金則稱之爲「事功精神」〔註42〕，實際上淵源於孟子「義利之辯」
之處，仍可深入探討，此外《東坡易傳》之〈豫卦·彖傳〉解提及「時、義」：

　　　卦，未有非時者也。時未有，無義；亦未有無用者也。苟當其時，

　　　有義、有用，焉往而不爲大？故曰：「時、義」，又曰：「時、用」，

　　　又直曰：「時者」，皆適遇其及之而已。〔註43〕

上段探究「時、義」得以相輔相成，上述「未有無用者」一句，思想上或受
莊子無用之用沾染，而雙重否定之文句，以及「焉……，而不……」之激問
句型，極似孟子滔滔雄辯之文氣。其次，在〈隨卦·九四爻辭〉、〈隨卦·小
象傳〉解與〈頤卦·六二爻辭〉、〈頤卦·小象傳〉言及「不義」；〈蠱卦·九
二爻辭〉、〈蠱卦·小象傳〉解與〈家人卦·初九爻辭〉、〈家人卦·小象傳〉
解「傷義」；〈旅卦·九三爻辭〉、〈旅卦·小象傳〉解「忘義」等，針對「義」
之負面意涵作注，滔滔之勢，文氣盛不可擋，或承孟子之「義」而來，因此
仍屬道德範疇，底下條列之：

　　　四之勢可以不義取之，取之則於五爲凶，不取則於五爲有功。〔註44〕

　　　「由頤」者，利之所在也；「丘頤」者，位之所在也。見利而蔑其位，

〔註41〕　〔宋〕蘇軾：《東坡先生易傳》，嚴靈峰輯，（臺北：成文出版社，據明萬曆二
　　　　　十五年刊「兩蘇經解」本影印，1965 年），頁 16。

〔註42〕　按：余敦康《漢宋易學解讀》，〈蘇軾的「東坡易傳」〉一文中認爲「自然之理
　　　　　與人事之功並不存在矛盾，只要做到無心而順應，便可自然而然成就一番德
　　　　　業」，（北京：華夏出版社，2006 年 7 月，頁 198～頁 199）；而冷成金《蘇軾
　　　　　的哲學觀與文藝觀》則云「蘇軾經世思想的特點是心性之學與經世之理相通，
　　　　　內聖與外王相通，自然之理與事功精神相通」，（北京：學苑出版社，2004 年，
　　　　　2 版，頁 126）。

〔註43〕　〔宋〕蘇軾：《東坡先生易傳》，嚴靈峰輯，（臺北：成文出版社，據明萬曆二
　　　　　十五年刊「兩蘇經解」本影印，1965 年），頁 97～頁 98。

〔註44〕　〔宋〕蘇軾：《東坡先生易傳》，嚴靈峰輯，（臺北：成文出版社，據明萬曆二
　　　　　十五年刊「兩蘇經解」本影印，1965 年），頁 105。

君子以爲不義也，故曰：「顛頤，拂經，於丘頤，征凶」。〔註45〕

陰之爲性，安無事而惡有爲，是以爲〈蠱〉之深而幹之尤難者，寄之母也。正之則傷愛，不正則傷義，以是爲至難也，非九二其孰能任之？〔註46〕

家人之道，寬則傷義，猛則傷恩。然則是無適而可乎？曰：「君子以言有物而行有恆。」至矣，言之有物也，行之有恆也！雖有悍婦、暴子弟，莫敢不肅然，而未嘗廢恩也，此所以爲至也。〔註47〕

九三以剛居上，見得而忘義，焚二以取初，則一舉而兩失之矣。〔註48〕

可見蘇軾由「不義」、「傷義」與「忘義」等反面詞彙，省思「仁義」之要義，論證「儒理道德」於卦義中時位、變化之重要性，而在〈繫辭傳〉上解則將「禮、義、廉、恥」並稱，或受管子法治思想與孟子「四心：仁、義、禮、智」之道德論影響，其解曰：

「天」者，死生禍福之制，而民之所最畏也。是故明天之道，察民之故，而作蓍龜。蓍龜之於民用也，其實何能益？亦前之而已。以虛器前之，而實用者得完。是故禮、義、廉、恥以前賞罰，則賞罰設而不用矣！〔註49〕

上段說明天道透過蓍龜，以使民有所預警，而事前準備，防患未然。然而在上位者欲推行禮、義、廉、恥與執行賞罰之手段，亦如天道與蓍龜之間，若能使民感而化之，而能擁有禮、義、廉、恥等道德，賞罰亦將只是備而不用之手段，而非治政目的。蘇軾在〈說卦傳〉論及「道德」一詞，其云：

何爲「順」，何爲「逆」，曰：「道德之變，如江河之日趨於下也。沿其末流，至於生蓍倚數，立卦生爻，而萬物之情備矣！聖人以爲立於其末，則不能識其全而盡其變，是以泝而上之，反從其初。「道」

〔註45〕〔宋〕蘇軾：《東坡先生易傳》，嚴靈峰輯，（臺北：成文出版社，據明萬曆二十五年刊「兩蘇經解」本影印，1965年），頁154。

〔註46〕〔宋〕蘇軾：《東坡先生易傳》，嚴靈峰輯，（臺北：成文出版社，據明萬曆二十五年刊「兩蘇經解」本影印，1965年），頁111。

〔註47〕〔宋〕蘇軾：《東坡先生易傳》，嚴靈峰輯，（臺北：成文出版社，據明萬曆二十五年刊「兩蘇經解」本影印，1965年），頁206。

〔註48〕〔宋〕蘇軾：《東坡先生易傳》，嚴靈峰輯，（臺北：成文出版社，據明萬曆二十五年刊「兩蘇經解」本影印，1965年），頁319。

〔註49〕〔宋〕蘇軾：《東坡先生易傳》，嚴靈峰輯，（臺北：成文出版社，據明萬曆二十五年刊「兩蘇經解」本影印，1965年），頁402～頁403。

者，其所行也；「德」者，其行而有成者也；「理」者，道、德之所
以然；而「義」者，所以然之說也。君子欲行道、德而不知其所以
然之說，則役於其名而爲之爾。夫苟役於其名而不安其實，則大小
相害，前後相陵，而道、德不和順矣！譬如以機發木偶，手舉而足
發，口動而鼻隨也，此豈若人之自用其身，動者自動，止者自止，
曷嘗調之而後和、理之而後順哉！〔註50〕

詳細探討上文，發覺蘇軾仍以儒家思想爲主調注《易》，且符合孔孟闡述道德
仁義之主張。如果稍探討蘇軾著作，詩、詞、文作品雖不少，但是蘇軾深究
經術，貫通儒家典籍，並注解《易》、《書》、《論語》〔註51〕，因此其人性論、
君臣論、道德論亦在《東坡易傳》經解中流露。再來，觀照儒家中孟子人性
論之「性善論」，對照蘇軾「人性論」之主張，在《東坡易傳》之〈乾卦・象
傳〉解云：

世之論性命者多矣，因是，請試言其粗。曰：古之言性者，如告瞽
者以其所不識也，瞽者未嘗有見也，欲告之以是物，患其不識也，
則又以一物狀之。夫以一物狀之，則又一物也，非是物矣。彼惟無
見，故告之：以一物而不識，又可以多物眩之乎？古之君子，患性
之難見也，故以可見者言性。夫以可見者言性，皆性之似也。君子
日修其善以消其不善；不善者日消，有不可得而消者焉。小人日修
其不善以消其善；善者日消，亦有不可得而消者焉。夫不可得而消
者，堯舜不能加焉，桀紂不能亡焉，是豈非性也哉！君子之至於是，
用是爲道，則去聖不遠矣；雖然有至是者，有用是者，則其爲道常
二，猶器之用於手不如手之自用，莫知其所以然而然也。〔註52〕

段落中首先提及自先秦至宋，多有論及性命者，就《東坡易傳》來論及此議
題，蘇軾認爲許多人言性如盲人識物，摸象一隅，或受孟子以孺子乍入井之
喻，言性善乃爲天賦影響。在古文作品〈日喻〉〔註53〕一篇文章，亦運用盲
人欲識日作爲比喻，雖自求理解，仍不得其門而入，說明「求道可致不可求」

〔註50〕〔宋〕蘇軾：《東坡先生易傳》，嚴靈峰輯，（臺北：成文出版社，據明萬曆二
　　　　十五年刊「兩蘇經解」本影印，1965 年），頁 444～頁 445。
〔註51〕李一冰：《蘇東坡新傳》，（臺北：聯經出版社，2005 年 10 月），頁 412～頁 422。
〔註52〕〔宋〕蘇軾：《東坡先生易傳》，嚴靈峰輯，（臺北：成文出版社，據明萬曆二
　　　　十五年刊「兩蘇經解」本影印，1965 年），頁 12～頁 13。
〔註53〕〔宋〕蘇軾：《蘇軾文集》，（北京：中華書局，2004 年 11 月），頁 1980～頁
　　　　1981。

之主張與「莫之求而自至」之境界〔註54〕。

　　回到〈乾卦‧象傳〉解，承上所言，蘇軾續論君子與小人對於善惡之修爲，二者乃透過每日涵養而差距逐漸擴大。然而即使能使二者之善與不善各有所消褪，但各自仍有部分無法消去，蘇軾更舉例：聖主堯舜不能增加一分，暴虐之君桀紂亦不能減少一分，加強說明人性本然而然處。以此論點，得知不可更動者爲人性之本體，君子常能行善，或實踐此道，若能如此便離聖人境界不遠，此爲「用善者」；若常有行善之舉而不自知，或能堅持實踐者不張揚者，其道仍落實於世，故此爲「至善者」。蘇軾又舉例說明「用善」與「至善」之分別，就如手持器具加以使用，不如自身手臂在身，能運用自如，實不用刻意推敲理解爲何手臂能如此爲用。因此蘇軾對於儒家人性分善惡之看法，或不完全贊同，但蘇軾善用孟子滔滔舉證之法，更近一步發展出——「莫知其所以然而然」人性起源之說法，與孟子「人性之善」發端之說法相似，如乍見孺子入井，興起惻隱之心，此心實不需有後天之理由。而林麗眞以蘇軾此說評論程頤（1033～1107年）將大道套成「理」、「善」二字，是「說小、說迂、說死，甚至說走樣了」〔註55〕，然蘇軾在〈無妄卦‧九四‧小象傳〉解釋「固有之者」云「生而性之，非外掠而取之也。」〔註56〕亦補充〈乾卦‧象傳〉解所云「亦有不可得消者」，此種詮釋證明蘇軾人性論之獨特性，尤其在其〈子思論〉中論及人性：

> 昔三子之爭，起於孟子。孟子曰：「人之性善。」是以荀子曰：「人之性惡。」而揚子又曰：「人之性，善惡混。」孟子既已據其善，是故荀子不得不出於惡。人之性有善惡而已，二子既已據之，是以揚子亦不得不出於善惡混也。爲論不求其精，而務以爲異於人，則紛紛之說，未可以知其所止。且夫夫子未嘗言性也，蓋亦嘗言之矣，而未有必然之論也。孟子之所謂性善者，皆出於其師子思之書。子思之書，皆聖人之微言篤論，孟子得之而不善用之，能言其道而不知其所以爲言之名。舉天下之大，而必之以性善之論，昭昭乎自以爲的於天下，使天下之過者，莫不欲援弓射之。故夫二子之爲異論

〔註54〕　按：參照本文第四章第三節第二目「史評：禍福自取，《易》道幽微」，於該　　　　　處有詳細闡述發揮之申論。

〔註55〕　林麗眞：《義理易學鉤玄》，（臺北：大安出版社，2004年11月），頁130。

〔註56〕　〔宋〕蘇軾：《東坡先生易傳》，嚴靈峰輯，（臺北：成文出版社，據明萬曆二　　　　　十五年刊「兩蘇經解」本影印，1965年），頁145。

者，皆孟子之過也。〔註57〕

由此可知蘇軾，從思想史發展之內緣因素，探討與評判孟子、荀子與揚雄三者。雖三者繼子思之後而各自發展其論點，但蘇軾認爲三者人性論之形成，乃不得不然，最後論及三說優劣。相較之下，蘇軾更推推崇子思之人性論，即認同《中庸》之主張，反而對當世學術過度推崇孟子性善論，專以理學釋性，使人性脫離人情，而成純粹「天理」，對此說法深表不滿，雖結尾論稱「孟子之過」，但實際上是批評後世濫解「人性論」，因此蘇軾在〈繫辭傳〉上解亦云：

> 昔者孟子以善爲性，以爲至矣，讀《易》而後其非也。孟子之於性，
> 蓋見其繼者而已。夫善，性之效也。孟子不及見性，而肩負見夫性
> 之效，因以所見者爲性。性之於善，猶火之能熟物也。吾未嘗見火，
> 而指天下之熟物以爲火，可乎？夫熟物則火之效也。敢問性與道之
> 辯，曰：難言也，可言其似。道之似則聲也，性之似則聞也。有聲
> 而後有聞耶？有聞而後有聲耶？是二者，果一乎？果二乎？孔子
> 曰：「人能弘道，非道能弘人。」，又曰：「神而明知存乎其人。性者，
> 其所以爲人者也，非是無以成道矣。」〔註58〕

此即將善惡視爲性之效，而非性之體，並如孟子善用舉例，以烤熟之物，並不能代表火本身爲喻，且藉聲聞合一，難分彼此，應爲一體二面，解說性與道非二，此種說法是能容許人性之基本需求仍爲「性」之範疇，實際上與孔子主張「節欲」而非「絕欲」之思想是相同的，亦不違背「性相近，習相遠」之說，但大陸學者余敦康、冷成金卻認爲蘇軾此種有別於孟子之人性論，乃是受到老莊思想之影響，將性與道等同，且繼承與發展莊子郭象注中之獨化論〔註59〕，冷成金則稱蘇軾人性論爲「情本人性論」〔註60〕，並推原於蘇洵

〔註57〕 〔宋〕蘇軾：《蘇軾文集・子思論》，（北京：中華書局，2004年11）。

〔註58〕 〔宋〕蘇軾：《東坡先生易傳》，嚴靈峰輯，（臺北：成文出版社，據明萬曆二十五年刊「兩蘇經解」本影印，1965年），頁378～頁379。

〔註59〕 按：余敦康《漢宋易學解讀》，〈蘇軾的「東坡易傳」〉中云：「他（蘇軾）對性命之理的詮釋，雖然也是在追求天人合一的理想，但卻是與理學家的執著迥然不同的曠達思想，一種率性而任自然理想，一種如同莊子所說的那種『猖狂妄行而蹈其大方』的理想」，（北京：華夏出版社，2006年7月，頁195）；冷成金《蘇軾的哲學觀與文藝觀》亦云：「向上繼承和發展了郭象注莊的思想」，（北京：學苑出版社，2004年，2版，頁71）。

〔註60〕 冷成金：《蘇軾的哲學觀與文藝觀》（北京：學苑出版社，2004年，2版），頁

之說，冷先生此說法確實洽當。儘管余、冷二位先生此種說法在學術界或未普及，但此說法認同蘇軾人性論帶有滿足人基本需求為本之論點〔註61〕，實非等同老莊「自然無為」之人性論——主張「反樸歸真，不分善惡」之立場。反觀「儒理易」代表，胡瑗（993～1059 年）之《周易口義》，其中對人性論之說法則為：

> 蓋性者，天生之質。仁、義、禮、智、信，五常之道，無不備具，
> 故稟之為正性；喜、怒、哀、樂、愛、惡、欲，七者之來，皆由物
> 誘於外，則情見於內，故流之為邪情。〔註62〕

上可知胡瑗將性情二分，此是承接韓愈、李翺人性論，而進一步影響程朱理學對於人性之看法，更成理學家「存天理、去人欲」主張之所原，與《東坡易傳》強調「性本人情」，有不同之觀點，因此胡下開程朱，而成一系；蘇軾在《宋元學案》歸為蜀學略，歷代多不列入理學家行列探論，頗受忽略，此或受孟子人性論影響，而又不全然與之相同之緣故。

　　因此由上所探討蘇軾古文作品與《東坡易傳》或受孟子沾染之處，思想上在政治思想、道德仁義，以及人性論都能承續且重新闡述孟子之主張，成為富有個人風格之思想；在文學形式上，更以孟子滔滔舉證之法，加以注釋《易》道，形成了極有特色之易學與文學融攝思想。底下接續論及道家對於其《東坡易傳》文學特色之影響。

第二節　兼探道家「自然為文」之主張

　　《東坡易傳》中引用老莊處，多分布於〈繫辭傳〉解中，而若論為何未在〈卦辭〉解中引用，可先探論〈卦辭〉定義。〈卦辭〉包含卦象、卦畫、卦名以及卜辭〔註63〕，卦象起源悠久，由八卦至六十四卦，形成時期漫長，卦

　　　167。

〔註61〕 按：參考余敦康《漢宋易學解讀》，〈蘇軾的「東坡易傳」〉，（北京：華夏出版社，2006 年 7 月，頁 193～頁 197），以及冷成金：《蘇軾的哲學觀與文藝觀》，（北京：學苑出版社，2004 年，2 版，頁 132～頁 167）。

〔註62〕 〔宋〕胡瑗：《周易口義》，倪天隱述，（長春：吉林出版社，影印摛藻堂《四庫全書薈要》本，2005 年 5 月），頁 352～頁 353。

〔註63〕 按：參酌黃慶萱先生《周易縱橫談》、朱伯崑《易學哲學史》、劉大鈞《周易概論》、黃沛榮《易學乾坤》、廖名春《「周易」經傳十五講》與《「周易」經傳與易學史新論》等書說法而定義〈卦辭〉內容。

畫由陰陽二爻構成，其源於數字奇偶，因此八卦與數字卦關係密切，而卜辭多與夏商甲骨卜辭可相爲參證，主要功能爲「占斷一卦的吉凶禍福」〔註64〕，近代學者王國維提出二重證據法進行比對，尤其近來出土文物增多，使得《周易》之〈卦辭〉與甲骨文、出土文物的比對研究更加興盛。〔註65〕而〈卦辭〉作者傳統說法以「易歷三聖」爲主，伏羲畫卦、文王重卦繫卦爻辭、孔子作十翼，又有朱熹補上周公繫爻辭而爲「四聖」，以尊經意識爲主，今由近代疑古派學者考證，傳統說法雖有可取之處，未必正確〔註66〕，因此由上可得知〈卦辭〉爲占卜紀錄與老莊思想相去甚遠，實難以結合而進一步闡述，而爲何蘇軾大多在〈繫辭傳〉解中引用之，並加以發揮？欲解此疑惑先得探討〈繫辭傳〉原本定義──「本指繫在卦爻之下的《卦爻辭》」〔註67〕，而後王弼將之割裂重新組合，後世才以孔子十翼釋《易》之傳其中一篇定義之。然〈繫辭傳〉與〈文言傳〉、〈大象傳〉、〈小象傳〉與〈說卦傳〉、〈序卦〉及〈雜卦〉同爲孔子十翼，十翼傳說爲孔子所著，內容主要闡述「卦爻的製作」、《易》之「成書、性質」與《易》道義蘊、筮法〔註68〕。其中針對《易》道形成過

〔註64〕黃慶萱：《周易縱橫談》，（廣西：廣西師範大學，2006年2月），頁6。

〔註65〕鄭吉雄：《易圖象與易詮釋》，「地下遺物隨著考古學興盛而出土，《易》學研究得到重大的突破。其中尤以金文、甲骨文、漢石經、馬王堆帛書《周易》以及安陽殷墟遺物出現的數字卦等四類材料，刺激《周易》研究最大。」，（上海：華東師範大學，2008年1月），頁8。

〔註66〕朱伯崑：《易學哲學史》，「近人顧頡剛於《周易卦爻辭中的故事》一文中，指出康侯即衛康侯……而認爲卦辭非文王所作，斷定《周易》成於西周初葉……《周易》包括傳文部份，非一時一人所作，而是陸續形成的，承認卦爻辭的形成是同周王朝的建立有密切關係」，（臺北：藍燈出版社，1991年9月），頁9。

〔註67〕黃慶萱：《周易縱橫談》，（廣西：廣西師範大學，2006年2月），頁8。

〔註68〕按：主要參考戴璉璋，《易傳之形成及其思想》，（臺北：文津出版社，1989年6月，頁144～頁167）。又，宋自歐陽脩之後，以至現代疑古派學者皆疑〈繫辭〉作者非孔子，加上近來帛書周易之發現，更興起對於〈繫辭〉作者與創作時代考證之熱潮，然若比對帛書周易與今傳本〈繫辭傳〉，可發現兩者不同之處，今本〈繫辭傳〉比帛書多了幾個章節，且較少通假字，而其他篇章如〈衷〉、〈要〉二篇則明顯引用今本〈繫辭傳〉之內容，因此廖名春認爲今本〈繫辭傳〉應早於帛書《易傳》諸篇：時間之斷點朱伯崑認爲其上限於「《彖》文和《莊子‧大宗師》之後」，下限在於「戰國末年」，劉大鈞則同意張岱年之斷代，「老子之後，惠子、莊子以前」。朱以莊子提出「太極」的概念與〈繫辭傳〉所提相同爲證，認爲〈繫辭傳〉受莊子影響，而劉則以〈繫辭傳〉爲「戰國中期的作品」，因其中所言「道、器」關係，應是受老子形而上思想與理論之沾染，統合二者所論，〈繫辭傳〉反映早期儒家思想與道家思想融攝密切之關係，而二者所斷之點，各有所據，但皆認同屬戰國時代作品，非春秋也非西漢時之作。

程，以及生成基本元素設定，與道家思想中探討宇宙生成、本體與演化之論，或有可會通之處。因此蘇軾或承襲王弼，引老莊思想注易，作為儒道融攝之方式，撰寫《東坡易傳》，此書更成為蘇軾易學與文學融攝思想之本原。而《東坡易傳》與老莊文學觀融攝之後，思想中則呈現了「兼採道家『自然為文』之特色」注易，其中又以「兼用老子『水』之形象」，與「兼融莊子極富想像之行文」作為細部特色，底下析論之。

一、兼用老子「水」之形象與意涵

　　《東坡易傳》中帶有鎔鑄老莊思想之特色，亦是代表儒道融攝之方式，而其中首先運用「水」之象，於蘇軾〈坎卦‧卦辭〉解之中，以儒家主義理之法，並兼取道家老子語法之用，云：

> 〈坎〉，險也。水之所行，而非水也。惟水為能習行於險，其不直曰：
> 「坎」，而曰「習坎」，取於水也。〔註69〕

此則先對水之特性作闡述——「水流動而前行，已非原本靜態之水」，句中正言若反，似老子之語，並且將〈卦辭〉釋卦之象與義為「習坎」之原因，作一推論——「因水性就下，流動不已，而對凹凸之險地習習如舊，視為尋常」。此注解切合事理，亦同於儒家典籍所言，與孔、孟對於水特性之定義與稱讚相同〔註70〕。而接續〈坎卦‧象傳〉解注「行險不失信」：

> 萬物皆有常形，惟水不然，因物以為形而已。世以有常形者為信，
> 而以無常形者為不信。然而方者可斲，以為圓曲者可矯以為直，常
> 形之不可恃以為信也。如此今夫水，雖無常形而因物以為形者，可
> 以前定也。是故工取平焉，君子取法焉，惟無常形是以迕物而無傷。
> 惟莫之傷也，故「行險而不失其信」，由此觀之天下之信，未有若水
> 者也。〔註71〕

〔註69〕〔宋〕蘇軾：《東坡先生易傳》，嚴靈峰輯，（臺北：成文出版社，據明萬曆二十五年刊「兩蘇經解」本影印，1965 年），頁163。

〔註70〕〔魏〕何晏、〔清〕阮元編纂：《論語正義》，第十卷，〈子罕〉，子曰：「逝者如斯夫！不捨晝夜」，（臺北：臺灣中華書局，1970 年 9 月，台三版），頁 16；〔漢〕趙岐注、〔宋〕孫奭疏、〔清〕阮元編：《孟子正義》冊二，第十六卷，〈離婁〉下，孟子曰：「源泉混混，不舍晝夜，盈科而後進，放乎四海；有本者如是，是之取爾。苟為無本，七、八月之間雨集，溝澮皆盈；其涸也，可立而待也。故聲聞過情，君子恥之。」，（臺北：臺灣中華書局，1966 年 3 月），頁 16。

〔註71〕〔宋〕蘇軾：《東坡先生易傳》，嚴靈峰輯，（臺北：成文出版社，據明萬曆二

上文對於「水無常形」進行注解，並認爲人世對以「常形者爲信」，但卻忽略常形之物，如方木曲枝，皆可因砍斲削刨、矯輮烘烤而使其改變形狀，與荀子〈勸學〉所云相似，其曰：

> 木直中繩，輮以爲輪，其曲中規，雖有槁暴，不復挺者，輮使之然
> 也。故木受繩則直，金就礪則利。〔註72〕

二處皆強調先天外形，可能因外力而有所改變，但相對而言，蘇軾更重視「水」之「無常形」而「迕物無傷」，所呈現之「道」，是「天下之信」，蘇軾以儒家道德思想，加諸「水」之易象，進行闡發。

而蘇軾於《易·繫辭傳》上釋「《易》無體，一陰一陽之謂『道』。」第一次引用老子之語，注云：

> 一陰一陽者，陰陽未交而物未生之謂也。喻道之似，莫密於此者矣。
> 陰陽一交而生物，其始爲水。水者，有無之際也。始離於無而入於
> 有矣。老子識之，故其言曰：「上善若水」。又曰：「水幾於道」。聖
> 人之德雖可以名言，而不囿於一物，若水之無常形，此善之上者，
> 幾於道矣，而非道也。〔註73〕

其中引用《老子》第八章「上善若水」、「水幾於道」〔註74〕，作爲釋《易》道中宇宙生成論之說解——道乃「一陰一陽」不間之運行，當「陰陽相交」而始生「水」，因此「水」之特質，乃在萬物生成有無之間。蘇軾又依此明「聖人之德」，寬闊而不囿限，非物所溺，非言所名，因此如水之常態爲無固定形狀。儘管「水」已是近乎道，但不能以此爲道。由此知蘇軾兼用老子「水」之形象與意涵，探論「道」之生成，蘇軾並以此作爲「性命論」之論理依據與來源，並批駁孟子性善論，只見「性之效」，未見「性」之理，因此注解接續論之：

> 聖人之德雖可以名言，而不囿於一物，若水之無常形，此善之上者，
> 幾於道矣，而非道也。若夫水之未生，陰陽之未交，廓然無一物，

十五年刊「兩蘇經解」本影印，1965 年），頁 163～頁 164。

〔註72〕〔先秦〕荀子：《荀子新注·勸學》，北大哲學系注釋，第一篇，（臺北：里仁書局，1983 年 11），頁 1。

〔註73〕〔宋〕蘇軾：《東坡先生易傳》，嚴靈峰輯，（臺北：成文出版社，據明萬曆二十五年刊「兩蘇經解」本影印，1965 年），頁 378。

〔註74〕按：學者嚴靈峰《老子達解》，第八章「上善若水」云：「水善利萬物而不爭，處眾人之所惡，故幾於道。居善地，心善淵，與善仁，言善信，正善治，事善能，動善時。夫唯不爭，故無尤。」嚴達解云「至善者莫如水，水性就下，順應自然，茲長萬物，而不與物爭」，（臺北：華正書局，1983 年 8 月，頁 39）。

而不可謂之無有。此真道之似也；陰陽交而生物，道與物接而生善，物生而陰陽隱，善立而道不見矣！故曰：「繼之者，善也；成之者，性也。」仁者見道而謂之仁，智者見道而謂之智。夫仁智，聖人之所謂善也。善者道之繼，而指以爲道則不可。今不識其人而識其子，因之以見其人則可，以爲其人則不可。故曰：「繼之者，善也」學道而自其繼者始，則道不全。昔者孟子以善爲性，以爲至矣！讀《易》而後知其非也，孟子之於性，蓋見其繼者而已，夫善，性之效也。

孟子不及見性，而見夫性之效，因以所見者爲性。〔註75〕

將「聖人之德」以「水無常形」爲喻，並且在「不可謂之無有」一句之後，闡述大道本有之思想。陰陽合而生成萬物，此乃宇宙生成論。蘇軾更連結「性命」與「善惡」，並認爲應爲二分，性爲「成之者」、善爲「繼之者」，前者爲本，後者爲流。此外二者關係則更由「善，性之效」一句，可得知蘇軾認爲「善」是「性」所化成，並顯現於外之功效，非「性」之本體。此外蘇軾也於〈繫辭傳〉下釋「吉凶者，貞勝者」，乃第二次引用《老子》，蘇軾注云：

老子曰：「王侯得一，以爲天下貞。」夫貞之於天下也，豈求勝之哉？

故勝者，貞之衰也，有勝必有負，而吉凶生矣。〔註76〕

上段引用《老子》第三十九章「侯王得一以爲天下貞。」〔註77〕，老子曾云「道生一，一生二，二生三，三生萬物」〔註78〕，其中以宇宙生成於「一」，天、地、神、谷、萬物（亦包含水）與侯王皆由「一」而興盛，而蘇軾則依此論天下欲

〔註75〕 〔宋〕蘇軾：《東坡先生易傳》，嚴靈峰輯，（臺北：成文出版社，據明萬曆二十五年刊「兩蘇經解」本影印，1965 年），頁 378～頁 379。

〔註76〕 〔宋〕蘇軾：《東坡先生易傳》，嚴靈峰輯，（臺北：成文出版社，據明萬曆二十五年刊「兩蘇經解」本影印，1965 年），頁 411～頁 412。

〔註77〕 〔先秦〕老子，嚴靈峰達解：《老子達解》，第三十九章，「昔之得一者，天得一以清，地得一以寧，神得一以靈，谷得一以盈，萬物得一以生。侯王得一以爲天下貞。其致之，天無以清將恐裂，地無以寧將恐發，神無以靈將恐歇，谷無以盈將恐竭，萬物無以生將恐滅，侯王無以貴高將恐蹶。故貴以賤爲本，高以下爲基。是以侯王自謂孤、寡、不穀。此非以賤爲本邪？非乎！故致數輿無輿，不欲琭琭如玉，珞珞如石」，（臺北：華正書局，1983 年 8 月，頁 211～頁 220）。

〔註78〕 〔先秦〕老子，嚴靈峰達解：《老子達解》，第四十二章，「道生一，一生二，二生三，三生萬物。萬物負陰而抱陽，沖氣以爲和。人之所惡，唯孤、寡、不穀，而王公以爲稱。故物或損之而益，或益之而損。人之所教，我亦教之。強梁者，不得其死，吾將以爲教父。」，（臺北：華正書局，1983 年 8 月，頁 233～頁 238）。

爭勝負而引發之吉凶禍福，是以人事申論，並非如老子以玄理說之，而不切合於人事。《東坡易傳》之〈繫辭傳〉下釋「『井』，德之地也。」云：

> 地者，所在之謂也。老子曰：「埏埴以爲器，當其無，有器之用。」
> 夫〈井〉亦然，以其無有，故德在焉。〔註79〕

上文乃第二次引用老子，乃書中第十一章「埏埴以爲器，當其無，有器之用。」〔註80〕，老子著重「以無爲用」之概念，而蘇軾以「埏埴」此種陶器作爲印證，論六十四卦之一「井卦」其德能下，其象爲水井。而老子言及「埏埴」，乃一般常見之陶器，隨手可得而製，非貴重之物，故卑下而有用。蘇軾亦以事理申論之，相較王弼之注，蘇軾深入論及老子「有」、「無」之間，此處乃是作爲闡述《易》道，融攝儒道二家思想之論，是以上述三條引用《老子》條例，爲蘇軾「引老證易」，而非「以易證老」。

是故蘇軾兼融老子之言，論儒家之《易》與道家思想契合之處，或是受蜀地易學影響〔註81〕，然而其仍以《易》道爲主進行注解，更兼用坎卦以及老子「水」之形象與意涵，進行儒道會通，以及形成易學與文學融攝思想，於蘇軾〈與謝民師推官書〉一文，其自言爲文：

> 所示書教，及詩、賦、雜文，觀之熟矣！大畧如行雲流水，初無定質，但常行於所當行，常止於不可不止。文理自然姿態橫生。孔子

〔註79〕 〔宋〕蘇軾：《東坡先生易傳》，嚴靈峰輯，（臺北：成文出版社，據明萬曆二十五年刊「兩蘇經解」本影印，1965年），頁430。

〔註80〕 〔先秦〕老子，嚴靈峰達解：《老子達解》，第十一章，「三十輻共一轂，當其無，有車之用。埏埴以爲器，當其無，有器之用。鑿戶牖以爲室，當其無，有室之用。故有之以爲利，無之以爲用。」，（臺北：華正書局，1983年8月，頁53～頁56）。

〔註81〕 按：溯源蜀地易學，在先秦至兩漢，較有名者如嚴君平、揚雄師徒，揚雄有仿周易之《太玄》一部，此外學者金生楊《漢唐巴蜀易學·巴蜀易學概說》舉「文翁、胡安、落下閎」與嚴、楊並列，後亦有諸葛孔明將易理運用於兵學之上，佈下千古獨絕之八陣圖；由魏晉而至唐，亦有蜀才之易注、衛元嵩《元包》、趙蕤《關氏易傳》、唐孔穎達《周易正義》、李鼎祚《周易集解》注及宗密以易釋佛……等等，洛學之首程頤亦讚「易學在蜀」，顯示宋以前蜀地易學興盛繁茂之狀。然而漢嚴君平以老、莊結合易理，而於市井之中藉卜筮而寓以道德仁義，實是將儒道二家思想進行會通，而嚴之弟子揚雄著《太玄》，其書名便可見其兼容道家思想，書中云「藏心於淵，神不外也」流露莊子〈養生主〉中「保身」、「全身」思想之外，亦由《易·繫辭傳》：「聖人以此洗心，退藏於密」而來，可見蜀地儒道二家思想互動甚爲密切。（成都：巴蜀書社，2007年8月，頁1～頁42）。

曰：「言之不文，行之不遠」，又曰：「辭達而已矣！」，夫言止於達
意，疑若不文是大不然求物之妙，如繫風捕影，能使是物了然於心
者。蓋千萬人而不一遇也，而況能使了然於口與手者乎！是之謂「辭
達」，辭至於能達，則文不可勝用矣！〔註82〕

其中「辭達」之主張屬於孔子，「自然」之主張乃屬老子，因此上文可說是聯
繫孔、老子文論之橋樑，亦是蘇軾文藝思想中儒道二家融攝之成果〔註83〕，
若再對照〈自評文〉一篇，其曰：

吾文如萬斛泉源，不擇地皆可出。在平地滔滔汨汨，雖一日千里無難，
及其與石山曲折，隨物賦形，而不可知也。所可知者，常行於所當行，
常止於不可不止，如是而已矣！其他，雖吾亦不能知也。〔註84〕

更是將其「自然成文」、「隨物賦形」之易學與文學融攝思想明晰闡述。〔註85〕
又依上述與〈繫辭傳〉上論及「宇宙本體論」與「人性論」部分相較，或可
推知其文學以此為思想之根基，甚至可延伸至蘇軾思想中之「文」、「道」關
係，於上二文可推理，道自是「行雲流水」、「初無定質」，而文乃「行於所當
行，常止於所不可不止」。因此東坡運用老子對「水」之詮釋，並連結文學與
《易》道之關係，呈現出兼採道家「自然為文」之特色，而後將在本文第五
章探討此種思想在蘇軾文學作品中所呈現之成就。

總和以上所言，《東坡易傳》釋坎卦，以儒家思想闡述《易》道——「水」
能無常態，因此儘管習慣處於坎險之境，但仍勇往直前，不舍晝夜。實寄託
君子於世，應秉持正道，戮力經世濟民，更應秉持勇者無懼之精神，而無需
在意是否身處於逆境，不在乎「惡衣惡食」，只存是否能實踐大道之堅毅精神。
然蘇軾兼用老子「水」之形象與意涵，於其《易‧繫辭傳》來論《易》道形
成，水乃最接近道體本身，但非「道」之本體；接續引用老子二條文，亦以
人事義理來闡發《易》道，顯示蘇軾會通儒道二家思想，但仍以儒理為主，
輔採道家之說。蘇軾更在〈與謝民師推官書〉與〈自評文〉二篇，亦融合儒

〔註82〕〔宋〕蘇軾：《蘇軾文集‧與謝民師推官書》，（北京：中華書局，2004 年 11
月），頁 1418～頁 1419。。

〔註83〕唐玲玲、周偉民：《蘇軾思想研究》，（臺北：文史哲出版社，1996 年），頁 235
～頁 249。

〔註84〕〔宋〕蘇軾：《蘇軾文集‧自評文》，（北京：中華書局，2004 年 11 月），頁
2069。

〔註85〕按：蘇軾此思想將於本文第五章第二節中結合其古文作品，詳細探論與分析。

道對於「水」之論述，提出其行文特色「行雲流水」、「行於所當行，止於不可不止」，此或可推出蘇軾受老子宇宙本體論與性命論影響，而延伸出「文」、「道」關係之探討與比附。透過孔、老思想融攝後，蘇軾提出「辭至能達」、「文理自然」之主張，實促使其易學與文學融攝更加密切，並代表蘇軾易學與文學融攝思想底下之創作觀，及其所呈現之特色。底下並論及《東坡易傳》中呈現莊子極富想像力，行文之特色。

二、兼融莊子「聖人」境界與極富想像之行文

今學者余敦康認爲《東坡易傳》「以郭象之莊解易」〔註86〕，冷成金則稱之「秉承了郭象以莊注《易》的傳統」〔註87〕，兩人亦認同蘇軾並受王弼以老莊解易之沾染，錢穆稱之爲「廟堂中之老莊」〔註88〕，林麗眞則認爲其思想「走向三教合一」〔註89〕，也點出《東坡易傳》另一特色。其實在清《四庫全書提要‧易類總目》〔註90〕，便說明自王弼後，始有老莊易派形成；而在宋代老莊之學雖漸隱伏，卻在蜀地結合道教流傳，蘇軾自小更拜道士張易簡爲師，於宋史與其墓誌銘中更載其讀《莊子》後，大嘆此書「得吾心矣！」〔註91〕，可知蘇軾對於《莊子》之鑽研與喜好，又《東坡易傳》多承襲王弼易注，似乎可斷定《東坡易傳》爲老莊易一派。然若考察《東坡易傳》明引

〔註86〕 余敦康：《漢宋易學解讀》，（北京：華夏出版社，2006 年 7 月），頁 181。

〔註87〕 按：冷成金《蘇軾的哲學觀與文藝觀》，〈「東坡易傳」中的哲學觀〉（北京：學苑出版社，2004 年，2 版，頁 49），於文中提出此說法，惜並無指出所據爲何。但查《周易辭典》未列有「郭象」條例，查朱伯崑《易學哲學史》亦無指出郭象注易之處（臺北：藍燈出版社，1991 年 9 月）。對照冷成金著作中〈蘇軾莊禪思想中的哲學觀〉一章（北京：學苑出版社，2004 年，2 版，頁 208 ～頁 260），疑冷成金所指應爲「以郭象之莊注易」，與余敦康所提出見解相似。

〔註88〕 錢穆：《宋明理學概述》，（臺北：蘭臺書局，2001 年 2 月），頁 20～頁 30。

〔註89〕 林麗眞：《義理易學鉤玄》，〈朱熹對東坡易傳的評議〉，（臺北：大安出版社，2004 年 11 月），頁 150。

〔註90〕 〔清〕紀昀主編，《四庫全書提要‧易類》，（臺北：藝文出版社，2006 年），頁 1。

〔註91〕 按：早年蘇洵科舉不第，壯遊四海，仍然重視教育，大、小二蘇除母親程氏之教，其父母蘇、程二人亦將二蘇託付道士張易簡，並從師學《易》，蘇軾曾在〈眾妙堂記〉回憶道「眉山道士張易簡教小學，常百人，予幼時亦與焉。居天慶觀北極院，予蓋從之三年。」也在〈陳太初屍解〉云「八歲入小學，以道士張易簡爲師」，蘇轍亦有類似之言「予幼居鄉間，從子瞻讀書天慶觀。」，除參照二蘇文集，亦可參考《宋史》與二人之〈墓誌銘〉。

莊子語句，實際上計只得二條例。其一於〈大有卦‧上九爻辭〉：「自天祐之，吉無不利」、〈小象傳〉「『大有』上吉，『自天祐』也。」解，文云：

> 曰：「祐」，曰：「吉」，曰：「無不利」，其爲福也多矣！而終不言其
> 所以致福之由，而象又因其成文，無所複說。此豈眞無說也哉！蓋
> 其所以致福者遠矣。夫兩剛不能相用，而獨陰不可以用陽，故必居
> 至寡之地，以陰附陽，而後眾予之，〈履〉之六三、〈大有〉之六五
> 是也。六三附於九五，六五附於上九，而群陽歸之。二陰既因群陽
> 而有功，九五、上九又得以坐受二陰之成績，故〈履〉有不疚之光，
> 而〈大有〉有「自天」之「祐」，此皆聖賢之高致妙用也。故孔子曰：
> 「天之所助者，順也；人之所助者，信也。履信思乎順，又以尚賢
> 也。是以『自天祐之，吉無不利』」。信也，順也，尚賢也，此三者，
> 皆六五之德也。「易而無備」，六五之順也。「厥孚交如」，六五之信
> 也。群陽歸之，六五之尚賢也。上九特履之爾。我之所履者，能順
> 且信，又以尚賢，則天人之助將安歸哉？故曰：「聖人無功，神人無
> 名」，而〈大有‧上九〉，不見致福之由也。

其中「聖人無功，神人無名」一句或爲誤引，原文出自於《莊子‧逍遙遊》：「至人無己，神人無功，聖人無名。」〔註92〕，且「聖人無功」與「聖人無名」二者形象與境界，殊有不同，「無功」或以推崇儒家聖人「高致妙用」境界；而此處除闡述時位之易理思想，更於其中以莊子及富想像力之行文，結合〈履〉之六三與〈大有〉之六五二爻，加強說明「以陰附陽」之理論。此外〈大有卦〉在此之解乃蘇軾易學特色「以卦言性，以爻言情」，此思想最早由《易傳》而來，〈文言傳〉：「六爻發揮，旁通情也」，是《東坡易傳》「以卦爲性，以爻爲情」此易學特色之重要依據。《東坡易傳》由易學思想進行闡發，形成一套以人事解易之理論，實深有特色，在〈乾卦‧象傳〉解：

> 通言之也。「貞」，正也。方其變化各之，於情無所不至。反而循之，
> 各直其性以至於命，此所以爲「貞」也。……情者，性之動也，泝
> 而上，至於命；沿而下，至於情，無非性者。性之與情，非有善惡

〔註92〕 〔先秦〕莊子，郭慶藩集釋：《莊子集釋‧逍遙遊》，「夫列子御風而行，泠然
善也，旬有五日而後反。彼於致福者，未數數然也。此雖免乎行，猶有所待
者也。若夫乘天地之正，而御六氣之辯，以遊無窮者，彼且惡乎待哉！故曰：
至人無己，神人無功，聖人無名。」，（臺北：華正書局，1982年8月，頁16
～頁22）。

之別也，方其散而有爲，則謂之情耳。命之與性，非有天人之辯也，

　至其一而無我，則謂之命耳。

所謂「情者，性之動也」，即是解說「卦性爻情」之關係，林麗眞認爲蘇軾此
種性命論，「顯然不從孟子的『性善』入手」〔註93〕，余敦康則認爲蘇軾依此
法來解易，與王弼大不相同，並且將之歸於「類似於莊學與老學之不同」〔註
94〕，顯示出蘇軾義理易思想仍與王弼有所差異，並藉此連結莊子與蘇軾易學
之關係，蘇軾對莊子鑽研之著作，確實有〈廣成子解〉一篇注解〔註95〕，然
而蘇軾是否如余敦康所言「以莊解《易》」〔註96〕？若詳細探討王弼對於「爻」
與「情」的關係，在《周易略例・明爻通變》指因以「變易」的「情由」，說
明「爻」有一定的變化性。因此以「卦」循理，「爻」則因情，以人事、人情
來論易，爲王弼易注與革漢易之弊方法之一，其云：

　夫爻者，何也？言乎變者也。變者何也？情僞之所爲也。夫情爲之
　動，非數之所求也；故合散屈伸，與體相乖。形躁好靜，質柔愛剛，
　體與情反，質與願違。……是故，情僞相感，遠近相追；愛惡相攻，
　屈伸相推；見情者獲，直往則違……不知其所以爲主，鼓舞而天下
　從，見乎其情者也。〔註97〕

由王弼對於「爻」變動特質，且爲人事情僞所賦予的變化，朱熹稱老蘇言易
以爻「愛惡相攻」，其理論實應從此而來，蘇軾亦延伸王弼「卦理爻情」說法
與理路，並加以發揮逐漸形成「以卦爲性，以爻言情」之易學特色，若再考
察莊子思想其「齊物論」亦只云「求得其情與不得，無益損乎其眞。一受其
成形，不忘以待盡。」〔註98〕，莊子亦融攝易學「損益」思想釋己之「眞」

〔註93〕林麗眞：《義理易學鉤玄》，（臺北：大安出版社，2004年11月），頁144。
〔註94〕余敦康：《漢宋易學解讀》，〈蘇軾的「東坡易傳」〉，（北京：華夏出版社，2006
　　　　年7月），頁205。
〔註95〕按：可參照姜聲調《蘇軾的莊子學》一書，（臺北：文津書局，1999年）。
〔註96〕余敦康：《漢宋易學解讀》，〈蘇軾的「東坡易傳」〉，（北京：華夏出版社，2006
　　　　年7月），頁205。
〔註97〕〔魏〕王弼著，《周易王韓注・周易略例》，《四部叢刊》采宋本，（臺北：臺
　　　　灣商務印書館，1965年8月），頁4～頁6；樓宇烈：《王弼集校釋》，〈明爻通
　　　　變〉，（臺北：華正書局，1992年），頁597。
〔註98〕〔先秦〕莊子，郭慶藩集釋：《莊子集釋・齊物論》，「非彼無我，非我無所取。
　　　　是亦近矣，而不知其所使。若有眞宰，而特不得其眹。可行己信，而不見
　　　　其形，有情而無形。百骸、九竅、六藏，賅而存焉，吾誰與爲親？……其有
　　　　眞君存焉？如求得其情與不得，無益損乎其眞。一受其成形，不忘以待盡。

道，但未論及卦爻。若由上王弼釋卦爻關係與莊子透過《易》道闡述己說，來持平而論，言蘇軾「以莊解《易》」，實不如言之「以王解《易》」來得貼切，在《東坡易傳》之〈乾卦・象傳〉解接續又云：

> 其於《易》也，卦也言其性，爻以言其情。情以爲「利」、性以爲「貞」。其言也互見之，故人莫之明也。《易》曰：「大哉乾乎，剛健中正，純粹精也。」夫「剛健」、「中正」、「純粹」而「精」者，此乾之大全也，卦也；及其散而有爲，分裂四出而各有得焉，則爻也。故曰：「六爻發揮，旁通情也。」以爻爲情，則卦之爲性也明矣。「乾道變化，各正性命，保合太和，乃利貞」，以各正性命爲貞，則情之爲利也亦明矣。又曰「利、貞者，性、情也」，言其變而之乎情，反而直其性也。〔註99〕

明白指出「卦性爻情」之說，四庫全書提要《易類・東坡易傳》甚至因爲此種注易之法，而批評蘇軾易學爲「異學」〔註100〕，冷成金則言是蘇軾對佛學「在中國的傳播與發展的一種回應」〔註101〕，然而暫不論《東坡易傳》是否涉及老莊，或融入佛禪，此易學特色也顯示《東坡易傳》重要之義理思想，除發展王弼說法，更呈現出獨特思維──以儒家關懷人事，並探求個人安身立命爲主調，也藉由六爻變動，顯人情之異，以通卦爻之「時、義」，或可作爲蘇軾兼融莊子逍遙曠達之依歸〔註102〕，亦可通稱對老莊思想之兼融，在其文章流露「自然爲文」之風。此外〈乾卦・象傳〉解所言「情散有爲，則謂之情」，亦說明蘇軾易學思想，即能兼容「物之不齊」之思想，或受莊子「齊物論」影響。

考察《東坡易傳》除在〈大有卦・爻辭〉、〈大有卦・小象傳〉解引用莊

與物相刃相靡，其行盡如馳，而莫之能止，不亦悲乎！終身役役而不見其成功，茶然疲役而不知其所歸，可不哀邪！人謂之不死，奚益！其形化，其心與之然，可不謂大哀乎？……夫隨其成心而師之，誰獨且無師乎？奚必知代而心自取者有之？愚者與有焉。未成乎心而有是非，是今日適越而昔至也。是以無有爲有。無有爲有，雖有神禹，且不能知，吾獨且奈何哉！」，（臺北：華正書局，1982年8月，頁55～頁62）。
〔註99〕〔宋〕蘇軾：《東坡先生易傳》，嚴靈峰輯，卷一，（臺北：成文出版社，據明萬曆二十五年刊「兩蘇經解」本影印，1965年），頁14。
〔註100〕〔清〕紀昀主編，《四庫全書提要・易類》，（臺北：藝文出版社，2006年），頁6。
〔註101〕冷成金，《蘇軾的哲學觀與文藝觀》，（北京：學苑出版社，2004年，2版），頁110。
〔註102〕冷成金，《蘇軾的哲學觀與文藝觀》，（北京：學苑出版社，2004年，2版），頁208～260。

子之外，於《易·繫辭傳》上釋「其孰能與於此哉？古之聰明睿知，神武而不殺者夫！」亦引莊子，其云：

> 《莊子》曰：「賊莫大於德有心，而心有眼。」，夫能「洗心退藏」，則雖用武而未嘗殺，況施德乎？不然，則雖施德，有殺人者矣！況用武乎？〔註103〕

上文其中「洗心退藏」，乃本「洗心，退藏於密」一辭〔註104〕，除乃爲《易傳》本身思想之外，亦化用《莊子·列禦寇》：

> 賊莫大乎德有心而心有睫，及其有睫也而內視，內視而敗矣。凶德有五，中德爲首。何謂中德？中德也者，有以自好也，而吡其所不爲者也。〔註105〕

莊子所言「德有心」、「有睫」，即是「自好也」、「吡其所不爲者」，以極有想像之筆法，將心擬人化，說明「心之自私」。蘇軾詮釋「心有眼」之喻，略不同於莊子之說，並藉此理來證明聖人「用武而未嘗殺」，而聖人能達此境界，實因洗褪私心，藏己欲於密，若能如此，道德才能普遍施於群眾，否則蘊有私心而施德，可能因爲短視近利而偏失殺人。且若專擅而濫用武力，便易錯殺無辜，然既以錯殺一，更易錯殺一百，東漢末年曹操與陳宮走投無路，投靠曹操叔父一家，卻起疑心錯殺兄嫂，因而戮殺叔父一家，可作爲一證也。

此外〈乾卦·象傳〉解論及「性命」或受老子「爲道日損」之思想沾染〔註106〕，在《莊子·知北遊》更進一步闡述老子此思想〔註107〕，而在蘇軾

〔註103〕〔宋〕蘇軾：《東坡先生易傳》，嚴靈峰輯，（臺北：成文出版社，據明萬曆二十五年刊「兩蘇經解」本影印，1965年），頁402。

〔註104〕〔宋〕蘇軾：《東坡先生易傳》，嚴靈峰輯，（臺北：成文出版社，據明萬曆二十五年刊「兩蘇經解」本影印，1965年），頁401。

〔註105〕〔先秦〕莊子，郭慶藩集釋：《莊子集釋·列禦寇》，「賊莫大乎德有心而心有睫，及其有睫也而內視，內視而敗矣。凶德有五，中德爲首。何謂中德？中德也者，有以自好也而吡其所不爲者也。」，（臺北：華正書局，1982年8月，頁1057～頁1058）。

〔註106〕〔先秦〕老子，嚴靈峰達解：《老子達解》，第四十八章，「爲學日益，爲道日損。損之又損，以至於無爲。無爲而無不爲。取天下常以無事，及其有事，不足以取天下。」，（臺北：華正書局，1983年8月，頁257～頁259）。

〔註107〕〔先秦〕莊子，郭慶藩集釋：《莊子集釋·知北遊》，「彼無爲謂眞是也，狂屈似之；我與汝終不近也。夫知者不言，言者不知，故聖人行不言之教。道不可致，德不可至。仁可爲也，義可虧也，禮相僞也。故曰：『失道而後德，失德而後仁，失仁而後義，失義而後禮。禮者，道之華而亂之首也。』故曰：『爲道者日損，損之又損之以至於無爲，無爲而無不爲也。』」，（臺北：華正書局，

〈張寺成益齊〉一詩便有「爲學務日益，此言當自程；爲道貴日損，此理在既盈。」〔註108〕，將老莊思想與其詩融攝，而若參照《東坡易傳》之〈乾卦・象傳〉解云：

> 君子日修其善以消其不善；不善者日消，有不可得而消者焉。小人
> 日修其不善以消其善；善者日消，亦有不可得而消者焉。夫不可得
> 而消者，堯舜不能加焉，桀紂不能亡焉，是豈非性也哉！〔註109〕

針對君子修養善道，以來「消損」不善，而小人反之，惟「消損」善道。由此可得知莊子思想對於《東坡易傳》之詮釋與闡發的影響，並且在《東坡易傳》之〈損卦・象傳〉解云：

> 自陽爲陰，謂之〈損〉；自陰爲陽，謂之〈益〉。〈兌〉本〈乾〉也，
> 受〈坤〉之施而爲〈兌〉，則損下也。〈艮〉本〈坤〉也，受乾之施
> 而爲〈艮〉，則益上也。惟〈益〉亦然，則〈損〉未嘗不〈益〉，〈益〉
> 未嘗不〈損〉，然其爲名，則取一而已。〔註110〕

「〈損〉未嘗不〈益〉，〈益〉未嘗不〈損〉」此正言若反之語法，或受老莊習染，亦符合其易學思想《易》道「主於一」〔註111〕，以此佐證「性命」乃遵循陰陽變化之源——《易》太極之道，因此乃超脫「損」、「益」之理。而在其他〈象傳〉解之中亦呈現莊子極富想像力之特色，在〈中孚卦・象傳〉解云：

> 羽蟲之孚也，必柔內而剛外……，且剛得中，然後爲「中孚」也，
> 剛得中則正，而一柔在內，則靜而久，此羽蟲之所以孚天之道也。
> 君子法之，行之以〈兌〉，輔之以〈巽〉，而民化矣……《易》至於
> 〈巽〉在上而云：「涉川者，其言必及木」。〈益〉之象曰：「木道乃

1982 年 8 月，頁 731～頁 732）。

〔註108〕 〔宋〕蘇軾：《蘇軾詩集》，「張子作齋舍，而以益爲名；吾聞之夫子，求益非
速成；譬如遠遊客，日夜事征行；今年適燕薊，明年走蠻荊；東觀盡滄海，
西涉渭與涇；歸來閉戶坐，八方在軒庭；又如學醫人，識病由飽更；風雨晦
明淫，跛躄瘖聾盲；虛實在其脈，靜躁在其情；榮枯在其色，壽夭在其形；
苟能閱千人，望見知死生；爲學務日益，此言當自程；爲道貴日損，此理在
既盈；願君書此詩，以爲益齋銘」，（臺北：學海出版社，1983 年）。

〔註109〕 〔宋〕蘇軾：《東坡先生易傳》，嚴靈峰輯，（臺北：成文出版社，據明萬曆二
十五年刊「兩蘇經解」本影印，1965 年），頁 12。

〔註110〕 〔宋〕蘇軾：《東坡先生易傳》，嚴靈峰輯，（臺北：成文出版社，據明萬曆二
十五年刊「兩蘇經解」本影印，1965 年），頁 225。

〔註111〕 林麗眞：《義理易學鈎玄・東坡易傳中的『一』》，（臺北：大安出版社，2004
年 11 月），頁 115～頁 156。

行」，〈渙〉之象曰：「乘木有功」。〈中孚〉之象曰：「乘木舟虛」，以明此〈巽〉之功也，以〈巽〉行〈兌〉乘天下之至順而行於人之所說，必無心者也，「舟虛」者無心之謂也。〔註112〕

以上使用以陰陽變化、剛柔，以及爻位中正釋易，其以儒家君子小人觀，融攝老莊「致虛守靜」、「陰陽和靜」之思想，並以人事爲主，善用比喻，上所言「羽蟲之孚」、「乘木」、「舟虛」，皆有所指，而更將《易‧象傳》中言有巽木之象者，〈巽〉、〈益〉、〈渙〉與〈中孚〉等四卦，進行比對，尤以「羽蟲之孚」，「行之以〈兌〉，輔之以〈巽〉」，言其浮於天之道，確實流露出莊子行文特色——「鋪張肆恣」，極盡想像之能事。

因此蘇軾在其《易傳》除了引莊子思想解易，並且在〈乾卦‧象傳〉解、〈大有卦〉解之中，探討「損益」思想，其中部分或受莊子「齊物論」影響，而善用對比，行文鋪張，顯示出莊子鋪排爲文之特色。而在下一節則探討「縱橫家議論、援史之法」，對於《東坡易傳》之影響。

第三節　善用縱橫家議論、援史之法

《四庫全書提要》雖批評《東坡易傳》「雜於禪」〔註113〕，實際是受到朱熹〈雜學辨〉的影響，錢穆卻稱蘇軾爲「儒門中蘇、張」〔註114〕，以文中帶有縱橫議士之風，而比附「蘇秦、張儀」，然而蘇軾此學實源自老蘇。而朱熹不以淳儒視之，然錢卻以「儒門」許之，詳細探討，實因蘇軾文章擅長以「縱橫家議論、援史之法」爲用，但又能回歸儒理，不流於權謀狡詐。就大觀而言，蘇軾在思想上確實雜揉縱橫家此法，爲文章法則能運用此法以增強氣勢，但實際上仍爲「儒理」說解，而非戰國以縱橫之術干祿求名之徒。先前於本章第一節論及其「以儒爲主」，而推崇儒家孔、孟之道與爲文之法，可爲明證。今學者金生楊則引《邵氏聞見後錄》與《續資治通鑑》、《續資治通鑑長編》……等等資料，以王安石、趙挺之等人批評蘇洵之學爲縱橫家之學，並說〈權書〉爲「具有縱橫家特色的最好說明」，因此稱《東坡易傳》有「權謀之術」說，亦稱之爲

〔註112〕〔宋〕蘇軾：《東坡先生易傳》，嚴靈峰輯，（臺北：成文出版社，據明萬曆二十五年刊「兩蘇經解」本影印，1965 年），頁339～頁340。

〔註113〕〔清〕紀昀主編，《四庫全書提要‧易類》，（臺北：藝文出版社，2006 年），頁74。

〔註114〕錢穆：《宋明理學概述》，（臺北：蘭臺書局，2001 年 2 月），頁23。

「權變」〔註115〕，此亦是歷代對於蘇氏家學批評之處，但不應依此認爲蘇氏之學悖離儒門。且探討《東坡易傳》之文學特色，亦得分析其接受「縱橫家」思想之處，因此本文在其文章中歸納出善用「翻案筆法」與「引史證易」二點，此二法與縱橫家擅長議論與援史爲用，頗有深厚淵源，因此底下就《東坡易傳》之「翻案作結之章法」與「引論史事之爲證」二小節申論之。

一、翻案作結之章法

　　蘇軾認爲《易‧卦辭》爲「卜筮之書」〔註116〕，此種思想，乃源自歐陽脩《易童子問》疑經思想。此外當時文章亦形成翻案之風格，「翻案」原本乃冤獄重審，怨情雪昭之詞彙，而在宋代疑經之論盛行而或影響文學，因此在文學作品中，申論與往常文、史學家不同之見解、觀點，而進行翻新之結論，則以「翻案文章」稱之。

　　《東坡易傳》之中，在〈象傳〉解、〈爻辭〉與〈小象傳〉解中亦有不少特殊之見，更使用議論、翻案之章法，進行易注，比如：〈坤卦‧象傳〉解云：

> 〈坤〉之爲道，可以爲人用，而不可以自用；可以爲和，而不可以爲倡；故「君子利有攸往」。往，求用也；先則迷而失道，後則順而得主，此所以爲「利」也。西與南，則〈兌〉也，〈離〉也，以及於〈巽〉，吾朋也；東與北，則〈震〉也，〈坎〉也，以及於〈乾〉與〈艮〉，非吾朋也。兩陰不能相用，故必離類絕朋而求主於東北。夫所以離朋而求主者，非爲邪也？故曰：「安貞吉」。〔註117〕

首以排比之句申論「坤」之道，乃受人之用，而得和。在其中運用四正卦坎、離、震、兌，以探論方位，因此「西南得朋」、「東北喪朋」，更在注末「離類絕朋而求主」一句，進行一翻案之說，參照王弼易注「離其黨之於反類，而後獲安貞吉」，蘇注並無論及黨之特質，王注「反類」一詞則有負面之意〔註118〕，而孔穎達除詳細論述其類乃陰類非益友，而以人事論之，如：「人臣離

〔註115〕金生楊：《「蘇氏易傳」研究》，（成都：巴蜀書社，2002 年 1 月），頁 116～頁132。

〔註116〕〔宋〕蘇軾：《蘇軾文集‧易論》，（北京：中華書局，2004 年 11 月），頁 52。

〔註117〕〔宋〕蘇軾：《東坡先生易傳》，嚴靈峰輯，（臺北：成文出版社，據明萬曆二十五年刊「兩蘇經解」本影印，1965 年），頁 24。

〔註118〕〔魏〕王弼注、〔唐〕孔穎達疏、〔清〕阮元編：《周易正義》，卷一，王弼〈坤‧卦辭〉注，（臺北：臺灣中華書局，1966 年 3 月），頁 13。

其黨,而入君之朝;女子離其家而入夫之室。」〔註119〕。蘇軾於此注以「求主」而「離類絕朋」,不同於王弼主理旁觀之說,而蘇說較似孔,卻又不強調陰陽爻位,以及君尊臣卑之論,而以人情主觀立場闡述〈象傳〉,其認為「離朋求主」,並非「為邪」,卻是行道光明磊落。就解說而言比孔說更契合易簡思想,因此蘇在王、孔二說之外,另立一說,以主觀視野詮釋〈坤卦·象傳〉,由人事作結,亦吻合其易學思想「情本論」。

而在〈大壯〉解中,蘇軾便將下乾卦三陽爻比喻為公羊,而將上震卦喻為藩籬,在〈大壯卦·初九爻辭〉、〈大壯卦·小象傳〉解云:

> 〈乾〉施壯於〈震〉者也。壯者為羊,所施為藩,故五以二為羊,三以六為藩。以類推之,則初九之壯,施於九四;九四藩決不羸,則初九亦觸四之羊也。以其最下而用壯,故曰:「壯於趾」。自下之四,故曰:「征」。眾皆觸非其類,已獨觸其類。觸其類,則有孚於非其類矣,不孚於方壯之陽,而孚於已窮之陰,故雖有孚而不免於凶者,其孚窮而不足賴也。〔註120〕

以初爻而論及他爻,除為蘇軾易學思想「以卦為性,以爻為情」之主張,亦運用翻案之筆,在各爻之間組成了一個有機之戲劇,論及三隻公羊觸三藩與其結果〔註121〕,更在上六解「艱而吉」,作一翻案之論其云:

> 均之為不利也,則以知難而避之,為「吉」。〔註122〕

「均之為不利」解釋九三之公羊牴觸上六之藩籬,必得兩敗俱傷,乃「無攸

〔註119〕〔魏〕王弼注、〔唐〕孔穎達疏、〔清〕阮元編:《周易正義》,卷一,孔穎達〈坤·卦辭〉疏,「君子有攸往者,利貞,故君子利有所往。先迷後得主利者,以其至陰,當待唱而後和,凡有所為。若在物之先,即迷惑;若在物之後,即得主利。以陰不可先唱,猶臣不可先君、卑不可先尊故也。西南得朋者,此假象以明人事。西南坤位,是陰也。今以陰詣陰是得朋,俱是陰類不獲吉也,猶人既懷陰柔之行,又向陰柔之所,是純陰柔弱,故非吉也。東北喪朋,安貞吉者。西南既為陰,東北反西南即為陽也。以柔順之道,往詣於陽,是喪失陰朋,故得安靜貞正之吉,以陰而兼有陽故也。若以人事言之。象人臣離其黨,而入君之朝;女子離其家,而入夫之室。」,(臺北:臺灣中華書局,1966年3月),頁13。

〔註120〕〔宋〕蘇軾:《東坡先生易傳》,嚴靈峰輯,(臺北:成文出版社,據明萬曆二十五年刊「兩蘇經解」本影印,1965年),頁191~頁192。

〔註121〕〔宋〕蘇軾:《東坡易傳》,龍吟點評,(吉林:吉林文史出版社,2002年12月),頁152。

〔註122〕〔宋〕蘇軾:《東坡先生易傳》,嚴靈峰輯,(臺北:成文出版社,據明萬曆二十五年刊「兩蘇經解」本影印,1965年),頁195。

利」，有別於王弼注「固志在一，以斯自處，則憂患消亡」之論，探討爻位造成之易理差異〔註123〕，蘇軾則以「知難而避」之思想闡述人事「應對進退」之理，與王弼純以《易》道「憂患消亡」不同，是順各爻〈爻辭〉、〈小象傳〉之說，而將其組織，而後結合人事，並申論此理，作爲自立一說之結論，可看出《東坡易傳》所呈現文學特色：「翻案作結之章法」。

而除了〈象傳〉解、〈爻辭〉與〈小象傳〉中使用翻案之筆法，更在〈說〉、〈序〉、〈雜〉三易傳解之中，呈現此項文學特色。比如，〈說卦傳〉主要說明「八卦的生成、性質、功能、變化」，以及其所「代表的事物」〔註124〕，而其前三章，據黃慶萱先生考察與今本〈繫辭傳〉下相同，而且其部分章節與馬王堆帛書周易〈易之義〉重出，其後四章卻不見於帛書〈繫辭傳〉中。〔註125〕屈萬里則認爲「〈說卦傳〉言三才，與繫辭傳義同」。大陸學者劉大鈞則引用于豪亮說法，認爲〈說卦傳〉早於〈繫辭傳〉〔註126〕，且帛書周易包括〈說卦傳〉前三章〔註127〕，然而嚴靈峰進行〈說卦傳〉與帛書易傳相校參，認爲〈說卦傳〉爲「非孔子所作及錯簡」，主要針對〈說卦傳〉與〈繫辭傳〉可能重出部分，進行探討考究〔註128〕。今廖名春則重新以歷代文獻考察、熹平石經研究以及帛書周易相關研究，說明〈說卦傳〉錯簡之狀況，考證詳實：其中不認同〈易之義〉之稱，而以〈衷〉名之，亦考察〈說卦傳〉第四章、第六章與前三章關係，且依此主張〈說卦傳〉前三章並非帛書周易〈繫辭〉下之一部分；此外亦考證今本〈說卦傳〉「水火不相射」，應依帛書周易〈衷〉篇還原爲「水火相射」；更提出今本〈說卦傳〉其八卦相次有其「內在邏輯性」之矛盾，透過帛書周易〈衷〉與今本第三章之參校，更可釐清相關疑點〔註129〕，雖仍無相關出土可明證今本〈說卦傳〉原文，但廖先生之探究可證明今本〈說

〔註123〕〔魏〕王弼注、〔唐〕孔穎達疏、〔清〕阮元編：《周易正義》，卷四，王弼〈大壯・上六爻辭〉注，（臺北：臺灣中華書局，1966 年 3 月），頁 7。

〔註124〕黃慶萱：《周易縱橫談》，（廣西：廣西師範大學，2006 年 2 月），頁 9。

〔註125〕黃慶萱：《周易縱橫談》，（廣西：廣西師範大學，2006 年 2 月），頁 10。

〔註126〕劉大鈞：《周易概論》，（成都：巴蜀書社，2008 年 10 月，第 2 版），頁 14。

〔註127〕劉大鈞：《周易概論》，（成都：巴蜀書社，2008 年 10 月，第 2 版），頁 228～頁 229。

〔註128〕嚴靈峰：《馬王堆帛書易經斠理》，（臺北：文史哲出版社，1994 年 7 月），頁 47～62。

〔註129〕廖名春：《「周易」經傳與文學史新論》，第六章〈「周易・說卦傳」錯簡說新考〉，（濟南：齊魯書社，2004 年 2 月），頁 108～頁 123。

卦傳〉著重於卦象與取象之法。若觀《東坡易傳》在〈說卦傳〉末論云：

> 凡八卦之所爲，至於俚俗雜亂，無所不有。其說固不可盡知，蓋用
> 於占筮者而已，意不止於此，將使人以類求之歟？不然，則有亡逸
> 不全者矣。「《易》有聖人之道四焉」，「以卜筮者尚其占」，是以得見
> 於此矣！〔註130〕

以《易》論「卜筮者尚其占」，並評之「俚俗雜亂，無所不有」等說法，證明
《東坡易傳》以義理爲主，並於〈說卦傳〉解最末進行「翻案」之論，將易
學「取象說」重要依據，進行一番批駁與質疑，呈現疑經思想，以及縱橫家
議論之氣勢。

　　而在〈序卦傳〉解，更是展現蘇軾此思想之特色。稍論及〈序卦傳〉，其
以正反二向，探論六十四卦之次序，以及其排列原由〔註131〕，嚴靈峰依據相
關文獻以及史書，認爲「序卦非孔子所作」，成書年代則不晚於「劉安的淮南
子」〔註132〕，朱伯崑認爲其解釋卦名多以「取義說」〔註133〕，劉大鈞考察孔
穎達「二二相耦，非覆即變」，舉出泰、否無法區分覆、變，且既濟、未濟亦
是兩者兼有〔註134〕，廖名春則點出其能說解「諸卦前後相承意義的專論」〔註
135〕，其中劉大鈞之論點正與《東坡易傳》相同，龍吟稱蘇軾之觀點「從宏觀
和比較的角度」〔註136〕來切入〈序卦傳〉所論六十四卦卦序之關係，然今帛
書周易卦序不同於今本，可證明西漢仍有不同六十四卦編次之《易》，以及此
傳完成時代應相較其他十翼晚，然宋代以王韓注孔穎達疏之版本爲主，因此蘇
軾所鑽研《易》仍同於今本卦序，其在〈序卦傳〉中便提出不少「翻案」之論：

> 〈大畜〉、〈小畜〉，皆取於「畜」而已；〈大過〉、〈小過〉，皆取於「過」
> 而已，不復論其大小也。故〈序卦〉之論《易》，或直取其名而不本

〔註130〕〔宋〕蘇軾：《東坡先生易傳》，嚴靈峰輯，（臺北：成文出版社，據明萬曆二
　　　　十五年刊「兩蘇經解」本影印，1965年），頁454。
〔註131〕黃慶萱：《周易縱橫談》，（廣西：廣西師範大學，2006年2月），頁10。
〔註132〕嚴靈峰：《馬王堆帛書易經斠理》，（臺北：文史哲出版社，1994年7月），頁
　　　　47～頁62。
〔註133〕朱伯崑：《易學哲學史》，（臺北：藍燈出版社，1991年9月），頁60。
〔註134〕劉大鈞：《周易概論》，（成都：巴蜀書社，2008年10月，第2版），頁16～
　　　　頁17。
〔註135〕廖名春：《「周易」經傳與文學史新論》，（濟南：齊魯書社，2004年2月），
　　　　頁340～頁344。
〔註136〕〔宋〕蘇軾：《東坡易傳》，龍吟點評，（吉林：吉林文史出版社，2002年12
　　　　月），頁339。

其卦者多矣。若賦詩斷章然，不可以一理求也。〔註137〕

因此對於先前〈序卦傳〉之傳統論點，提出別見，〈序卦傳〉「多直取其名」而不推原其卦意涵，有如賦詩斷章取義，實不應將六十四卦強作一系列推理而求其蘊含序列之理，亦在〈序卦傳〉解末段，進行卦序之議論：

〈未濟〉所以爲無窮也，以《雜卦》觀之，六十四卦皆兩不相從，非覆則變也。變者八：〈乾〉、〈坤〉也；〈頤〉、〈大過〉也；〈坎〉、〈離〉也；〈中孚〉、〈小過〉也。覆變者八：〈泰〉、〈否〉也〈隨〉、〈蠱〉也〈漸〉、〈歸妹〉也〈既濟〉、〈未濟〉也。其餘四十八，皆覆也。卦本以覆相從，不得已而從變也。何爲其不得已也？變者八，皆不可覆者也。〈雜卦〉皆相反，〈序卦〉皆相因，此理也，而有二。變者八，覆變具者八、覆者四十八，此數也，而有三。然則六十四卦之敘果何義也？曰：理二；曰：數三、五者無不可。此其所以爲《易》也。步曆而曆協，吹律而律應，考之人事而人事契，循乎天理而行，無往而不相值也，且非獨此五者而已，將世之所有，莫不咸在。是故從孔子之言，則既有二説矣！曰：「物不可終過」，故受之以〈坎〉；〈坎〉者，陷也，陷必有所麗，故受之以〈離〉，又曰：「有男女然後有夫婦」，方其爲男女，則所謂「陷」與「麗」者不取也，自是以往，吾豈敢一之哉！〔註138〕

上所言六十四卦，皆「兩不相從」，龍吟具陳本改「兩不」爲「兩兩」〔註139〕，乍看似乎較能符合六十四卦卦序，然蘇軾於此條例之注易思想以明云「《雜卦》皆相反，《序卦》皆相因」，就此來看，「兩不」較能符合上下文意連貫，「兩不相從」即是「相反」之意，此外其中探討〈序卦傳〉雖相因襲承接，然而《易》道博大，難以「一」之，故又舉以坎、離至咸之卦序，乃後視「離」爲男，「坎」爲女，才可成爲「咸」爲「夫妻」之象，故〈序卦傳〉所謂坎爲「陷」、離爲「麗」之說法，爲釋「咸」所不取，以此作其云「步曆而曆協，吹律而律應，考之人事而人事契，循乎天理而行，無往而不相值也」，乃作爲

〔註137〕〔宋〕蘇軾：《東坡先生易傳》，嚴靈峰輯，（臺北：成文出版社，據明萬曆二十五年刊「兩蘇經解」本影印，1965年），頁455。

〔註138〕〔宋〕蘇軾：《東坡先生易傳》，嚴靈峰輯，（臺北：成文出版社，據明萬曆二十五年刊「兩蘇經解」本影印，1965年），頁462～頁463。

〔註139〕〔宋〕蘇軾：《東坡易傳》，龍吟點評，（吉林：吉林文史出版社，2002年12月），頁344。

翻案之證。

　　而論及〈雜卦傳〉，黃慶萱先生以爲〈雜卦傳〉混雜六十四卦之次序，並且以「相類」或「相反」之原則進行連結，反應此傳作者以「矛盾對立的世界」立場傳解《易》〔註140〕，戴璉璋指出此傳通篇「採取韻文形式，句末協韻」〔註141〕，朱伯崑認爲可能成自「漢人之手」〔註142〕，劉大鈞認爲其「自成體系」，但無斷言其著作年代〔註143〕，廖名春則提出〈雜卦傳〉以「剛」、「柔」爲其主要範疇，以二者之消長，進行事物區分，並以「反對」爲其「內在邏輯模式」〔註144〕，《東坡易傳》則以「綜」、「覆」，論其相對性，更於大過卦以下，對各卦編次提出疑義：

> 〈雜卦〉自〈乾〉、〈坤〉，以至〈需〉、〈訟〉，皆以兩兩相從，而明相反之義；自〈大過〉以下，則非相從之次，蓋傳者失之也。凡八卦，今改而正之曰：〈頤〉，養正也；〈大過〉，顛也。〈姤〉，遇也，柔遇剛也；〈夬〉，決也，剛決柔也。君子道長，小人道憂也。〈漸〉，女歸，待男行也；〈歸妹〉，女之終也。〈既濟〉，定也；〈未濟〉，男之窮也。其說日：「初、上者，本末之地也，以陽居之則正，以陰居之則顛。故曰：〈頤〉，養正也；〈大過〉，顛也。〈艮〉下〈巽〉上爲〈漸〉，男下女，非其正也，故曰：〈漸〉，女歸，待男行也。〈兌〉下〈震〉上，爲〈歸妹〉，男女之正也，當以是終，故曰：〈歸妹〉，女之終也。〈離〉下〈坎〉上爲〈既濟〉，男女之正也，故曰：〈既濟〉，定也。〈坎〉下〈離〉上爲〈未濟〉，男失其位，窮之道也，故曰：〈未濟〉，男之窮也」，如此而相從之次，相反之義煥然，若合符節矣。
> 〔註145〕

上所言〈雜卦傳〉「兩兩相從」指其成對次序，與〈序卦傳〉解後翻案之結語

〔註140〕黃慶萱：《周易縱橫談》，（廣西：廣西師範大學，2006 年 2 月），頁 11～頁 12。

〔註141〕戴璉璋：《易傳形成及其思想》，（臺北：文津出版社，1989 年 6 月），頁 144～頁 167。

〔註142〕朱伯崑：《易學哲學史》，（臺北：藍燈出版社，1991 年 9 月），頁 60。

〔註143〕劉大鈞：《周易概論》，（成都：巴蜀書社，2008 年 10 月，第 2 版），頁 18。

〔註144〕廖名春：《「周易」經傳與文學史新論》，（濟南：齊魯書社，2004 年 2 月），頁 346～頁 347。

〔註145〕〔宋〕蘇軾：《東坡先生易傳》，嚴靈峰輯，（臺北：成文出版社，據明萬曆二十五年刊「兩蘇經解」本影印，1965 年），頁 469～頁 470。

所云其「兩不相從」，指涉「相反之義」不同。此論亦是宋代疑經風潮之反映，蘇軾此說更是由疑經轉爲改經重要之關鍵，因蘇軾將〈雜卦傳〉重編，雖有流於妄爲改經之批，但因其所依之理，乃循〈雜卦傳〉整體內在思路，而進行更動，不失立意良善，王鐵稱此乃「蘇軾的創見」〔註146〕。

在《東坡易傳》中對於〈卦辭〉爲「卜筮之言」之論點，已帶有翻案之意味，而在蘇洵家學影響之下，蘇軾易學思想或受縱橫家議論、援史之法沾染，且在宋代學術疑經思潮底下，轉而形成「翻案作結之章法」，進行《易》理之闡述與注解，在本小點之中由坤卦〈象傳〉解、〈大壯卦〉解與〈大壯卦·爻辭〉、〈大壯卦·小象傳〉解，以及〈說〉、〈序〉、〈雜〉三易傳解之中，皆可得知蘇軾活用此法，成爲其易傳之文學特色，更作爲許多易學新見之呈現形式。

二、引證史事之論法

縱橫家之議論，擅長援引史事作爲立論依據，以增其氣勢與說服力。然若探蘇軾運用此法之由來，主要源於蘇氏家學，因此自小熟讀經書，身受《書》、《左傳》影響。在其父蘇洵、其母程氏循循善誘之下，蘇軾對於史學也頗有心得，在年幼便熟讀史、漢、國策等史書，對於歷史名人多能提出特別的見解，歷代文評亦將此特色與縱橫議論作連結，在《蘇軾文集》中屢見對歷史名人的論說文章，比如：〈伊尹論〉、〈周公論〉、〈樂毅論〉、〈諸葛亮論〉、〈韓愈論〉……等等名篇，亦有成爲翻案文章名篇之作品，如：〈留侯論〉、〈賈誼論〉等是也。而在其《東坡易傳》中多有引史注易之條例。然而宋代易學史事宗以南宋李光、楊萬里作爲開宗立派代表〔註147〕，蘇軾此類條例或可成爲宋代史事易學發展脈絡的明證。〔註148〕在四庫全書提要易類序言《易》爲「推天道以明人事者」〔註149〕，《東坡易傳》既於提要中列屬義理易學脈絡，即以人事解易，李威熊、汪惠敏亦將之歸爲此類，李威熊將《東坡易傳》歸爲「易義理派」〔註150〕，

〔註146〕王鐵：《宋代易學》，（上海：上海古籍出版社，2005年9月），頁13～頁14。
〔註147〕按：吾師黃博士忠天教授深研義理易學，其中尤以史事宗，爲箇中專精，此處並可參照《四庫全書提要》所載李光、楊萬里二家爲代表。
〔註148〕按：吾師黃博士忠天教授於易學研究一門課程亦講授北宋史事易學脈絡，於此提出之觀點即是課堂上受恩師啓蒙而成。
〔註149〕〔清〕紀昀主編，《四庫全書提要·易類》，（臺北：藝文出版社，2006年），頁62。
〔註150〕李威熊：《中國經學發展史論》上冊，（臺北：文史哲出版社，1988年），頁305。

雖無替此書提要，而仍對蘇軾之師歐陽脩《易童子問》書寫提要，稱歐對王弼《周易注》，共糾正「疏誤處有數十事」，並稱其「治易基本精神」深受王弼影響，就師承而言，蘇軾或受歐之沾染亦能主義理、說人事；汪惠敏將此書歸於「義理易學」底下「人事」一類，其提要則引晁說之、朱熹以及《四庫全書提要》說法認定《東坡易傳》，雜以佛老，近於王弼〔註151〕，然而蘇軾雖爲歐陽脩提攜之門生，在卦爻關係提出「卦性爻情」之說卻直截承襲父說，亦較王弼易學又進一步發展。總體來說，李、汪二位學者皆依循《四庫全書提要》所指「軾之說多切人事」〔註152〕，進行說明。而《東坡易傳》既切人事，所展現之特色，又注重於闡發君臣之際、歷史興衰以及聖賢修養，其中多處徵引歷代人事以證《易》理，或爲宋代史事易之發展重要關鍵，因此底下試舉出《東坡易傳》之中「引史證易」之條例，進行探論。

在〈大畜·大象傳〉解中除了引用《易·乾文言》，並且以〈乾·九二〉比喻漢高帝，內容云：

> 孔子論〈乾·九二〉之德曰：「君子學以聚之，問以辨之。」是以知〈乾〉之健，患在於不學，漢高帝是也，故〈大畜〉之君子將以用〈乾〉，亦先厚其學。〔註153〕

蘇軾此說原注〈大畜卦·大象傳〉：「君子以多識前言往行，以畜其德」一句〔註154〕，藉以說解君子應博學篤行，來畜養德行，然而舉漢高帝劉邦起於鄉野，後推翻嬴政暴秦，抗衡西楚霸王項羽，建立漢朝，然其朝廷儀制乃依賴叔孫通才得以建立，以此爲史例，論漢高帝之過，並印證〈大畜卦·大象傳〉、〈繫辭傳〉所言。此種將九二爻視爲歷史人物，進行比附、評論，乃「引史證易」之法，而對照蘇軾〈儒者可與守成論〉一篇文章中提及：

> 至秦之亂，則天下蕩然無復知有仁義矣！漢高帝以三尺劍起布衣，五年而并天下。雖稍輔於仁義，然所用之人，常先於智勇所行之策，常主於權謀。是以戰必勝，攻必取。天下既平，思所以享其成功，

〔註151〕汪惠敏：《宋代經學之研究》，（臺北：師大書苑，1989年），頁73～頁74。
〔註152〕〔清〕紀昀主編，《四庫全書提要·易類》，（臺北：藝文出版社，2006年），頁74。
〔註153〕〔宋〕蘇軾：《東坡先生易傳》，嚴靈峰輯，（臺北：成文出版社，據明萬曆二十五年刊「兩蘇經解」本影印，1965年），頁148。
〔註154〕〔宋〕蘇軾：《東坡先生易傳》，嚴靈峰輯，（臺北：成文出版社，據明萬曆二十五年刊「兩蘇經解」本影印，1965年），頁148。

而安於無事，以爲子孫無窮之謀，而武夫謀臣舉，非其人莫與爲者。

故陸賈譏之曰：「陛下以馬上得之，豈可以馬上治之。」〔註155〕

亦可作爲此處易解之旁證，蘇軾對於漢高帝之見解是「患在不學」，劉邦以武力得天下，卻急於「馬上」治天下。〈大畜〉卦之思想或可作爲漢高帝之借鑒，其應「先厚其學」，而內外兼修，進以統領天下，因此高帝後呂后亂政，或與漢高帝「不學」相關。

相對〈大畜〉畜養學識，在蘇軾〈小畜‧大象傳〉解中，則論及畜養他人文德：

夫畜已而非其人，則君子不可以有爲，獨可以雍容講道，如子夏之在魏，子思之在魯，可也。〔註156〕

其中舉出子夏曾於魏國西河執教〔註157〕，與子思在魯執教爲魯繆公之師〔註158〕，以先秦之史事論及〈小畜‧大象傳〉所云「君子以懿文德」，可與〈大

〔註155〕〔宋〕蘇軾：《蘇軾文集‧儒者可與守成論》，（北京：中華書局，2004 年 11 月），頁 19～頁 41。

〔註156〕〔宋〕蘇軾：《東坡先生易傳》，嚴靈峰輯，（臺北：成文出版社，據明萬曆二十五年刊「兩蘇經解」本影印，1965 年），頁 61。

〔註157〕〔漢〕《史記‧孔子弟子列傳》，卷六十七，「孔子沒，子夏居西河教授，爲魏文侯師」，（臺北：藝文印書館，1973 年），頁 882。

〔註158〕〔漢〕司馬遷：《史記‧孔子世家》，卷四，「子思年六十二，嘗困於宋。子思作中庸」，（臺北：藝文印書館，1973 年），頁 760～頁 775；〔漢〕趙岐注、〔宋〕孫奭疏、〔清〕阮元編：《孟子正義》冊二，第二十一卷，〈萬章〉下，萬章曰：「庶人，召之役，則往役；君欲見之，召之，則不往見之，何也？」曰：「往役，義也；往見，不義也。且君之欲見之也，何爲也哉？」曰：「爲其多聞也，爲其賢也。」曰：「爲其多聞也，則天子不召師，而況諸侯乎？爲其賢也，則吾未聞欲見賢而召之也。繆公亟見於子思，曰：『古千乘之國以友士，何如？』子思不悅，曰：『古之人有言曰：「事之云乎」，豈曰友之云乎？』子思之不悅也，豈不曰：『以位，則子，君也，我，臣也，何敢與君友也？以德，則子事我者也，奚可以與我友？』千乘之君求與之友，而不可得也，而況可召與？齊景公田，招虞人以旌；不至，將殺之。『志士不忘在溝壑，勇士不忘喪其元。』孔子奚取焉？取非其招不往也。」曰：「敢問招虞人何以？」曰：「以皮冠。庶人以旃，士以旂，大夫以旌。以大夫之招招虞人，虞人死不敢往；以士之招招庶人，庶人豈敢往哉？況乎以不賢人之招招賢人乎？欲見賢人而不以其道，猶欲其入而閉之門也。夫義，路也；禮，門也。惟君子能由是路，出入是門也。《詩》云：『周道如底，其直如矢；君子所履，小人所視。』」萬章曰：「孔子『君命召，不俟駕而行』。然則孔子非與？」曰：「孔子當仕有官職，而以其官召之也。」，（臺北：臺灣中華書局，1966 年 3 月），頁 14～頁 16。

畜‧大象傳〉作一比較，而在「大象傳」此二處引證史事之論法，乃《東坡
易傳》，透過文學章法，使用縱橫家援史爲例作爲議論根柢之法，依此闡述蘇
軾易學思想之處。

　　若在六十四卦，其〈爻辭〉、〈小象傳〉之間，亦有流露此特色之條例。
如：〈升卦‧六四爻辭〉、〈升卦‧小象傳〉解「王用亨於岐山」，蘇軾舉周太
王古公亶父遷移居住地爲例：

　　　太王避狄於豳，而亨於岐；方其去豳也，豈知百姓之相從而不去哉！
　　　亦以順物之勢而已，以此獲吉，夫何咎之有？〔註159〕

陳述太王爲了人民安居，躲避戎狄外患之禍，舉族離開豳，而遷徙至岐山，
百姓不離不棄，相隨相從，乃是古公亶父能「順物之勢」，此以史事論及人
事應對進退之理，藉由古公亶父遷都，順民心，隨境發展，得以無咎而獲吉。

　　在〈明夷卦‧六五爻辭〉、〈明夷卦‧小象傳〉與〈繫辭傳〉解亦使用史
事，以印證易理，二者皆以殷商賢臣「箕子」作爲比附。首先〈明夷卦‧六
五爻辭〉：「箕子之明夷，利貞。」、〈明夷卦‧小象傳〉：「箕子之貞，明不可
息也。」，其解云：

　　　六五之於上六，正之則勢不敵，救之則力不能，去之則義不可，此
　　　最難處者也。如箕子而後可，箕子之處於此，身可辱也，而「明不
　　　可息」者也。〔註160〕

上注以「時位」解此爻義理——某臣欲正上位者之邪行，但無奈大勢已去；
某臣欲救上位者之陷於險境不自知，卻嘆己力有未逮；某臣欲捨暴虐之君而
去之，卻不符合道德仁義，乃「最難處者」。蘇軾並承爻辭，在此爻上針對
人事應對進退，提出箕子「身可辱」作爲評語，但其心卻能清高自持，所謂
「明不可息」，此即是指箕子雖勸諫商紂而遭受囚禁，仍不改其潔白之操守。
故在《東坡易傳》之〈繫辭傳〉上「知周乎萬物，而道濟天下，故不過」解
云：

　　　知之未極，道之不全，是以有過。故箕子以極爲中明。夫極，則不
　　　過也。知周萬物，可謂極矣。道濟天下，可謂全矣。〔註161〕

〔註159〕〔宋〕蘇軾：《東坡先生易傳》，嚴靈峰輯，（臺北：成文出版社，據明萬曆二
　　　　十五年刊「兩蘇經解」本影印，1965年），頁261。
〔註160〕〔宋〕蘇軾：《東坡先生易傳》，嚴靈峰輯，（臺北：成文出版社，據明萬曆二
　　　　十五年刊「兩蘇經解」本影印，1965年），頁204。
〔註161〕〔宋〕蘇軾：《東坡先生易傳》，嚴靈峰輯，（臺北：成文出版社，據明萬曆二

上文亦舉箕子爲用，作爲其詮釋易理之依據，「箕子以極爲中明」，即是對《尙書正義・周書・洪範》，武王請教箕子施政之道，即是箕子論「皇極」之言：

> 無偏無陂，遵王之義；無有作好，遵王之道；無有作惡，遵王之路。
>
> 無偏無黨，王道蕩蕩；無黨無偏，王道平平；無反無側。王道正直，
>
> 會其有極，歸其有極。〔註162〕

此「無偏無陂」、「無有作好」、「無有作惡」，以及「無偏無黨」，指箕子之「中明」，亦指箕子稱之「皇極」也，是蘇軾「引史證經」，亦爲「引經證經」之法，此例乃使易理更切合人事，輔佐易理功不可沒。

　　若稍考察蘇氏家學，其父兄子弟之間，深究《尙書》、《春秋左傳》二經，更對《史記》、《漢書》、《戰國策》之筆法有所襲用，因此也造就《東坡易傳》中形成了「引證史事之論法」，此文學特色亦或使其易學思想得以在南宋時期廣受引用與評析，或甚可作史事易學於北宋之發展脈絡〔註163〕，至南宋李光、楊萬里大量援引史事，以佐《易》道，而成一宗。

　　　　十五年刊「兩蘇經解」本影印，1965 年），頁 375～頁 376。

〔註162〕〔漢〕孔安國注、〔唐〕孔穎達疏、〔清〕阮元編：《尚書正義》，卷十二，（臺北：臺灣中華書局，1972 年 3 月，台二版），頁 9。

〔註163〕按：參照恩師黃忠天博士《宋代史事易學研究》，（高雄：高雄師範大學博士論文，1995 年 5 月），頁 79。

第四章　蘇軾議論文章之易學思想

　　蘇洵〈易論〉：「聖人之道，得禮而信，得易而尊。」〔註1〕，後世雖不推崇蘇軾為聖儒，但因其深研易學，在許多的古文篇章中呈現其思想，亦可以見出蘇軾直承蘇洵而來的積極入世觀。並且構成了蘇軾以儒家為主之思想，另外亦能以縱橫家之論述，來闡發易學思想，由此基礎進行易學與文學融攝，在兩者交織底下，形成發出萬丈光芒之成就。然蘇軾文集之盛行的確早於《東坡易傳》，且也從當時流傳「蘇文熟，吃羊肉；蘇文生，吃菜羹」〔註2〕，而能得知研讀蘇文者眾。觀蘇軾早期易學與古文作品之融攝，多呈現在經典闡述、經世治用與史事翻案之論文當中，隨著其名氣興盛，其易學、文學兩者融攝亦加頻繁。烏臺詩案後，遭貶黃州時期，《易傳》之撰著則流露出道家老莊思想〔註3〕，此亦是蘇軾文學作品中之特色，雖在蘇轍為蘇軾寫之墓誌銘〔註

〔註1〕　〔宋〕蘇洵：《嘉佑集・易論》，卷六，（臺北：臺灣商務印書館，1977 年 6 月），頁51～頁52。

〔註2〕　〔宋〕陸游：《老學庵筆記》，國初尚《文選》，當時文人專意此書，故草必稱「王孫」，梅必稱「驛使」，月必稱「望舒」，山水必稱「清暉」。至慶曆後，惡其陳腐，諸作者始一洗之。方其盛時，士子至為之語曰：「《文選》爛，秀才半。」建炎以來，尚蘇氏文章，學者翕然從之，而蜀士尤盛。亦有語曰：「蘇文熟，吃羊肉。蘇文生，吃菜羹。」，卷八，（北京：中華書局，1985 年），頁71。

〔註3〕　按：可參考本文第三章第二節第二小點兼融莊子「聖人」境界與極富想像之行文。另參照元脫脫，《宋史・蘇軾本傳》：「既而讀莊子，嘆曰：『吾昔有見，口未能言，今見是書，得吾心矣！』」，（臺北：臺灣商務印書館，1988 年 1 月），頁4181；亦可參照宋蘇轍，《蘇轍文集》，（北京：中華書局，2004 年 5 月），頁1117～頁1128。

4）與宋史本傳〔註5〕皆載──蘇軾年輕時對《莊子》特別喜愛，然貶謫黃州時，更凸顯此種愛好與風格〔註6〕，其中耳熟能詳之文賦──《赤壁賦》便是一例，此外文中對於「水」之比喻，也可以說是原自《易經·坎卦》與孔子對水之盛嘆。本章欲以東坡議論文章，所融攝之易學思想，進行探討分析，以下便依「注重儒理，闡述情本之經論」、「以儒爲主，以民爲本之政論」，以及「深慮憂患，趨吉避凶之史論」，此三小點爲主進行申論。

第一節　注重儒家義理，以情爲本之經論

　　在宋初疑經改經思潮底下，蘇軾「論」一類〔註7〕，有不少探討經典類之文，其中涉及諸經者，或以綜觀而論，或以蜀學「情本論」〔註8〕闡述之，比如：〈易論〉、〈書論〉、〈詩論〉、〈禮論〉、〈春秋論〉、〈中庸三論〉等六篇經論。此六篇專論經籍之文，除反映出蘇軾疑經思想，亦能在其中窺見易學與古文融攝之端緒，此或受歐陽脩之啓迪。歐陽脩〈易童子問〉始啓疑經思潮，乃透過「問難體」首先發聲論辯，或受到易經革卦、鼎卦影響，即所謂「革故鼎新」之思想，造成當時學術風氣之演變與遞嬗，再往上推溯，歐此思想更受鄭玄易注引易緯進行詮解，鄭贊同易有三義，其中「變易」之思維，便是疑經思想所本〔註9〕。然而探論蘇軾易學與經論融攝之前，先就其經論稍加分類，以利分析探討。

　　蘇文中探論經義、提出己見，以論爲題者，如：〈論好德錫之福〉、〈論鄭伯克段於鄢〉、〈論鄭伯以璧假許由〉、〈論取郜大鼎於宋〉、〈論齊侯爲侯胥命於蒲〉、〈論禘於太廟用致夫人〉、〈論閏月不告朔猶朝於廟〉、〈論用郊〉、〈論會於澶淵宋災故〉、〈論黑肱以濫來奔〉、〈論春秋變周之文〉等，皆就春秋三傳而論，並提出疑義深入探析，是疑經思潮底下之著作。此外以春秋時期名

〔註4〕〔宋〕蘇轍：《蘇轍文集》，（北京：中華書局，2004年5月），頁1117～頁1128。
〔註5〕〔元〕脫脫：《宋史·蘇軾本傳》，（臺北：臺灣商務印書館，1988年1月），頁4181。
〔註6〕〔元〕脫脫：《宋史·蘇軾本傳》，（臺北：臺灣商務印書館，1988年1月），頁4181。
〔註7〕王更生：《蘇軾散文研讀》，（臺北：文史哲出版社，2001年2月），頁118。
〔註8〕冷成金：《蘇軾的哲學觀與文藝觀》，（北京：學苑出版社，2004年4月，第2版），頁92～頁111。
〔註9〕葉國良：《宋代疑經改經考》，（臺北：臺灣大學碩士論文，1978年）。

人爲題，如：〈宋襄公〉一篇就春秋三傳記載，宋襄公由霸而衰，進行相互比義，並稍作闡述，以宋襄公爲論點切入，探討此人功過，雖不以論事件做爲題名，但仍屬於春秋經論範疇，不列入第二節「史論」範疇。此外仍有不以「論」爲題，其中仍有論及經典知識或討論疑義之篇章，比如：〈書義〉十二篇〔註10〕、〈孟子義〉一篇、〈三傳義〉十篇，以及〈易解〉一篇，皆是可考察蘇軾易學與古文融攝之重要文獻。而底下就「易論：義理爲主，兼採象數」與「中庸論：性本誠明，本之人情」二小點探論之。

一、易論：義理爲主，兼採象數

若就蘇軾經論中，能呈現蘇軾易學思想之篇章，要屬〈易論〉（或名〈易義〉）與〈易解〉二篇，二篇又以〈易論〉最爲精要，而蘇軾此論文之中，首段：

> 《易》者，卜筮之書也。挾策布卦，以分陰陽而明吉凶，此日者之事，而非聖人之道也。聖人之道，存乎其爻之辭，而不在其數。數非聖人之所盡心也，然《易》始於八卦，至於六十四，此其爲書，未離乎用數也。而世之人皆恥其言《易》之數，或者言而不得其要，紛紜迂闊而不可解，此高論之士所以不言歟？夫《易》本於卜筮，而聖人恥言於其間，以盡天下之人情。使其爲數紛亂而不可考，則聖人豈肯以其有用之言，而託之無用之數哉！〔註11〕

蘇軾承襲蘇洵之〈易論〉，更評「挾策布卦，以分陰陽而明吉凶」，是「日者」江湖術士之事，並以「非聖人之道」批判之，平心而論若《易》只用於占卜論卦，營以爲生，實在有損大道，亦非聖人所爲，但對於《易》開宗明義，本爲卜筮之書之言〔註12〕，卻是對其父蘇洵之論更進一步推闡，蘇洵曾云：

> 《易》者，豈聖人務爲新奇秘怪以誇後世耶？聖人不因天下之至神，則無所施其教。卜者，聽乎天而人不預焉者也，筮者決之天而營之人者也。龜，漫而無理者也，灼荊而鑽之，方功義弓，惟其所爲，而人

〔註10〕按：宋史載大蘇另有《書傳》。參照元脫脫，《宋史・蘇軾本傳》，（臺北：臺灣商務印書館，1988 年 1 月），頁 4189。

〔註11〕〔宋〕蘇軾：《蘇軾文集・易論》，（北京：中華書局，2004 年 11 月），頁 52～頁 53。

〔註12〕〔宋〕蘇軾：《蘇軾・詩論》，（北京：中華書局，2004 年 11 月），頁 55～頁 56。

何預焉？聖人曰：是純乎天技耳，技何所施吾教？於是取筮。〔註13〕
文中指《易》並非聖人透過占卜手法用來炫世的工具，占卜者與《易》關係
密切，只針對其之用而不知其之理，聖人更著重在「施教」，而非迷於「神理」，
此論正是蘇軾針對《易》本質所申論的根源，當時雖早已接受《易‧卦辭》
為占卜之辭，且先秦時，《易》確為占卜吉凶禍福之書，但此觀點之提出，除
反映出宋初疑經思潮逐漸成形，亦能見出蘇軾站在其父蘇洵義理易學之基礎
上，不迷象數而深賾易理，蘇軾之〈易論〉次段言：

> 今夫《易》之所謂九六者，老陰、老陽之數也。九為老陽而七為少
> 陽，六為老陰而八為少陰。此四數者，天下莫知其所為如此者也。
> 或者以為陽之數極於九，而其次極於七，故七為少而九為老。至於
> 老陰，苟以為以極者而言也，則老陰當十，而少陰當八。今少陰八
> 而老陰反當其下之六，則又為之說曰：陰不可以有加於陽，故抑而
> 處之於下。使陰果不可以有加於陽也，而曷不曰：老陰八而少陰六。
> 且夫陰陽之數，此天地之所為也，而聖人豈得與於其間而制其予奪
> 哉。此其尤不可者也。夫陰陽之有老少，此未嘗見於他書也，而見
> 於《易》。《易》之所以或為老或為少者，為夫揲著之故也。〔註14〕

相較其父蘇洵於〈易論〉末段論及陰陽卜筮，揲著成卦，雖言象數之理，但
通篇來看，老蘇仍以義理與人事為主立論，象數易學並非其所重視之部分〔註
15〕，蘇軾〈易論〉承之，除申論象數中九六七八之數與陰陽關係，並且認為
一般學者之見仍有破綻。文中並推論陰陽之數，實由著草占卜過程而來。此
外蘇軾〈易論〉提及藉陰陽區分「老少」之說，其中蘊涵宇宙次序之概念是
《易》道精妙之處，更影響到人倫關係之建立，此點才為《易》無上價值。
其父蘇洵曾言：

> 聖人之道，得《禮》而信，得《易》而尊。信之而不可廢，尊之而不敢
> 廢，故聖人之道所以不廢者，《禮》為之明而《易》為之幽也。〔註16〕

〔註13〕〔宋〕蘇洵：《嘉佑集‧易論》，卷六，（臺北：臺灣商務印書館，1977 年 6
月），頁 51～頁 52。

〔註14〕〔宋〕蘇軾：《蘇軾文集‧易論》，（北京：中華書局，2004 年 11 月），頁 52
～頁 53。

〔註15〕〔宋〕蘇洵：《嘉佑集‧易論》，卷六，（臺北：臺灣商務印書館，1977 年 6
月），頁 51～頁 52。

〔註16〕〔宋〕蘇洵：《嘉佑集‧易論》，卷六，（臺北：臺灣商務印書館，1977 年 6
月），頁 51～頁 52。

此段點出《易》道實爲深幽，而聖人之道透過《禮》來彰明，才可深得人心；透過《易》深厚其理，才能夠有所尊顯。然老蘇最後遺作爲《太常因革禮》，雖未成書，但仍知其研禮之深，而在晚年囑託蘇軾未了心願——完成《易傳》。就蘇軾與其父蘇洵〈易論〉二篇而言，可以理解思想上蘇軾承襲老蘇，並進一步闡發老蘇之說，更可見蘇軾較其父蘇洵接納象數，但此之「象數」並非指兩漢所傳「象數」，亦非宋圖書易一派，以圖表申易，而是指：

> 故夫說者宜於其揲蓍焉而求之。揲蓍之法，曰：掛一歸奇。三揲之餘而以四數之，得九而以爲老陽，得八而以爲少陰，得七而以爲少陽，得六而以爲老陰。然而陰陽之所以爲老少者，不在乎七、八、九、六也，七、八、九、六徒以爲識焉耳。〔註17〕

上文中所言申明「七、八、九、六」之數，只是明「陰陽老少」之理，做爲識明之用，並非漢儒賦予象數至高無上，幽晦難測、神秘讖緯之面紗。因此蘇軾又詳細的探討兩者之關係：

> 老者，陰陽之純也。少者，陰陽之雜而不純者也。陽數皆奇而陰數皆偶，故乾以一爲之爻，而坤以二天下之物，以少爲主。故乾之子皆二陰，而坤之女皆二陽。老陽老陰者，乾坤是也。少陰少陽者，乾坤之子是也。揲蓍者，其一揲也。少者五而多者九，其二其三少者四而多者八。多少者，奇偶之象也，一爻而三揲著，譬如一卦而三爻也。陰陽之老少，於卦見之於爻，而於爻見之於揲。使其果有取於七、八、九、六，則夫此三揲者，區區焉分其多少而各爲處，果何以爲也？今夫三揲而皆少此，無以異於乾之三爻而皆奇也。三揲而皆多此，無以異於坤之三爻而皆偶也。三揲而少者一，此無以異於震坎艮之一奇而二偶也。三揲而多者一，此無以異於巽離兑之一偶而二奇也。若夫七、八、九、六，此乃取以爲識，而非其義之所在，不可以彊爲之說也。〔註18〕知

末段「乾之子」指「震、坎、艮」三卦，分別代表長子、中子、少子；「坤之女」指「巽、離、兑」三卦，分別代表長女、中女、少女。蘇軾釋「老少」

與「陰陽」之間關係，確是符合邏輯之推論，且以揲蓍成卦之過程與結果，來說明「七、八、九、六」之數，符合疑經思潮之實證精神，但文中只論「九、八」二數，而無論及「七、六」二數，甚爲可惜。文末以「不可以彊爲之說」作結，正推翻前人對於「七、八、九、六」之數一般看法：陽之極爲九，次爲七，才分爲老陽、少陽；陰不能凌駕於陽，因此數也由下而上，所以六、八爲老陰、少陰〔註19〕。因此蘇軾透過經論呈現其易學思想，所立論有別於常儒，而提出新見。此種有別以往論點之文，又稱「翻案文章」，至南宋呂祖謙編著《東萊博議》，集翻案文章大成。

此外蘇軾〈易解〉一篇亦以《易》爲卜筮之書的前提之下，專論揲蓍成卦，並由文中可知蘇軾之「象數」論，或承襲唐一行（張遂，683～727年）〔註20〕，認爲「七、八、九、六」是透過揲蓍餘數之統計而來：

> 唐一行之學則不然。以爲《易》固言之矣，十有八變而成卦，八卦而小成，則十（有）八變之間有八卦焉，人莫之思也。變之初，有多少。其一變也，不五則九。其二與三也，不四則八。八與九爲多，五與四爲少。多少者，奇偶之象也。三變皆少，則乾之象也。乾所以爲老陽，而四數其餘得九，故以九名之。三變皆多，則坤之象也，坤所以爲老陰，而四數其餘得六，故以六名之。三變而少者一，則震坎艮之象也，震坎艮所以爲少陽，而四數其餘得七，故以七名之。三變而多者一，則巽離兌之象也，巽離兌所以爲少陰，而四數其餘得八，故以八名之。故七、八、九、六者，因餘數以名陰陽，而陰陽之所以爲老少者，不在是而在乎三變間，八卦之象也。此唐一行之學也。〔註21〕

對照上文可知道蘇軾〈易論〉一文，雖申論其「象數」之見，但著重於「義」，在蘇軾〈易解〉則更明白「解」其「象數」之見，探「七、八、九、六」之

〔註19〕 〔宋〕蘇軾：《蘇軾文集・易論》：「或者以爲陽之數極於九，而其次極於七，故七爲少而九爲老。至於老陰，苟以爲以極者而言也，則老陰當十，而少陰當八。今少陰八而老陰反當其下之六，則又爲之說曰：陰不可以有加於陽，故抑而處之於下」，（北京：中華書局，2004年1月），頁52～頁53。

〔註20〕 〔五代晉〕劉昫等：《舊唐書》冊十，〈方技・一行傳〉，「撰大衍論三卷……推周易大衍之述，立衍以應之，故撰開元大衍曆」，（臺北：臺灣商務印書館），頁14～頁15。

〔註21〕 〔宋〕蘇軾：《蘇軾文集・易解》，（北京：中華書局，2004年11月），頁192～頁193。

數形成箇中原由。由〈易論〉、〈易解〉二文相互補足，蘇軾對於《易》本卜筮之書、陰陽老少之說，以及「七、八、九、六」之數等易學議題，闡述蘇軾之易學思想，透過「論」、「解」之文體呈現，更可見出蘇軾易學與論之融攝，具有高度思想性，此外這種「詳此略彼」之寫法或源自司馬遷《史記》〔註22〕。若再以二篇考察《東坡易傳》中，《易·繫辭傳》上釋「大衍之數」一章：

> 五行蓋交相成也，水、火、木、金不得土，土不得是四者皆不能成。夫五行之數始於一，而至於五足矣！自六往者，相因之數也。水、火、木、金得土而後成，故一得五而成六、二得五而成七、三得五而成八、四得五而成九。土無定位，無成名，無專氣，水火木金四者成，而土成矣！故得水之一，得火之二，得木之三，得金之四而成十，言十則一、二、三、四在其中；而言六、七、八、九，則五在其中矣！〔註23〕

由陰陽五行相生原理，推衍其他四德以「土」德爲主之易學思想，並將「六、七、九、八」、「一、二、三、四」與「五、十」等三組易數相互關係，與此思想相結合，推衍出一套象數之學，而後接續論及：

> 「大衍之數五十者」，五十特數，以爲在六、七、八、九之中也。一、二、三、四在十之中，然而特數者何也？水、火、木、金特見於四時，而土不特見，言四時足以舉土，而言土不足以舉四時也。水曰：潤下；火曰：炎上；木曰：曲直；金曰：從革；皆有以名之；而土爰稼穡曰：於是稼穡而已。五臟六腑無胃脈則死，而脾脈不可見，如雀之啄，如水之漏下，是脾之衰見也。故曰：土無定位，無成名，無專氣。〔註24〕

以陰陽五行與天行四時，論及水、火、金、木所呈現之象，並結合醫理談論《易》道，論五臟六腑與五行相應，並再次重申「土德」應獨立於四德之外，而《東坡易傳》續釋〈繫辭傳〉論及「乾之策二百一十有六……八卦而小成」，

〔註22〕按：參考鄭樑生：《司馬遷的世界》，（臺北：志文出版社，1988年5月）。又參照元脫脫《宋史·蘇軾本傳》，記載蘇軾自小研讀史記，當受其書寫方法沾染。（臺北：臺灣商務印書館，1988年1月），頁4181。

〔註23〕〔宋〕蘇軾：《東坡先生易傳》，嚴靈峰輯，（臺北：成文出版社，據明萬曆二十五年刊「兩蘇經解」本影印，1965年），頁389～頁390。

〔註24〕〔宋〕蘇軾：《東坡先生易傳》，嚴靈峰輯，（臺北：成文出版社，據明萬曆二十五年刊「兩蘇經解」本影印，1965年），頁390～頁391。

提出有別於一般易注之說：

> 四營而一變，三變而一爻，六爻爲十八變也。三變之餘而四數之，
> 得九爲老陽，得六爲老陰，得七爲少陽，得八爲少陰，故曰：乾之
> 第二百一十有六，坤之策百四十有四，取老而言也。九六爲老，七
> 八爲少之說，未之聞也。或曰：陽極於九，其次則七也。極者爲老，
> 其次爲少，則陰當老於十，而少於八。曰：陰不可加於陽，故十不
> 用；十不用猶當老於八，而少於六也。則又曰：陽順而上，其成數
> 極於九；陰逆而下，其成數極於六，自下而上陰陽均也，穉於子午
> 而壯於己亥，始於復姤而終於乾坤者，陰猶陽也。曷嘗有進陽而退
> 陰，與逆順之別乎！且此自然而然者，天地且不能知，而聖人豈得
> 與於其間，而制其予奪哉！〔註25〕

由上得知當時學術對易學提出「七、八、九、六」與「老少」之說過於附會，
甚至結合漢代十二消息卦象數之學，蘇軾對此提出批評，並引唐僧一行之學，
作爲立論依據與明證，藉以反駁當時釋易數謬誤之說：

> 惟唐一行之學則不然，以爲易固已言之矣！曰：十有八變而成卦，
> 八卦而小成，則十八變之間有八卦焉！人莫之思也。變之扐有多少，
> 其一變也，不五則九；其二與三也，不四則八；八與九爲多，五與
> 四爲少，少多者奇偶之象也。三變皆少，則乾之象也，乾所以爲老
> 陽而四數其餘得九，故以九名之；三變皆多，則坤之象也，坤所以
> 爲老陰而四數其餘得六，故以六名之；三變而少者，一則震坎艮之
> 象也，震坎艮所以爲少陽，而四數其餘得七，故以七名之；三變而
> 多者，一則巽離兌之象也，巽離兌所以爲少陰，而四數其餘得八，
> 故以八名之。故七、八、九、六者，因餘數以名陰陽，而陰陽之所
> 以爲老少者，不在是而在乎三變之間，八卦之象也。此唐一行之學
> 也。〔註26〕

因此就以上易注段落與〈易論〉、〈易解〉兩文相較之下，可發現《東坡易傳》
中〈繫辭傳〉解與二篇經論之關係，後者以較完善之見解，探論大衍之數與五

〔註25〕 〔宋〕蘇軾：《東坡先生易傳》，嚴靈峰輯，（臺北：成文出版社，據明萬曆二
十五年刊「兩蘇經解」本影印，1965 年），頁 392～頁 393。

〔註26〕 〔宋〕蘇軾：《東坡先生易傳》，嚴靈峰輯，（臺北：成文出版社，據明萬曆二
十五年刊「兩蘇經解」本影印，1965 年），頁 393～頁 394。

行、揲策，而後由餘數才形成「七、八、九、六」之論，論證詳實，說理精要。由上可推出蘇軾易學體系建立，與唐僧一行之易學，有深厚淵源，而文章注重推理舉證，以義理爲主，是儒者之本色，實毋庸置疑。除此之外蘇軾《詩論》亦於文中再次強調「《易》之文爲卜筮而作」，因此「時亦有所不可前定之說」，因此對於《易》仍抱持理性思維，並能順應疑經思潮，依據其所蒐集明證而提出見解，展現「義理爲主，兼採象數」之易學與議論文融攝思想。

二、中庸論：性本誠明，本之人情

　　蘇軾將易學思想融攝於其經論之中，蘇軾在宋代理學逐漸興起背景之下，由易學結合《禮記・中庸》探論天理性命，依此建構其重要易學思想「情本論」〔註 27〕，因此本目進行〈中庸論〉三篇之探討，並稍論宋代理學研究主要文獻，並藉此闡述蘇軾易學與文學融攝思想，與當代主流學術理學與文學融攝思想〔註 28〕之關係與異同。而以蘇軾〈中庸論〉三篇中相較二程子易學相關論述，其中大程程顥〈定性書〉與〈識仁篇〉，可以認定爲易學泛論，更是其理學重要基礎論說，而小程程頤雖無對《易》進行通論，卻有《易程傳》一書，更成爲南宋之後易學學術主流。而蘇軾在〈中庸論〉三篇亦代表其「性命」之論，在〈中庸論〉上篇指出：

> 自子思作《中庸》，儒者皆祖之以爲性命之說。嗟夫，子思者，豈亦
> 斯人之徒歟？蓋嘗試論之。夫《中庸》者，孔氏之遺書而不完者也。
> 其要有三而已矣。三者是周公、孔子之所從以爲聖人，而其虛詞蔓
> 延，是儒者之所以爲文也。是故去其虛詞，而取其三。其始論誠明
> 之所入，其次論聖人之道所從始，推而至於其所終極，而其卒乃始
> 內之於《中庸》。蓋以爲聖人之道，略見於此矣！〔註 29〕

以一貫疑經思想，對於子思著作〈中庸〉，蘇軾認爲是「孔氏遺書不完者」，然其文中要點深有見地，指出有三項可學習者，一爲提出「性即出於誠明」、二爲知「聖人之道之從始」，三爲「〈中庸〉內化前二項」成爲一思想體系，

〔註 27〕冷成金：《蘇軾的哲學觀與文藝觀》，（北京：學苑出版社，2004 年 4 月），頁
　　　　92～頁 111。
〔註 28〕鄧瑩輝：《兩宋理學美學與文學研究》，（武漢：華中師範大學出版社，2007
　　　　年 9 月），頁 83～頁 97。
〔註 29〕〔宋〕蘇軾：《蘇軾文集・中庸論》，（北京：中華書局，2004 年 11 月），頁
　　　　60。

而提出應去除周、孔後之「虛詞」。此思想源於孔子「文勝質則史」，過於注重文是流於形式，應本「文質彬彬」，使內容與形式相輔相成。而〈中庸論〉上篇文末提出孔子晚而習易，若沒有深厚閱歷與樂在其中，難以體悟《易》道深微，其曰：

> 孔子蓋長而好學，適周觀禮，問於老聃、師襄之徒，而後明於禮樂。
> 五十而後讀《易》，蓋亦有晚而後知者。然其所先得於聖人者，是樂
> 之而已。〔註30〕

聖人習易「晚而後知者」代表中庸所論及性命，與《易》道有極高相關，又上篇末句「夫惟憂患之至，而後誠名之辨，乃可以見」〔註31〕，乃為易學憂患思想之闡述，亦代表蘇軾推崇《易》道，並以鑽研《中庸》，或作為其易學與古文融攝之前導，於此稍可見其一斑。其餘中下二篇多以《記》稱《中庸》，代表當時對此篇文章仍視為附屬《禮記》之文，但《蘇軾文集》特別將之列於諸經經論之中，與《易》、《書》、《詩》、《禮》、《春秋》同等，見識不凡，或反映蘇軾重視〈中庸論〉此三篇之研究，然考察《宋史・藝文志》子部雖有趙澡〈中庸論〉一卷〔註32〕，卻查無趙之生平，清朱彝尊《經義考》亦載張方平有〈中庸論〉三篇、范祖禹〈中庸論〉一卷，皆列蘇軾〈中庸論〉三篇之前，後便接續程顥〈中庸解〉一卷〔註33〕，以至朱熹將《論語》、《孟子》、《中庸》、《大學》並列〔註34〕，可見蘇軾於四書學史之「中庸學」或能占得一席地位，然此處以蘇洵情本思想〔註35〕為根基，進而論「誠」。反觀程顥〈定性書〉（或稱〈答橫渠張子厚先生書〉）中論及《易》與「性命」之理：

> 夫天地之常，以其心普萬物而無心；聖人之常，以其情順萬物而無
> 情。故君子之學，莫若廓然而大公，物來而順應。《易》曰：「貞吉，

〔註30〕 〔宋〕蘇軾：《蘇軾文集・中庸論》，（北京：中華書局，2004 年 11 月），頁61。

〔註31〕 〔宋〕蘇軾：《蘇軾文集・中庸論》，（北京：中華書局，2004 年 11 月），頁61。

〔註32〕 〔元〕脫脫：《宋史・藝文志》：卷二○五，（臺北：臺灣中華書局，1971 年），頁3。

〔註33〕 〔清〕朱彝尊：《經義考》，卷一百五十一，（北京：中華書局，1998 年 11 月），頁794。

〔註34〕 〔清〕朱彝尊：《經義考》，卷二百五十二，（北京：中華書局，1998 年 11 月），頁1271。

〔註35〕 〔宋〕蘇洵：《嘉祐集・禮論》，卷六，（臺北：臺灣商務印書館），頁 52～頁53。

悔亡。憧憧往來，朋從爾思。」苟規規於外誘之除，將見滅於東而
生於西也，非惟日之不足，顧其端無窮，不可得而除也。〔註36〕

文中所引《易》為〈咸卦・九四爻辭〉〔註37〕，作為其立論，認為天地與聖
人皆持性，必除去外在誘惑，不得搖擺不堅，舉棋不定之依據，並以「無心」、
「無情」與「大公」，實與蘇氏「情本論」〔註38〕大相逕庭，若對應二程論文，
認為文學應該強調「明道」與「致用」〔註39〕，但過度強調文學形式與文章
章法，實是「外誘」，後至南宋朱熹承襲二程理論，加以發揚成為「理學家之
散文」代表〔註40〕，朱所倡之文論，除可稱理學與文學融攝思想，或受易學
中「易簡」思想影響〔註41〕，而成為一種文道關係之極端，就此仍可視「朱
熹散文」為易學與文學融攝底下形成之文學，而兩者融攝關係，其較蘇軾更
偏重於《易》道而輕忽文，並且認為文學只為承載《易》道之工具，主張不
需注重文學形式。〔註42〕

〔註36〕　〔宋〕程顥、程頤：《二程集・答橫渠張子厚先生書》，（北京：中華書局，2006
　　　　　年9月，第二版），頁460。

〔註37〕　〔魏〕王弼注、〔唐〕孔穎達疏、〔清〕阮元編：《周易正義》，卷四，〈咸・六
　　　　　四爻辭〉注，（臺北：臺灣中華書局，1966年3月），頁2。

〔註38〕　冷成金：《蘇軾的哲學觀與文藝觀》，（北京：學苑出版社，2004年4月），頁
　　　　　92～頁111。

〔註39〕　劉大杰：《中國文學發展史》，（臺北：華正書局，1998年8月），頁600～頁602。

〔註40〕　劉大杰：《中國文學發展史》，（臺北：華正書局，1998年8月），頁602。

〔註41〕　按：黎靖德《朱子語錄・學二・總論為學之方》提及「今人言道理，說要平
　　　　　易，不知道那平易處極難。被那舊習纏繞，如何便擺脫得去！譬如作文一般，
　　　　　那箇新巧者易作，要平淡便難。然須還他新巧，然後造於平淡。又曰：「自高
　　　　　險處移下平易處，甚難。」（端蒙）」，（臺北：正中書局，1962年，頁232），
　　　　　此或由易簡思想所闡發，亦可參照康雲山教授〈朱子詩文論的潛在思想——
　　　　　本體先於現象〉一文所云，「……道是文的本體，文是道所派生，是道表現在
　　　　　外的形式。道派生萬物，無處而不存在，文只是道表現的一種形式，沒有道
　　　　　就沒有文的存在。……『文以貫道』之說，是顛倒了本末的次序。朱子的文
　　　　　道觀，明顯主張本體先於現象，因此，他批評一些用力於藝術形式之美，而
　　　　　不務本體涵養的現象……」，以及評論韓愈「文以明道」，乃「把本體與存在
　　　　　現象割裂為兩物，而且顛倒了本末賓主、輕重緩急的分別」，（《國立臺南大學
　　　　　人文研究學報》，第42卷，第1期，2008年，頁1～頁12），皆可顯示朱熹重
　　　　　道而不重文，對文之要求則以「易簡」為主。

〔註42〕　按：參照鄧瑩輝《兩宋理學美學與文學研究》，（武漢：華中師範大學出版社，
　　　　　2007年9月，頁94～頁97）。以及劉大杰《中國文學發展史》中論及〈理學
　　　　　家的文學觀〉以「文學無用論」、「載道說的極端」，且認為「道統文學家，最
　　　　　有代表性的是朱熹」，並引《朱子語錄》卷一三九「文皆是從道中流出」，證

就經論探及蘇軾與朱熹二位南宋大家，蘇軾認為易學與文學融攝應本於人情，以易學義理為始，而以文學情懷為終，二人實為兩判。故歐蘇一系與程朱一系之所注重「文、道」二者關係，正恰恰相反〔註43〕，歐注重二者的融洽並逐漸形成其易學與古文融攝之主張，蘇軾受其沾染並依此建立其易學與文學融攝思想，有別於朱熹理學與文學融攝思想，其中蘇軾易學思想「情本論」恐是學界無法將蘇軾歸類於理學家之重要因素，而本目蘇軾最後以「注重儒理，闡述情本」為其易學與中庸論融攝所呈現之主要思想，此或能佐證宋代四書學逐漸興盛。

第二節　闡述以儒為主，以民為本之政論

　　蘇軾政論〔註44〕，多以論、策、策問為名，主要論及經典、名人與政治之間，並注重「經世致用」。更深入策問與策為題者，比如〈私試策問八首·孔子贊易有申爻辭而無損益者〉與〈私試策問八首·王弼引論語以解易其說當否〉〔註45〕，明白探論經典疑義，以及作為試題題目，又有論及禮與禮制相關〈私試策問八首·廟欲有主祭欲有尸〉、〈策問六首·禮刑〉與〈雜策·天子六軍制〉，此外〈策問六首·復古〉則論及《春秋》之法〔註46〕，以上諸篇，性質為科舉試題前的引導論述，雖篇幅不長，但多為扼要之論，亦可以見透過古文闡述經典思想之特色，除承韓、歐文道論〔註47〕而來，並能結合其政治理念進行闡述，是可歸之為政論一類；或有科場以經典某事或某議為題之試論，諸如：〈省試刑賞忠厚之至論〉、〈御試重巽以身命論〉、〈學士院試孔子從先進論〉、〈學士院試春秋定天下之邪正論〉、〈儒者可與守成論〉、〈物不可以苟合論〉、〈王者不治夷

　　　　明朱熹文道關係見解，源於周敦頤、二程，（臺北：華正書局，1998年8月，頁600～頁607）。

〔註43〕朱剛：《歐陽脩與宋代士大夫·從「周程、歐蘇之裂」說起——宋代思想史視野下的文學家研究》，思想史研究第四輯，朱剛、劉寧主編，（上海：上海人民出版社，2007年9月），頁200～頁217。

〔註44〕王更生：《蘇軾散文研讀》，（臺北：文史哲出版社，2001年2月），頁118。

〔註45〕〔宋〕蘇軾：《蘇軾文集·私試策問八首·王弼引論語以解易其說當否》，（北京：中華書局，2004年11月），頁205。

〔註46〕〔宋〕蘇軾：《蘇軾文集·策問六首·復古》，（北京：中華書局，2004年11月），頁218。

〔註47〕劉大杰：《中國文學發展史》，〈韓愈〉，頁3765～頁380；〈歐陽脩與古文運動〉，頁593～頁600。（臺北：華正書局，1998年8月）。

狄論〉、〈劉愷丁鴻淑賢論〉等，藉由科舉試題，自經典概念爲基礎，延伸討論道德、仁治與思想上相關的議題。底下就「私試策問：推崇孔子，近於王弼」、「進論：經世致用，仁憂從政」二小點分析之。

一、私試策問：推崇孔子，近於王弼

　　後世評蘇軾或沾染縱橫家之氣，然而在〈私試策問八首・孔子贊易有申爻辭而無損益者〉一文，對孔子注重義理之態度與方法大表讚賞，更認爲部分沿用爻辭者，實無害其義，流露以儒家爲主之義理思想，文云：

　　《易》之爲書，要以不可爲必然可指之論也。其始有畫而無文，後
　　世聖人始爲之辭，蓋亦微見其端，而其或爲仁，或爲義，或小或大，
　　則付之後世學者之分。然世益久遠，則學者或入於邪說，故凡孔子
　　之所爲贊《易》者，特以防閑其邪說，使之從橫旁午，要不失正，
　　而非以爲必然可指之論也。是故其用意廣而其辭約。〔註48〕

論及《易》道精深，不能以一說言之，稍後則以易學史角度立論——當時學者，多因沈溺於邪說，孔子因而贊《易》來防止邪說擴散，其主張仁義爲主之政治理念，與義理解易之方法，用意深遠，而且用辭精當博約。蘇軾接續更舉出實例：

　　竊嘗深觀之，孔子蓋有因爻辭而申言之，若無所損益於其辭之義者
　　甚眾。〈比〉之初六：「有孚比之，無咎。有孚盈缶，終來，有它吉。」
　　〈象〉曰：「〈比〉之初六，有它吉也。」；〈小畜〉之初九：「復自道，
　　何其咎，吉。」〈象〉曰：「復自道，其義吉也。」；〈損〉之六四：「損
　　其疾，使遄有喜。」〈象〉曰：「損其疾，亦可喜也。」；〈大有〉之
　　上九：「自天祐之，吉，無不利。」〈象〉曰：「上有大吉，自天也。」，
　　夫既已言之矣，而孔子又申言之，使無所損益於其辭之義，則孔子
　　固多言也。乃孔子則有不勝言者。〔註49〕

上文統整出〈比卦・初六爻辭〉、〈小畜卦・初九爻辭〉、〈損卦・六四爻辭〉，以及〈大有卦・上九爻辭〉等四卦爻辭與其〈小象傳〉，比對之下輔證孔子「無

〔註48〕　〔宋〕蘇軾：《蘇軾文集・私試策問八首・孔子贊易有申爻辭而無損益者》，（北京：中華書局，2004 年 11 月），頁 203～頁 204。
〔註49〕　同上，《蘇軾文集・私試策問八首・孔子贊易有申爻辭而無損益者》，（北京：中華書局，2004 年 11 月），頁 203～頁 204。

所損益」爻辭，並定論爲孔子「有不勝言者」。此或代表蘇軾認同《易》道幽深，如孔子一般之聖人，仍有不可損益之處，且十分贊同孔子此作法。

然而在蘇軾政論文章中，亦由科舉策問探論王弼解易作法是否妥當，在〈私試策問八首·王弼引論語以解易其說當否〉一文中：

> 《語》：「禘自既灌而往者，吾不欲觀之」《易》曰：「觀，盥而不薦。」
> 《語》：「吾豈匏瓜也哉！安能繫而不食？」《易》：「以杞匏瓜，有隕
> 自天。」是二者其言則同，而其所以言者，可得爲同歟？王弼之於
> 《易》可以爲深矣，然因其言之適同，遂以爲訓，使學者不得不惑，
> 亦不可不辨。〔註50〕

其中首句「禘，自既灌而往者」，出自《論語·八佾》〔註51〕，次句爲引用《易·觀·卦辭》〔註52〕；再次句引《論語·陽貨》〔註53〕，末句則摘錄《易·姤》九五爻辭。蘇軾此篇文章針對王注中觀卦引論語中孔子所言，以及姤卦對於九五爻辭之注解，若實際比對九五爻辭應爲「以杞包瓜，含章，有隕自天」〔註54〕，蘇軾對此引文有所剪裁，且王弼注曰「包瓜爲物，繫而不食者也」〔註55〕實爲暗引，非蘇軾所明引之。

然而考察孔疏則可發現，孔穎達除藉王注說，亦發加以申論，更對王弼所引孔子的說法加以補充，但未對王弼引論語之說法進行評述，比如：〈觀卦·卦辭〉疏解：

> 禮盛則休而止，是觀其大，不觀其細。此是下之效上，内觀皆化之

〔註50〕〔宋〕蘇軾：《蘇軾文集·私試策問八首·王弼引論語以解易其說當否》，（北京：中華書局，2004年11月），頁205。

〔註51〕〔魏〕何晏注、〔清〕阮元編纂：《論語正義》，第三卷，〈八佾〉，子曰：「禘，自既灌而往者，吾不欲觀之矣」，（臺北：臺灣中華書局，1970年9月，台三版），頁9～頁10。

〔註52〕〔魏〕王弼注、〔唐〕孔穎達疏、〔清〕阮元編：《周易正義》，卷三，王弼〈觀·象傳〉注，（臺北：臺灣中華書局，1966年3月），頁5。

〔註53〕〔魏〕何晏注、〔清〕阮元編纂：《論語正義》，第二十卷，〈陽貨〉，（佛肸召，子欲往。）子路曰：「昔者由也聞諸夫子曰：『親於其身爲不善者，君子不入也。』佛肸以中牟畔，子之往也，如之何？」子曰：「然。有是言也。不曰堅乎，磨而不磷；不曰白乎，涅而不緇。吾豈匏瓜也哉？焉能繫而不食？」，（臺北：臺灣中華書局，1970年9月，台三版），頁7～頁9。

〔註54〕〔魏〕王弼注、〔唐〕孔穎達疏、〔清〕阮元編：《周易正義》，卷四，〈姤·九五爻辭〉，（臺北：臺灣中華書局，1966年3月），頁4。

〔註55〕〔魏〕王弼注、〔唐〕孔穎達疏、〔清〕阮元編：《周易正義》，卷四，王弼〈姤·九五爻辭〉注，（臺北：臺灣中華書局，1966年3月），頁4。

矣！〔註56〕

「禮盛」乃是王弼對孔子「禘」禮之補充；「則休而止」卻是對孔子「不欲觀」之詮釋。而又查看《東坡易傳》對於觀卦之注解，則卻無特別對〈卦辭〉作注，反而專對〈觀卦・象傳〉說解：

> 無器而民趨，不言而喻者，〈觀〉之道也。聖人以神道設教，則賞罰有設而不用者矣！〔註57〕

蘇軾「無器而民趨，不言而喻者，『觀』之道」是由王注「神則無形而者也」〔註58〕而來，兩者皆對〈象傳〉所言「觀天之『神道』」進行詮釋，但孔疏卻訓為：

> 觀此天之神道，而四時不差忒。神道者，微妙無方，理不可知，目不可見，不知其所以然而然，謂之神道。〔註59〕

孔疏說法實比蘇軾注解更接近玄言，而蘇注「賞罰有設而不用者矣」一句仍承接王注「為道不以刑制使物，而以觀感化物者也」〔註60〕觀點而來，注解〈象傳〉：「聖人以神道設教」，卻別有心裁，舉出儒家政治上最高境界乃「不用賞罰」之垂拱而治。然續觀孔疏：

> 此明聖人，用此天之神道，以觀設教，而天下服矣！天既不言而行，不為而成聖人法，則天之神道本身自行善，垂化於人，不假言語教戒，不須威刑恐逼，在下自然觀化服從。〔註61〕

此段孔疏雖與儒家「為政以德」、「鳴琴垂拱而治」概念相符，但加入了「自然觀化」概念，可見孔亦受王弼引老莊解易影響，若就以上兩處王注孔疏與《東坡易傳》相較，依此而論蘇軾對王弼易注之看法，可得出大蘇雖本身擅長「以經注經」，但是對於王弼太過比附之注解則提出別見，尤其王引老莊解

〔註56〕〔魏〕王弼注、〔唐〕孔穎達疏、〔清〕阮元編：《周易正義》，（臺北：臺灣中華書局，1966年3月），頁6。

〔註57〕〔宋〕蘇軾：《東坡先生易傳》，嚴靈峰輯，（臺北：成文出版社，據明萬曆二十五年刊「兩蘇經解」本影印，1965年），頁117。

〔註58〕〔魏〕王弼注、〔唐〕孔穎達疏、〔清〕阮元編：《周易正義》，卷三，王弼〈觀・象傳〉注，（臺北：臺灣中華書局，1966年3月），頁6。

〔註59〕〔魏〕王弼注、〔唐〕孔穎達疏、〔清〕阮元編：《周易正義》，卷三，王弼〈觀・象傳〉注，（臺北：臺灣中華書局，1966年3月），頁6。

〔註60〕〔魏〕王弼注、〔唐〕孔穎達疏、〔清〕阮元編：《周易正義》，卷三，王弼〈觀・象傳〉注，（臺北：臺灣中華書局，1966年3月），頁6。

〔註61〕〔魏〕王弼注、〔唐〕孔穎達疏、〔清〕阮元編：《周易正義》，卷三，王弼〈觀・象傳〉注，（臺北：臺灣中華書局，1966年3月），頁6。

易之舉造成後來許多學者疑難，蘇軾亦提出了獨特見解——「二者其言則同，而其所以言者，可得爲同歟？」〔註62〕，當時學者所困惑，關鍵點正在於：不知推求聖人作易所言之背景，以及孔子爲何言「吾不欲觀之」與「安能繫於不食」之由來。可見蘇軾雖推崇王弼有功於易學，但是此種「以經注經」做法，究竟使用之範籌與方法爲何？歷代學者多由心證，不過在此卻可凸顯出蘇軾活讀書之特質，且能見凡人所不能見，思凡人所不能思。

而此類可將之稱爲「策問試題」文章，而除作爲考試題目，亦可成爲拔擢人才之引論；或進言帝王，做爲建言之要論。蘇文如：〈私試策問八首·漢之變故〉、〈私試策問八首·職官令錄郡守而用棄材〉、〈私試策問八首·關中戰守古今不同與夫用民兵儲粟馬之術〉、〈永興軍秋試舉人策問·漢唐不變秦隋之法近世乃欲以新易舊〉、〈試館職策問三首·兩漢之政治〉、〈試館職策問三首·冗官之弊水旱之災河決之患〉、〈省試策問三首·宰相部當以選舉爲嫌〉、〈試館職策問三首·省冗官裁奉給〉、〈雜策·關隴游民私鑄錢與江淮漕卒爲盜之由〉……等等，由題目可知皆爲關心民瘼，試圖提出解決方案之文，其中〈私試策問八首·漢之變故〉結合漢代沿革來進行論，文中仍流露易學思想，起首云：

> 人主莫不欲安存而惡危亡，然而其國常至於不可救者，何也？所憂者，非其所以亂與亡，而其所以亂與亡者，常出於其所不憂也。〔註63〕

與易學憂患思想相關之外，亦是與《東坡易傳》解〈豫卦·六三爻辭〉、〈豫卦·小象傳〉所言：「故始失之疾，而終未嘗不以遲爲悔也。」〔註64〕，認爲在上位者一開始莫不治政有爲，而後「安逸」，自是易錯失良機，而種下敗因，至呑下惡果，最末才有所「悔悟」。〈豫卦·卦辭〉：「利建侯行師」，指出當爲積極建立功業，屯養百萬雄師之時，蘇軾於〈豫卦〉之〈六三爻辭〉、〈小象傳〉解以「疾」、「遲」論爲政治民之「預備之道」，實是與此文「國家亂亡出於不憂」之旨相符。

〔註62〕 〔宋〕蘇軾：《蘇軾文集私試策問八首·王弼引論語以解易其說當否》，（北京：中華書局，2004 年 11 月），頁 205。

〔註63〕 〔宋〕蘇軾：《蘇軾文集·私試策問八首·漢之變故》，（北京：中華書局，2004 年 11 月），頁 200。

〔註64〕 〔宋〕蘇軾：《東坡先生易傳》，嚴靈峰輯，（臺北：成文出版社，據明萬曆二十五年刊「兩蘇經解」本影印，1965 年），頁 99。

　　由上所舉私試策問，多能見出蘇軾「推崇孔子，近於王弼」之易學與文學融攝思想。其餘論及政治理念之文章，仍屬策、策問、策論之類〔註65〕一類，此類篇章數不少，亦能引用經典，並藉經典闡述蘇軾經學治世思想，其中也能明引易經原文，亦以易學中治亂觀、君子小人觀、大同觀……等等，闡述儒理。如：〈策略〉五篇、〈策別課百官〉六篇、〈策別安萬民〉六篇、〈策別厚財貨〉兩篇、〈策別訓兵旅〉三篇、〈策斷〉三篇等，共二十五篇，前有一〈策總敘〉，論其書寫淵源，並就天下大勢、內政官制、治理百姓、生聚財貨、軍事訓練，以及最後論夷狄外防之理，或蘊含濃厚經世濟民、經國治世與華夏夷狄之別思想，亦能隱含尊經、宗聖等儒者之見。

二、進論：經世致用，仁憂從政

　　蘇軾由易經發論，探討《易》道與政治之間關係的進論〔註66〕，如：以巽卦為題，名之〈御試重巽以申命論〉一文：

> 昔聖人之始畫卦也，皆有以配乎物者也。〈巽〉之配於風者，以其發而有所動也。配於木者，以其仁且順也。夫發而有所動者，不仁則不可以久，不順則不可以行，故發而仁，動而順，而〈巽〉之道備矣。聖人以為不重，則不可以變，故因而重之，使之動而能變，變而不窮，故曰「重巽以申命」。言天子之號令如此而後可也。〔註67〕

首段論及巽卦卦象與卦德，並結合政治上天子號令應所具備之特質，應如重卦之巽，「動而能變、變而不窮」，次論「天地化育」，並以「日暖、雨潤、雷震、雪殺」，對比風「悠然布達」、「來去自如」、「噓炎吹冷」等等特性，更言：

> 大而鼓乎大山喬嶽之上，細而入乎竅空屋之下，發達萬物，而天下不以為德，摧敗草木，而天下不以為怒，故曰天地之化育，有不可求而得者。此聖人之所法，以令天下之術也。〔註68〕

聖人懂得學習風之特性，而依此立法行術，使天下人民皆聽從其令。如此才

〔註65〕陳必祥：《古代散文文體概說》，（臺北：文史哲出版社，1997 年 10 月），頁209～頁 210。

〔註66〕陳必祥：《古代散文文體概說》，（臺北：文史哲出版社，1997 年 10 月），頁210。

〔註67〕〔宋〕蘇軾：《蘇軾文集‧御試重巽以申命論》，（北京：中華書局，2004 年11 月），頁 34。

〔註68〕〔宋〕蘇軾：《蘇軾文集‧御試重巽以申命論》，（北京：中華書局，2004 年11 月），頁 34。

可使士農工商各司其職，各盡其分，而蘇軾更引〈蠱卦・象傳〉與〈巽卦・九五爻辭〉，其云：

> 易者，聖人之動，而卦者，動之時也。〈蠱〉之象曰：「先甲三日，後甲三日。」而〈巽〉之九五亦曰：「先庚三日，後庚三日。」而說者謂甲庚皆所以申命，而先後者，慎之至也。聖人憫斯民之愚，而不忍使之遽陷於罪戾也，故先三日而令之，後三日而申之，不從而後誅，蓋其用心之慎也。以至神之化令天下，使天下不測其端；以至詳之法曉天下，使天下明知其所避。天下不測其端，而明知其所避，故靡然相率而不敢議也。上令而下不議，下從而上不誅，順之至也。故重巽之道，上下順也。〔註69〕

以「先甲三日，後甲三日」與「先庚三日，後庚三日」，即是聖人仁德悲憫，亦為言《易》道依時，且於政治施法，應「所宜深慎」，不輕易刑殺，是明儒家重仁義，輕法利，而最末言「上令而下不議，下從而上不誅，順之至也。」，除由巽卦之易理而來，亦應源自孔子論及「風行草偃」，「上行下效」一章〔註70〕。

又如：〈刑賞忠厚之至論〉裡提及「刀鋸」，然而古代刑具多以「刀鋸鼎鑊」〔註71〕並稱，指嚴刑峻法，於《東坡易傳》釋〈鼎卦〉注六五、上九爻象辭時，認為六五若為鼎耳則「中而不亢，柔而有容」，然若以上九為鼎耳應符合「在炎而不灼者，玉也」之立論，如此「鼎盈而憂溢，耳炎而不可舉，非玉鉉不能。」〔註72〕，是以「玉鉉」為在上位者應有容，「炎而不灼」指行法而不苛刻，行而不苛刻是為刑賞之「忠厚」所在，因此同〈象傳〉所言「養聖賢」，與〈刑賞忠厚之至論〉文中所言：

> 先王知天下之善不勝賞，而爵祿不足以勸也；知天下之惡不勝刑，而刀鋸不足以裁也；是故疑則舉而歸之於仁。以君子長者之道待天下，

〔註69〕〔宋〕蘇軾：《蘇軾文集・御試重巽以申命論》，（北京：中華書局，2004年11月），頁34。

〔註70〕〔魏〕何晏注、〔清〕阮元編纂：《論語正義》，第十五卷，〈顏淵〉，季康子問政於孔子曰：「如殺無道，以就有道，何如？」孔子對曰：「子為政，焉用殺？子欲善，而民善矣！君子之德，風；小人之德，草；草上之風，必偃。」，（臺北：臺灣中華書局，1970年9月，台三版，頁13）。

〔註71〕〔宋〕蘇軾：《蘇軾文集・留侯論》，（北京：中華書局，2004年11月），頁103。

〔註72〕〔宋〕蘇軾：《東坡先生易傳》，嚴靈峰輯，（臺北：成文出版社，據明萬曆二十五年刊「兩蘇經解」本影印，1965年），頁287。

使天下相率而歸於君子長者之道。故曰：「忠厚之至也！」〔註73〕
文中「疑則舉而歸之於仁」，「舉」字針對在上位者體仁而行法，舉鼎養賢，
抑或舉鼎烹臣，將造就盛世明君與衰世暴君之差別，其中流露出儒家仁義思
想，而反對法家刑殺利賞之思想與作法。因此本文引用堯與皋陶對話，乃是
蘇軾活用學問之處，科考後向與梅聖俞、歐陽脩言上文之典故「何須出處」〔註
74〕，或言「想當然爾」，乃成爲一段文壇佳話〔註75〕。

　　在〈物不可以苟合論〉其名稱應原自十翼〈序卦傳〉「物不可以苟合」。
本爲言及噬嗑卦而至賁卦，探討二卦排列次序之理〔註76〕，而蘇軾於此文論
聖人有爲，起始必愼，而以《易》道憂患思想進行闡述：

> 昔者聖人之將欲有爲也，其始必先有所甚難，而其終也至於久遠而
> 不廢。其成之也難，故其敗之也不易。其得之也重，故其失之也不
> 輕。其合之也遲，故其散之也不速。夫聖人之所爲詳於其始者，非
> 爲其始之不足以成，而憂其終之易敗也。非爲其始之不足以合，而
> 憂其終之易失也。非爲其始之不足以合，而憂其終之易散也。〔註77〕

探討政治人事之理，應「愼始愼終」，如孤臣孽子操慮深危。在末段更引繫辭上
釋〈大過‧初六爻辭〉之易注，並說明題目出處，做爲底下立論之收束，文曰：

> 天下之禍，莫大於苟可以爲而止。夫苟可以爲而止，則君臣之相陵，
> 父子之相怨，夫婦之相離，朋友之相侮久矣。聖人憂焉，是故多爲
> 之飾。《易》曰：「藉用白茅，無咎。苟錯諸地而可矣，藉之用茅，
> 何咎之有。」此古之聖人所以長有天下，而後世之所謂迂闊也。又
> 曰：「嗑者合也。物不可以苟合，故受之以賁。」盡矣。〔註78〕

是可知蘇軾對於汲汲營營，苟且於事之態度深表不滿，引〈繫辭傳〉言「謹

〔註73〕　〔宋〕蘇軾：《蘇軾文集‧刑賞忠厚之至論》，（北京：中華書局，2004 年 11
　　　　月），頁33～頁34。
〔註74〕　〔宋〕陸游：《老學庵筆記》，卷八，（北京：中華書局，1985 年），頁73。
〔註75〕　〔宋〕葉夢得：《石林燕語》，（北京：中華書局，1985 年）。
〔註76〕　〔魏〕王弼注、〔唐〕孔穎達疏、〔清〕阮元編：《周易正義》，卷九，〈序卦傳〉，
　　　　「嗑者合也，物不可以苟合而已，故受之以賁」，（臺北：臺灣中華書局，1966
　　　　年 3 月），頁7。
〔註77〕　〔宋〕蘇軾：《蘇軾文集‧物不可以苟合論》，（北京：中華書局，2004 年 11
　　　　月），頁41。
〔註78〕　〔宋〕蘇軾：《蘇軾文集‧物不可以苟合論》，（北京：中華書局，2004 年 11
　　　　月），頁41。

慎」以服膺大道,對照《東坡易傳》注大過卦六二爻辭亦引繫辭「茅之為物薄,而用可重也。」,說明茅草雖為鄙薄、隨處可得之物,而卻可用來枕藉重要之器物,避免其受磨損或傷害。蘇軾亦有寄託,指在上位者治政,應順應民心,若視人民如茅草,不謹慎而輕忽,則茅草亦有鋒芒,割指見血亦有所聞,故荀子所謂「君者,舟也;庶人者,水也。水則載舟,水則覆舟。」〔註79〕。因此本文中「物」亦針對政治人事而言,非獨指自然萬物。

另外,部分政論雖未必直接以《易》道為題,但其中或引用《易》,流露出以《易》道來說解或印證其經世治用之志,比如:〈形勢不如德〉題目雖原於《史記孫子吳起列傳》中司馬遷之評論,而文內引用〈繫辭傳〉上:「神而明之,存乎其人」〔註80〕,主要說明「天時、地利」乃先天之形勢,但若能如《東坡易傳》注〈繫辭傳〉上所言「修誠」:

> 有其具而無其人,則形存而神亡;有其人而修誠無素,則我不能默
> 成,而民不能默喻也。〔註81〕

「修誠」即是後天之修養道德,若自我可以養德而治,人民則可風行草偃。實與〈形勢不如德〉一文「人存則德存,德存則無諸侯而安」〔註82〕所言相同,是依此獲得後天之禍福。可知二處兩相印證而互為補足;而〈上初即位論治道二首・刑政〉為代呂申公進論,其中亦引〈繫辭傳〉:「理財正辭,禁民為,非曰義」〔註83〕,更云:

> 先王之理財也,必繼之以正辭,其辭正則其取之也義。三代之君食
> 租衣稅而已,是以辭正而民服。自漢以來,鹽鐵酒茗之禁,貸榷易
> 之利,皆心知其非而冒行之,故辭曲而民為盜。今欲嚴刑妄賞以去
> 盜,不若捐利以予民,衣食足而盜賊自止。〔註84〕

〔註79〕〔先秦〕荀子:《荀子新注》,北大哲學系注釋,第篇,(臺北:里仁書局,1983年11月)。

〔註80〕〔魏〕王弼注、〔唐〕孔穎達疏、〔清〕阮元編:《周易正義》,卷七,〈繫辭傳〉上,(臺北:臺灣中華書局,1966年3月),頁19。

〔註81〕〔宋〕蘇軾:《東坡先生易傳》,嚴靈峰輯,(臺北:成文出版社,據明萬曆二十五年刊「兩蘇經解」本影印,1965年),頁409~頁410。

〔註82〕〔宋〕蘇軾:《蘇軾文集・形勢不如德》,(北京:中華書局,2004年11月),頁47。

〔註83〕〔魏〕王弼注、〔唐〕孔穎達疏、〔清〕阮元編:《周易正義》,卷八,〈繫辭傳〉下,(臺北:臺灣中華書局,1966年3月),頁1~頁3。

〔註84〕〔宋〕蘇軾:《蘇軾文集・上初即位論治道二首・刑政》,(北京:中華書局,2004年11月),頁134~頁135。

是爲民謀利，上文「正辭」乃指「三代之君食租衣稅」，非以謀利於民，而《東坡易傳》注〈繫辭傳〉下，以孔子「正名」釋之，並進一步闡述：

　　「正辭」者，正名也。孔子曰：「名不正，則言不順；言不順，則事
　　不成；事不成，則刑罰不中；刑罰不中，則民無所措手足。故君子
　　名之必可言也，言之必可行也。」〔註85〕無道之世，唯不正名。故
　　上有愧於民，而民不直其上，令之不行，誅之不止，其禍皆出於財，
　　故聖人之言「理財」必與正名俱。〔註86〕

若在上位者治政取財能依「正辭」、「正名」，並還利於民，除盜賊必止，更使朝廷可免於禍，而回歸〈上初即位論治道二首・刑政〉一文所論「理財」，是爲解決內政斂財於民，而外患所費不貲之治本方法。而另有〈思治論〉、〈正統論〉、〈大臣論〉以及〈續朋黨論〉……等等，皆欲革當時政治弊病，提出治理之法，或化用《易》理，流露其易學思想。因此可得知易學爲蘇氏蜀學重要根柢之一，而此易學與「進論」融攝，從中亦可發覺蘇氏蜀學一脈，仍以儒家爲思想爲主，而後才兼采他家。

　　整體而言以上所分析之進論，皆立論有據，而依《易》道闡幽述微，發人未發，乃蘇軾承襲蘇洵思想，展現蘇氏蜀學樸實之特色〔註87〕，並將之發揚光大。在本段落亦探討蘇軾論文中易學與政論融攝，若稍將此類文章成果分類，可以發現本節融攝思想，多就「以易經發論兼及政治」、「結合《易》道評論人事」與「透過易學思想寄託政治理念」，此三方面進行深論，展現推崇儒理、義理解易、治經爲用、無懼禍福、仁憂從政……等等主張，而在以上主張激盪之下，所產生易學與文學高度融攝之成果，且可以得知蘇軾之政論文，乃以「經世濟民」爲理想與目標，且擅長使用縱橫家議論、援史之法，

〔註85〕〔魏〕何晏注、〔清〕阮元編纂：《論語正義》，第十六卷，〈子路〉，子路曰：
　　　　「衛君待子而爲政，子將奚先？」子曰：「必也正名乎！」子路曰：「有是哉，
　　　　子之迂也！奚其正？」子曰：「野哉，由也！君子於其所不知，蓋闕如也。名
　　　　不正，則言不順；言不順，則事不成；事不成，則禮樂不興；禮樂不興，則
　　　　刑罰不中；刑罰不中，則民無所措手足。故君子名之必可言也，言之必可行
　　　　也。君子於其言，無所苟而已矣！」，（臺北：臺灣中華書局，1970年9月，
　　　　台三版），頁2～頁5。
〔註86〕〔宋〕蘇軾：《東坡先生易傳》，嚴靈峰輯，（臺北：成文出版社，據明萬曆二
　　　　十五年刊「兩蘇經解」本影印，1965年），頁414。
〔註87〕〔宋〕蘇軾：《蘇軾文集・密州到任謝執政啓》，「如軾者，天與愚忠，家傳樸
　　　　學。」，（北京：中華書局，2004年11月），頁1327。

進行政論創作。依此而言，此類文章仍具備高度文學成就，且發展出「以儒爲主，以民爲本」之思想與特色。

第三節　流露深慮憂患，吉凶由人之史論

　　蘇軾史論，多以名人爲論，或引易學思想加以闡述人事。此類文章論其引用經典或易學之句，不通論全篇。然而蘇軾論名人史事一類文章，多就先秦至兩漢之間爲主，以「史事論」〔註88〕名之。如：〈秦始皇〉、〈漢高帝〉、〈魏武帝〉、〈伊尹〉、〈周公論〉、〈管仲論〉、〈士燮論〉、〈孫武論〉、〈子思論〉、〈樂毅論〉、〈荀卿論〉、〈韓非論〉、〈留侯論〉、〈賈誼論〉、〈晁錯論〉、〈霍光論〉、〈揚雄論〉……等，之後亦有三國〈諸葛亮論〉與唐〈韓愈論〉，其中多能論及經典與名人之間相關性，並且流露出易學憂患意識、《易》道陰陽與人事吉凶禍福之思想，可以說是蘇軾易學與文學融攝的重要代表作品。然蘇軾雖有「史評」一類文章〔註89〕，多以歷史事件爲主，進行隨筆漫談之形式，較少以名人本身之易學思想、道德修養與文學成就，作爲論點加以引述，且多選自《東坡志林》〔註90〕，不同於中長篇之「史事論」，「史評」一類篇幅較短，然此類文中亦論及《易》道與名人之關係，因此別爲一類，且併於本節討論。而此類文章引用《易經》或易學思想，可視爲蘇軾易學與史論融攝之況。此外有「邇英進讀」〔註91〕與「講筵進記」〔註92〕兩類，論及歷史名人，以及其重要事蹟、重要主張，爲皇帝講學論道之課程語錄與教材講義，文中仍隱

〔註88〕陳必祥：《古代散文文體概說》，（臺北：文史哲出版社，1997 年 10 月），頁 120～頁 121。

〔註89〕按：《蘇軾文集》卷六十五歸類稱「史評」，然而對照《〔宋〕蘇軾：《東坡志林》，（北京：中華書局，2007 年 9 月），頁》，此類史評皆選入「人物」、「論古」二類，而文集中「雜著」一類雖有論及人事者，如〈代侯公說項羽辭〉，應同前二類實屬筆記小說，與記敘文中人事雜記一類相同，若其中無呈現易學與文學融攝思想之文章，則不列入「易學與論文之融攝」一節之範疇，而此種文章若有引易、述易或論經之語，則列入史評後，稍加引錄，以茲佐證。可參照《蘇軾文集》，（北京：中華書局，2004 年 11 月），頁 1969～頁 2044。

〔註90〕〔宋〕蘇軾：《東坡志林》，〈人物〉與〈論古〉二類，（北京：中華書局，2007 年 9 月），頁 169～頁 268。

〔註91〕〔宋〕蘇軾：《蘇軾文集》，（北京：中華書局，2004 年 11 月），頁 195～頁 198。

〔註92〕〔宋〕蘇軾：《蘇軾文集》，（北京：中華書局，2004 年 11 月），頁 199。

含著勸諷之效，亦包含易學與文學融攝思想，但篇章不多，不獨立為論。因此底下就「史事論：身處吉凶，無懼禍福」與「史評：禍福自取，《易》道幽微」，二者進行分析。

一、史事論：深慮吉凶，無懼禍福

　　蘇軾之論，其中論及歷史人事者，稱之為「史事論」，如：〈留侯論〉以翻案手法論圯上老人授兵書，非鬼神之物，乃素隱君子欲折張良銳氣，卻成為鄉野俗談。此文亦論張良懷陽剛之氣刺殺秦王，然其犯險而無事，本於千金之子不死於盜賊。最末反對司馬遷稱其婦人陰柔之貌不稱其志氣，是對張良外柔弱內剛強之人格特質，作一讚賞〔註93〕；而在〈賈誼論〉中提出有才而不能自用，更不能「忍小忿而就大謀」，並評賈「才大量小」，不受重用乃「自取」也，對內不知己，對外不知謙，而得罪權臣，是不能忍也〔註94〕。以上二文皆可見蘇軾所寄託懷抱，在《東坡易傳》中之〈謙卦‧象傳〉解云「有大難不深自屈折，則不足以致其用。」是以上二文寫照。因此透過《易》道而申論人事之出處進退，闡述易學憂患、《易》道剛柔與趨吉避凶之思想。至於《易》道陰陽思想於〈孫武論〉上篇談論兵法時流露，其內文云：

　　　　君子居晦以御明，則明者畢見；居陰以御陽，則陽者畢赴。夫然後

　　　　孫子之智，可得而用也。〔註95〕

此文中探討孫子為「言兵始祖」，其所謂「利害相權」、「奇正相生」、「戰守圍攻」之道，與《易》道陰陽剛柔、兩儀相對之思想，深有淵源。而後引豫卦二爻辭藉以讚美孫子用兵有道，非溺於殺戮戰伐，文中曰：

　　　　《易》曰：「介於石，不終日。貞吉。」君子方其未發也，介然如石

〔註93〕〔宋〕蘇軾：《蘇軾文集‧留侯論》，（北京：中華書局，2004 年 11 月），頁103～頁 105。

〔註94〕〔宋〕蘇軾：《蘇軾文集‧賈誼論》，（北京：中華書局，2004 年 11 月），頁105；〔漢〕賈誼：《賈子新書‧容經》，閻振益、鍾夏校注，卷六，「龍也者，人主之辟也。亢龍，往而不返，故《易》曰：有悔。悔者，凶也，潛龍入而不能出，故曰：勿用。勿用者，不可也，龍之神也。其惟茲龍乎。能與細細，能與巨巨，能與高高，能與下下。吾故曰：龍變無常，能幽能章，故聖人者，在小不寶，在大不窕。」，（北京：中華書局，2007 年 10 月），頁 230；《賈子新書‧君道》，卷七，「《易》曰：鳴鶴在陰，其子和之。言士民之報也。」，（北京：中華書局，2007 年 10 月），頁 288。

〔註95〕〔宋〕蘇軾：《蘇軾文集‧孫武論上》，（北京：中華書局，2004 年 11 月），頁92。

之堅，若將終身焉者；及其發也，不終日而作。故曰：不役於利，則
其見之也明。見之也明，則其發之也果。今夫世俗之論則不然，曰：
「兵者，詭道也。非貪無以取，非勇無以得，非詐無以成。廉靜而信
者，無用於兵者也。」嗟夫，世俗之說行，則天下紛紛乎如鳥獸之相
搏，嬰兒之相擊，強者傷，弱者廢，而天下之亂何從而已乎！〔註96〕

蘇軾論及行師進軍之道，等同於豫卦六二爻辭所言之象──「介然堅石」，是
謀定後動之理。謀定前不動如山，加強軍備；謀定後動如脫兔，行兵疾然而
不及掩耳，所謂「兵貴神速」。蘇軾更對當時兵家提出批評，認爲用巧詐勇貪
之舉，而不服膺仁義信用，是如鳥獸相搏鬥、孩童打架，最後只落得追求勝
負，更使天下大亂。然《東坡易傳》之〈豫卦・六二爻辭〉、〈豫卦・小象傳〉
解，其云：

> 以陰居陰，而處二陰之間，晦之極、靜之至也。以晦觀明，以靜觀
> 動，則凡吉凶禍福之至，如長短黑白陳乎吾前，是以動靜，如此之
> 果也。「介於石」，果於靜也；「不終日」果於動也，是故孔子以爲知
> 幾也。〔註97〕

解爻以陰陽、時位，注解其義理，若能以晦靜之姿，觀人事變化之明動，即
使吉凶禍福到來，只如「長短黑白」之物，無需畏懼。因爲能知動靜，便可
如勇者，不害怕外在變化，而有所悲喜。而《東坡易傳》注〈繫辭傳〉「介如
石焉，寧用終日，斷可識矣！」云：

> 夫無守於中者，不有所畏，則有所忽也。忽者常失於太早；畏者常
> 失於太後。既失之又懲而矯之，則終身未嘗及事之會矣！知幾者不
> 然，其介也，如石之堅。上交不諂無所畏也，下交不瀆無所忽也。
> 上無畏下無忽事至，則發而已矣！〔註98〕

因此對比二處所言，仍專主人事義理，吉凶禍福之應對而論，而此思想在〈孫
武論〉上篇一文，即與之融攝，呈現注重人事，強調儒家道德，而持守正道
堅如石。〈孫武論〉上篇與《東坡易傳》二處注解所立論相同，可視爲其易學

〔註96〕〔宋〕蘇軾：《蘇軾文集・孫武論上》，（北京：中華書局，2004 年 11 月），頁
92。
〔註97〕〔宋〕蘇軾：《東坡先生易傳》，嚴靈峰輯，（臺北：成文出版社，據明萬曆二
十五年刊「兩蘇經解」本影印，1965 年），頁 98～頁 99。
〔註98〕〔宋〕蘇軾：《東坡先生易傳》，嚴靈峰輯，（臺北：成文出版社，據明萬曆二
十五年刊「兩蘇經解」本影印，1965 年），頁 424。

與史事論融攝，而以上所論則又與孔子論「君子」之形象——「望之儼然，
即之也溫，聽其言也厲」〔註99〕相符，是聖人「知幾」力行，故蘇軾識之，
亦知大道也。而就史事論而言，呈現「深慮吉凶，無懼禍福」之易學與文學
融攝思想。

二、史評：禍福自取，《易》道幽微

〈論養士〉〔註100〕、〈論項羽范增〉〔註101〕在蘇軾文集雖附於卷二至卷
四「論」之後，而不列入卷六十五「史評」〔註102〕一類，但卻於「論」底下
註明「載志林」〔註103〕；文集卷五所收錄文章之篇幅，則較《東坡志林》長，
類於「史事論」。然探其內容，分為二部分，前為史事敘述，後加入「蘇子曰」
之評論，因此本文仍列於「史評」一類，更符合其文章形式，雖文集卷六十
四名為「雜著」，但其中亦有明引《易》為用，流露易學與文學融攝思想，故
取文集「史評」類名，而又加入卷五之中十三篇「論」〔註104〕、卷六十四之
中二十五篇「雜著」〔註105〕，取其中文章呈現易學與文學融攝者，納入本點
「史評」一類，底下論之。

在〈論養士〉一篇以討論六國養士，是六國存亡根本所在，更贊同國家
養士之重要性，其云：

> 夫智、勇、辯、力，此四者皆天民之秀傑也，類不能惡衣食以養於

〔註99〕〔魏〕何晏注、〔清〕阮元編纂：《論語正義》，第二十二卷，〈子張〉，子夏曰：
「君子有三變：望之儼然，即之也溫，聽其言也厲。」，（臺北：臺灣中華書
局，1970年9月，台三版），頁3。

〔註100〕按：〔宋〕蘇軾：《蘇軾文集》注云郎本稱〈六國論〉，（北京：中華書局，2004
年11月），頁.140；《〔宋〕蘇軾：《東坡志林》，（北京：中華書局，2007年9
月）》則以〈游士失職之禍〉為題名。

〔註101〕按：〔宋〕蘇軾：《蘇軾文集》，注云郎本稱〈范增論〉，（北京：中華書局，2004
年11月），頁140；《〔宋〕蘇軾：《東坡志林》，（北京：中華書局，2007年9
月）》則以〈論范增〉為題名。

〔註102〕按：參照宋蘇軾《蘇軾文集》卷六十五，（北京：中華書局，2004年11月，
頁1997～頁2044）。

〔註103〕按：參照宋蘇軾《蘇軾文集》卷五，（北京：中華書局，2004年11月，頁137
～頁164）。

〔註104〕按：參照宋蘇軾《蘇軾文集》卷五，（北京：中華書局，2004年11月，頁137
～頁164）。

〔註105〕按：參照宋蘇軾《蘇軾文集》卷六十四，（北京：中華書局，2004年11月，
頁1969～頁1996）。

人，皆役人以自養者也。故先王分天下之富貴，與此四者共之。此
四者不失職，則民靖矣。〔註106〕

國家四種人才，主要借重他們的智慧、勇敢、口才與忠誠，然而這類人不接
受粗劣衣食的供給成為食客，受養於人，反而多以本身才能差役他人，以求
自養。若有賢君聖主愛才而任之，分天下名位、財富或土地，並與此四種人
才共享，使四種人才各司其職，以利天下安定，人民亦隨之享太平。在《東
坡易傳》對〈頤卦〉之象象辭解「天地養萬物，聖人養賢以及萬民」，注云：

君子治所以養口者，人之所共知而難能者，慎語言、節飲食也。〔註107〕

是君子從政而自養其家，而人們則認為此類賢者之所以與眾不同，正在於謹
慎的發言，飲食有所節制，此處仍闡述儒家仁義與節欲之說，此外蘇軾於〈頤
卦・初九爻辭〉、〈頤卦・小象傳〉解，又云：

養人者，陽也；養於人者，陰也。君子在上，足以養人；在下，足
以自養。〔註108〕

更與〈養士論〉相合，《東坡易傳》所言之「君子」，與論中之「智、勇、辯、
力」相類，是為〈象傳〉所言「聖人養賢」其中之賢者，故以易學天文與人
事相應，而論及六國在上位者應眞正重視人才培養，供給適任之職位，切不
能流於浮濫，甚至形成暗中較勁，徒爭虛名而無益於國家人民之惡俗，是易
學與史評融攝中，形成人才養育省思之論，亦代表蘇軾易學與文學融攝思想
注重歷史、人事與教育等層面相關問題。蘇軾更於此論文後引用孔子所言「學
道易使」，來評論小人與君子之差別，更是易學與古文融攝底下，極高之境界
與成就。

而〈論項羽范增〉一文，從范增遭受漢營離間，憤而棄項羽而去，卻發
疽身亡，論及人事吉凶禍福，應自《易》道中有所體悟，故文中引〈繫辭傳〉
「知幾其神乎！」〔註109〕，此篇探人事應對進退之理與史事論之〈孫武論〉

〔註106〕〔宋〕蘇軾：《蘇軾文集・論養士》，（北京：中華書局，2004 年 11 月），頁
139～頁 140。

〔註107〕〔宋〕蘇軾：《東坡先生易傳》，嚴靈峰輯，（臺北：成文出版社，據明萬曆二
十五年刊「兩蘇經解」本影印，1965 年），頁 152。

〔註108〕〔宋〕蘇軾：《東坡先生易傳》，嚴靈峰輯，（臺北：成文出版社，據明萬曆二
十五年刊「兩蘇經解」本影印，1965 年），頁 153。

〔註109〕按：參照蘇軾《蘇軾文集・論項羽范增》，（北京：中華書局，2004 年 11 月，
頁 162），以及清阮元所編纂《周易正義》，卷八，〈繫辭傳〉下，（臺北：臺
灣中華書局，1966 年 3 月，頁 8）。

上篇相同，皆可與豫卦六二爻辭「介於石，不終日」〔註110〕相應，並吻合《東坡易傳》所言「忽者常失於太早；畏者常失於太後」〔註111〕，依此范增是爲「畏者」，所謂「畏者」亦指項羽非有一統天下之才，卻口呼「非戰之罪」者也。此論中所言：

　　　　方羽殺卿子冠軍，增與羽肩而事義帝，君臣之分未定也。〔註112〕

亦可作爲「畏者」之證也，是范增應於「殺卿子冠軍」離項羽而去，此乃蘇軾之高見，乃源於易學憂患思想，亦同歐陽脩由《易》道而啓發「禍患積於忽微」、「智勇困於所溺」之思想〔註113〕，由上來看范增之死豈不「自取」之，哀哉！

　　另文集「雜著」、「史評」一類皆以歷史人事作評，多篇題中含名人，實爲繼《世說》品評人物，而提出己見。又如：「雜著」一類中〈日喻〉中提出「求道可致不可求」之主張，文曰：

　　　　生而眇者不識日，問之有目者。或告之曰：「日之狀如銅盤。」扣盤而得其聲。他日聞鐘，以爲日也。或告之曰：「日之光如燭。」捫燭而得其形；他日揣籥，以爲日也。日之與鐘、籥亦遠矣，而眇者不知其異，以其未嘗見而求之人也。道之難見也甚於日，而人之未達也，無以異於眇。達者告之，雖有巧譬善導，亦無以過於盤與燭也。自盤而之鐘，自燭而之籥，轉而相之，豈有既乎！故世之言道者，或即其所見而名之，或莫之見而意之：皆求道之過也。然則道卒不可求歟？蘇子曰：「道可致而不可求。」何謂「致」？孫武曰：「善戰者致人，不致於人。」子夏曰：「百工居肆以成其事，君子學以致其道。」莫之求自至，斯以爲「致」也歟？〔註114〕

〔註110〕〔魏〕王弼注、〔唐〕孔穎達疏、〔清〕阮元編：《周易正義》，卷二，（臺北：臺灣中華書局，1966 年 3 月），頁 22。

〔註111〕〔宋〕蘇軾：《東坡先生易傳》，嚴靈峰輯，（臺北：成文出版社，據明萬曆二十五年刊「兩蘇經解」本影印，1965 年），頁 98～頁 99。

〔註112〕〔宋〕蘇軾：《蘇軾文集‧論項羽范增》，「義帝之立，增爲謀主矣！義帝之存亡，豈獨爲楚之盛衰？亦增之所與同禍福也。未有義帝亡，而增獨能久存者也。羽之殺卿子冠軍也，是弒義帝之兆也。其弒義帝，則疑增之本也。豈必待陳平哉？」，（北京：中華書局，2004 年 11 月），頁 162～頁 163。

〔註113〕〔宋〕歐陽脩：《新五代史‧伶官傳序》冊二，第三十七卷，（臺北：臺灣中華書局，1971 年），頁 2。

〔註114〕〔宋〕蘇軾：《蘇軾文集‧日喻》，（北京：中華書局，2004 年 11 月），頁 1980～頁 1981。

上文以眇者欲識日爲喻，富有故事性，所論之「道」確實難以理解，且不可強求而得，若陷於執意可能徒勞無功，成「卒不可求」之況，因此應透過「莫之求而自至」之境界去親身體會，才可「致道」。此「道」可與《東坡易傳》中之〈乾卦・彖傳〉解所論之「性」，做一比較：

> 古之言性者，如告瞽者以其所不識也，瞽者未嘗有見也，欲告之以是物，患其不識也，則又以一物狀之。夫以一物狀之，則又一物也，非是物矣。彼惟無見，故告之；以一物而不識，又可以多物眩之乎？古之君子，患性之難見也，故以可見者言性。夫以可見者言性，皆性之似也。〔註115〕

蘇軾認爲許多學者言性命如盲人識物，摸象一隅，與〈日喻〉〔註116〕運用盲人作爲比喻極爲相似，皆運用文學筆法闡述大道，更可見「人性論」於《東坡易傳》經解中所佔之獨特性。若依林麗眞引蘇說而稱程頤「理」、「善」之二字流於迂曲〔註117〕，豈不是如蘇軾〈日喻〉所言之「卒不可求道」者。此外涂美雲認爲蘇軾在才智、文風與政治上，「具有孟子遺風」〔註118〕，在其政治與對人世之關懷，未曾追隨佛老遁世，尤以任杭州太守時期，立下許多政績，皆替蒼生設想，自言其學「以適用爲本」，爲仕「以及民爲心」〔註119〕。王水照認爲「儒家思想是其基礎」〔註120〕，更充滿了經世淑民的積極思想。涂美雲以及冷成金皆對蘇軾經世思想進行研究，前者認爲蘇軾以漢大儒賈誼與陸贄爲表彰對象，可見以儒家思想爲根本〔註121〕，經世濟民的主張爲易學

〔註115〕〔宋〕蘇軾：《東坡先生易傳》，嚴靈峰輯，（臺北：成文出版社，據明萬曆二十五年刊「兩蘇經解」本影印，1965 年），頁 12。

〔註116〕〔宋〕蘇軾：《蘇軾文集・日喻》，（北京：中華書局，2004 年 11 月），頁 1980～頁 1981。

〔註117〕林麗眞：《義理易學鉤玄》，（臺北：大安出版社，2004 年 11 月），頁 130。

〔註118〕按：涂美雲《朱熹論三蘇之學》一書引蘇軾〈上梅直講書〉、〈答虔倅俞括〉，以及《邵氏聞見後錄》，藉以上資料證蘇軾爲儒家孟子滔滔雄辯之風，尤以孟子：「民爲貴，社稷次之」一句，點出蘇軾於政治上的看法與關懷人士的情懷，（臺北：秀威資訊，2005 年 9 月，頁 78）。

〔註119〕〔宋〕蘇軾：《蘇軾文集・謝除兩職守禮部尚書表》，（北京：中華書局，2004 年 11 月），頁 701。

〔註120〕王水照：《蘇軾論稿》，〈蘇軾的人生思考與文化性格〉，（臺北：萬卷樓圖書有限公司，1994 年 12 月），頁 70～頁 72。

〔註121〕按：涂美雲《朱熹論三蘇之學》言「蘇洵極爲讚賞賈誼與陸贄……軾、轍兄弟自幼即染二家之學，尤其蘇軾，更是屢屢表述對陸贄的傾慕」，（臺北：秀威資訊，2005 年 9 月，頁 79～頁 81）。

與文學融攝之主軸；冷成金則從《東坡易傳》中探究，其經世思想應以「事功精神」爲核心，因此探討人性論，蘇軾又有自己的特色，不同孟子性善、荀子性惡，亦不是老莊強調自然率眞之性論〔註122〕，更非佛家「性爲空」，遑及善惡之論，此種以儒家思想爲根柢兼采他家之性命論，於此亦可展現蘇軾易學與文學高度融攝之特點。

　　蘇軾文集卷六十五史評中〈諸葛亮八陣圖〉一篇，實地考察《易》之於兵學，三國八陣圖至宋，已「漫漫不可辨」〔註123〕，此文亦可作爲蘇軾追求學問，繼承蘇洵務實遺風，並認同易學流派多元，不拘於一術。總而言之，史評一類大體展現出「福禍自取，《易》道幽微」之易學與文學融攝思想。

　　由以上蘇軾史事論與史評二種史論文章之中，可見出蘇之史學根柢深厚，除源於年幼鑽研史記、漢書之外，亦源於蘇洵鑽研經籍與戰國策之學，更可知蘇軾易學與史論融攝，注重於《易》道而申論人事之出處進退，闡述易學憂患、《易》道剛柔與趨吉避凶之思想，並藉《易》道陰陽思想而言，闡述留侯性格與容貌，申論與考察孫武、諸葛亮之兵法術數。以上二篇文章，在形式上以引《易》爲用，作爲主要融攝之法，依此並可觀照《東坡易傳》之注，與二篇思想異同之處。〈日喻〉與〈乾卦·象傳〉傳解使用之譬喻與易象或有融攝，乃其易學與史論融攝之代表，其中亦注重儒家思想，並可見其經史互證之用，行諸翻案之筆，顯示蘇軾博學審問之精神。總括而論，透過蘇軾史論所呈現「深慮憂患，吉凶由人」之易學與文學融攝思想，可理解蘇軾秉持儒者仁義，敢作敢爲，其一生從政遷謫無數，起伏跌盪，仍本於良知秉持儒者胸懷，更認爲吉凶乃由人而定，君子何懼禍福。

〔註122〕陳鼓應：《老莊新論》，〈老子與孔子思想比較〉，頁111～頁114；〈胼拇〉，頁193～頁194；〈繕性〉，頁219～頁220；〈「庚桑楚」：性者生之質〉，頁255，（臺北：五南書局，2006年，二版）。

〔註123〕〔宋〕蘇軾：《蘇軾文集·諸葛亮八陣圖》，（北京：中華書局，2004年11月），頁2018。

第五章　蘇軾序記與書牘文章之易學思想

　　蘇軾古文中，序跋類與雜記類文章雋秀者爲諸古文文體之冠。然遭逢烏臺詩案打擊後，至貶謫黃州時期，深研易理，並始著《易傳》，此乃易學與文學融攝之高峰時期。在兩者密切往來之下，於其作品中更顯此特色，並相得益彰。自此時期後，開始大量創作序跋與贈序，並於政禁稍弛後乃與親友書牘往來〔註1〕，在其中所闡述之易學思想，發人深省，易學與序類文章融攝之篇章，以「集序」、「題跋」與「說」爲主，此乃本章第一節著重探討之處；而在第二節則以雜記體散文爲主，其中有不少山水遊記、亭臺樓閣記與書畫名物記，藉山水、亭臺之美景與書畫名物之特殊，作爲文人之酒杯，澆漑心中塊壘，由此抒發易學中人事關懷與憂患思維。又，序跋類因避其祖父蘇序之名諱，多以某某「敘」或某某「說」爲題，比如：〈六一居士集敘〉、〈稼說贈張琥〉，此爲蘇氏創舉。在第三節以書啓爲起始，尺牘爲末，探討《東坡易傳》成書且流傳之過程，並闡述曠達自適之儒者情懷。而由上許多名篇當中，除直接引《易》爲用，也流露出易學中人事趨吉避凶之思維，更可見出蘇軾對於人事萬物或應合於太極和諧之思想。因此以下就「唯謙大吉〔註2〕，剛柔

〔註1〕按：李一冰《蘇東坡新傳》中第六章「黃州五年」，文中便引用不少蘇軾序跋、贈序，以及親友書牘，（臺北：聯經出版社，2005年10月，頁371～頁428）。
〔註2〕按：吾師黃博士忠天教授於易學研究一門課程對於謙卦銓解曾提出「唯謙大吉」之論述，此節標題乃受啓發而引述爲題。

並濟之序類文章」、「辭達自然，隨物賦行之雜記」，以及「爲文辭達，心安自處之書牘」三小節分別論述。

第一節　唯謙大吉，剛柔並濟之序類文

　　蘇軾序類文章多從「引《易》爲用」、「結合《易》說」以及「闡發易學思想」三方面進行易學與序類文章融攝。然自姚鼐《古文辭類纂》序跋序目曾言孔子作繫辭以傳易，目的爲「推論本原，廣大其義」〔註3〕，考察蘇軾序跋文章多爲「集序」或「題跋」，主要以前輩友人之作品或文章，對其內容要義進行提綱挈領與引申發揮，亦流露易學思想與其文融攝，如：〈范文正公文集敍〉、〈鳧繹先生詩集敍〉與〈書晁無咎所作杜輿子師字說後〉等，皆呈現蘇軾贊同謙、履二卦「人事應對進退」之思想與損、益二卦「治政理念」；而姚鼐《古文辭類纂》所分贈序類序目則稱其「以致敬愛，陳忠告之誼」〔註4〕。蘇軾贈序，因避祖父名諱，而以「敍」爲名，或稱「引」，或稱「說」，而亦遵循「君子贈人以言」之傳統，以忠言贈友朋親人，其中亦能在易學與之融攝之過程，展現謙謙君子與剛柔並濟之風範，更善用易象作喻，使文學更富含意蘊，提升其境界。底下就「序跋：謙之必勝，損以益下」、「贈序：剛毅近仁，柔茅行謙」二點析論。

一、序跋：謙之必勝，損以益下

　　在〈范文正公文集敍〉稱讚范文正公「有憂天下致太平之意」、「天下信其誠」〔註5〕，更明引《論語・憲問》篇〔註6〕，「有德者必有言」，論及德言關係，在《易・繫辭傳》針對《易・謙》卦九三「勞謙，君子有終，吉。」，引孔子論及德言：

〔註3〕　〔清〕姚鼐：《古文辭類纂》，王文濡評著，〈序目〉，（臺北：華正書局，1983年6月），頁5。

〔註4〕　〔清〕姚鼐：《古文辭類纂》，王文濡評著，〈序目〉，（臺北：華正書局，1983年6月），頁14～頁15。

〔註5〕　〔宋〕蘇軾：《蘇軾文集・范文正公文集敍》，（北京：中華書局，2004年11月），頁312。

〔註6〕　按：參照〔清〕阮元編纂《論語正義》，〔魏〕何晏注，〈憲問〉，子曰：「有德者必有言，有言者不必有德；仁者必有勇，勇者不必有仁。」，（臺北：臺灣中華書局，1970年9月，台三版），頁2；在《蘇軾文集》亦引此典，「孔子曰：『有德者必有言』」，（北京：中華書局，2004年11月），頁312。

　　　　子曰：「勞而不伐，有功而不德，厚之至也。語以其功下人者也。德

　　　　言盛，禮言恭；謙也者，致恭以存其位者也。」〔註7〕

而〈繫辭傳〉亦云「『謙』，德之柄」，《東坡易傳》並對此進行注釋：

　　　　旁出而起物者，柄也。〈謙〉之為道偏矣！而德非〈謙〉，莫能起者。

　　　〔註8〕

進一步來對照《東坡易傳》中之〈謙卦・象傳〉解：

　　　　此所以為君子有終也，不於其終觀之，則爭而得、謙而失者，蓋有

　　　　之矣！惟相要於究極，然後知〈謙〉之必勝也。〔註9〕

古史不以成敗論英雄，就歷史而言，有曹魏、司馬晉篡得天下之穢史，亦有
孔子謙德為懷，卻受迫而辭魯周遊六國之事，然前二朝代短祚，而孔子留名
於世，奉尊為「至聖」；依此君子之所以能有所善終，並發揮影響力，其中關
鍵正在於「謙」，故「謙之必勝」。在「謙之必勝」所言之「勝」非指勝負，
而是指「有終」，甚至如聖人孔子流芳萬世。蘇軾更於〈范文正公文集敘〉文
末引《禮記・禮器篇》，子曰：「我戰則克，祭則受福」〔註10〕，讚許范公直
言敢諫，勇者無畏之德行。若觀照范仲淹耿直一生，確如《東坡易傳》之〈噬
嗑卦・九四爻辭〉、〈噬嗑卦・小象傳〉解云「惟有德者為，能居安而享福。」
〔註11〕，智者何地不樂居，仁者何位不美居，勇者何處不安居，而蘇軾並在
〈書孟德傳後〉論「人無懼於虎」之事：

　　　　子由書孟德事見寄。余既聞而異之，以為虎畏不懼己者，其理似可

〔註7〕　〔魏〕王弼注、〔唐〕孔穎達疏、〔清〕阮元編：《周易正義》，卷二，（臺北：臺
　　　　灣中華書局，1966年3月），頁20；以及蘇軾《東坡先生易傳》，嚴靈峰輯，（臺
　　　　北：成文出版社，據明萬曆二十五年刊「兩蘇經解」本影印，1965年），頁388。

〔註8〕　〔宋〕蘇軾：《東坡先生易傳》，嚴靈峰輯，（臺北：成文出版社，據明萬曆二
　　　　十五年刊「兩蘇經解」本影印，1965年），頁429。

〔註9〕　〔宋〕蘇軾：《東坡先生易傳》，嚴靈峰輯，（臺北：成文出版社，據明萬曆二
　　　　十五年刊「兩蘇經解」本影印，1965年），頁91。

〔註10〕　〔宋〕蘇軾：《蘇軾文集》，「又曰：『我戰且克，祭則受福。』」，（北京：中華
　　　　書局，2004年11月），頁312；〔漢〕鄭玄注、〔宋〕孔穎達疏、〔清〕阮元編：
　　　　《禮記正義》，冊二，〈禮器〉，卷二十三，「是故，君子大牢而祭，謂之禮：
　　　　匹士大牢而祭，謂之攘。管仲鏤簋朱紘，山節藻梲，君子以為濫矣。晏平仲
　　　　祀其先人，豚肩不揜豆；澣衣濯冠以朝，君子以為隘矣。是故君子之行禮也，
　　　　不可不慎也；眾之紀也，紀散而眾亂。孔子曰：『我戰則克，祭則受福。』蓋
　　　　得其道矣」，（臺北：臺灣中華書局，1966年3月），頁12。

〔註11〕　〔宋〕蘇軾：《東坡先生易傳》，嚴靈峰輯，（臺北：成文出版社，據明萬曆二
　　　　十五年刊「兩蘇經解」本影印，1965年），頁125。

信。然世未有見虎而不懼者，則斯言之有無，終無所試之。……虎
之食人，必先被之以威，而不懼之人，威無所從施歟？〔註12〕

探討人若擁有「不懼之心」，虎便無法有所逞威，但孟德是否能稱得上一位能
屈能伸的勇者？另在《東坡易傳》之〈履卦〉注之中亦應柔履剛，其中〈六
三爻辭〉、〈小象傳〉解更云：

二，虎也，所以為吾用，而不吾咥者，凡以為〈乾〉也。〔註13〕

此是以〈乾〉而無畏之精神，履踐《易》道，知憂患禍福而持正道而行，虎
有何懼？所以可納為己用，甚至能持「謙」謹慎來履虎尾，虎可接納，自可
不受咥〔註14〕，是故易〈繫辭傳〉釋此云「履『和』而至」。由此點而論，可
作為《易》道言謙融攝於《范文正公集敘》之證。

　　蘇軾為前輩顏太初〈鳧繹先生詩集敘〉一文中，首段除引用論語衛靈公
一章所言，並藉「文史完善」與「馬車借人」是否「損益」於世，作為敘論：

孔子曰：「吾猶及史之闕文也。有馬者借人乘之，今亡矣！」夫史之
不闕文，與馬之不借人也，豈有損益於世也哉。然且識之以為世之
君子、長者日以遠矣，後生不復見其流風遺俗。是以日趨於智巧、
便佞而莫之止。是二者雖不足以損益，而君子、長者之澤在焉，則
孔子識之，而況其足以損益於世者乎。〔註15〕

分析此段落，蘇軾以聖人借人馬車而失之，如歷史文獻闕疑難考之喻，論先聖
先賢流風遺俗不易窺見，而世風日下，漸趨巧佞不實，因此真正對世事有所損
益，乃是春秋已無聖賢可親見而思齊，孔子知之憤而著述，便是盛讚文獻記載
有其功勞，蘇軾藉此來論前輩魯國人顏太初之遺作更是如此。於此文中引用蘇
洵批評當時之文流於「文章其日工，而道將散矣。」〔註16〕，可見蘇軾亦贊同
老蘇所言文壇弊病。而對照《東坡易傳》之〈損卦·象傳〉解所言：

〔註12〕〔宋〕蘇軾：《蘇軾文集·書孟德傳後》，（北京：中華書局，2004 年 11 月），
　　　　頁 2054。
〔註13〕〔宋〕蘇軾：《東坡先生易傳》，嚴靈峰輯，（臺北：成文出版社，據明萬曆二
　　　　十五年刊「兩蘇經解」本影印，1965 年），頁 168。
〔註14〕按：恩師黃教授於易學研究一門課程曾講授謙卦與履卦關係，並談六十四卦
　　　　卦爻辭，或有吉凶悔吝，惟謙卦諸爻皆吉，是啟蒙受業於此處之進行闡述。
〔註15〕〔宋〕蘇軾：《蘇軾文集·鳧繹先生詩集敘》，（北京：中華書局，2004 年 11
　　　　月），頁 313。
〔註16〕〔宋〕蘇軾：《蘇軾文集·鳧繹先生詩集敘》，（北京：中華書局，2004 年 11
　　　　月），頁 313。

　　君子務知遠者、大者，損下以自益，君子以爲自損；自損以益下，

　　君子以爲自益也。〔註17〕

因此蘇軾所主張「損益之道」，乃就政治與教化層面而論，與〈鼂繹先生詩集敍〉內提及「損益」二字之運用與意涵相同，而〈象傳〉解君子即上文之「君子、長者」，蘇軾《易・繫辭傳》下解「『損』，德之修」亦云：

　　「脩」之爲言，長也，遠也。民見其損之患，而未見其終以爲益之

　　效，故先難而後易，此德之遠者也。〔註18〕

「德之遠者」，亦能「自損益下」，即使不得不「損民」仍依於德，且乃爲往後「益民」才有如此作爲，故「先難後易」，以上便是損卦精神所在，而鼂繹先生之文「有爲而作，精悍確苦」，此爲自損之道，「嚴必中當世之過」此爲損世之道〔註19〕，難怪蘇軾讚其文「世莫之貴」。

　　此外在〈書鼂無咎所作杜輿子師字說後〉〔註20〕引用〈剝卦・上九・小象傳〉：「君子得輿，民所載也；小人剝廬，終不可用也。」〔註21〕，文中以易象「輿」與「剝廬」爲喻，區隔君子與小人之差異，更於看完鼂無咎〈杜輿子師名字序〉一文後，補充闡明爲何贈予門下杜輿之名「輿」，以及字「子師」之由來，乃其「學修於身，行修於家，而祿未及」，是寄以厚望，期許杜輿能應試科舉，以用於世，亦可知蘇軾善用「易象」闡述儒家思想，更流露科舉乃經世致用之門路，而非功名利祿之踏板，展現儒者的襟懷與風度。

　　在〈書篆髓後〉一文則直接引《易》之〈比卦・大象傳〉：「地上有水，

〔註17〕　〔宋〕蘇軾：《東坡先生易傳》，嚴靈峰輯，（臺北：成文出版社，據明萬曆二十五年刊「兩蘇經解」本影印，1965 年），頁 225。

〔註18〕　〔宋〕蘇軾：《東坡先生易傳》，嚴靈峰輯，（臺北：成文出版社，據明萬曆二十五年刊「兩蘇經解」本影印，1965 年），頁 429～頁 430。

〔註19〕　〔宋〕蘇軾：《蘇軾文集・鼂繹先生詩集敍》，（北京：中華書局，2004 年 11 月），頁 313。

〔註20〕　按：查宋鼂補之《雞肋集・杜杜輿子師名字序》，第三十五卷，其云，「盱眙杜君，從學於眉山先生，先生名之曰：『輿』；字之曰：『子師』，子師道先生之言，曰：『夫能載，而後可與言輿；能衆，而後可以言師。夫能載，則能衆矣！』故輿有師義。則又從先生之門人鼂補之，求識其說，補之曰：『甚矣！先生所以望子師者至矣！夫車之有輿也，猶宮之有堂也；猶人之有腹心也。崇墉長廡，溝之於其外閤，然後門；門然後堂。而堂者，宮之所宅也。目視、耳聽、手扞衞而足，運趨元首加焉而腹心者，人之奧也。』故謂之輿，則一車之任，舉在矣！」。（臺北：臺灣商務印書館，1976 年，頁 242～頁 243）。

〔註21〕　〔魏〕王弼注、〔唐〕孔穎達疏、〔清〕阮元編：《周易正義》，卷三，（臺北：臺灣中華書局，1966 年 3 月），頁 11。

比。以建萬國，親諸侯。」文中曰：

> 孔子曰：「夫聞也者，色取仁而行違，居之不疑。」則聞爲小人。而
> 《詩》曰：「允矣君子，展也大成。之子於征，有聞無聲。」則聞爲
> 君子。又曰：「君子周而不比。」則比爲惡。而《易》曰：「地上有
> 水比。以建萬國親諸侯。」則比爲善。有子曰：「知和而和，不以禮
> 節之，亦不可行也。」則所謂和者，同而已矣。而孔子曰：「君子和
> 而不同。」若此者多矣。喪欲速貧，死欲速朽，此以八字成文，然
> 猶不可一，曰言各有當也，而況欲以一字一之耶？余愛鄭君之學簡
> 而通，故私附其後。〔註22〕

雖以一字之義因經之運用，而有正反之不同，而在此運用〈比卦‧大象傳〉，
則以「比」爲善，取其正面之義。《東坡易傳》之〈比卦‧彖傳〉解「比，吉」
注云：

> 〈比〉未有不吉者也。然而比非其人，今雖吉，後必有咎。〔註23〕

上所言乃認同此卦〈彖傳〉所云，然仍提出《易》道幽微，不主一見，而其
中運用經典對「聞」、「比」、「和」之義，各有正反之注解，乃表達出蘇軾對
於經學深究，而能善用易學思想融攝於其文內。

在〈書辯才次韻參寥詩〉論及其詩與「文字禪」之觀念〔註24〕，更讚其
詩與提出詩法「巧人織繡」：

> 辯才作此詩時，年八十一矣。平生不學作詩，如風吹水，自成文理。
> 而參寥與吾輩詩，乃如巧人織繡耳。〔註25〕

其中「如風吹水，自成文理」，讚賞辯才之詩自然而不著痕迹，也是受其父蘇
洵影響，更以自謙口吻貶抑己詩乃「巧人織繡」。而《東坡易傳》之中〈渙卦‧

〔註22〕 〔宋〕蘇軾：《蘇軾文集‧書篆髓後》，（北京：中華書局，2004 年 11 月），頁
2205～頁 2206。

〔註23〕 〔宋〕蘇軾：《東坡先生易傳》，嚴靈峰輯，（臺北：成文出版社，據明萬曆二
十五年刊「兩蘇經解」本影印，1965 年），頁 55。

〔註24〕 〔宋〕蘇軾：《蘇軾文集‧書辯才次韻參寥詩》：「巖棲木食已矰然，交舊何人
慰眼前。素與畫公心印合，每思秦子意珠圓。當年步月來幽谷，柱杖穿雲冒
夕煙。臺閣山林本無異，故應文字未離禪。」辯才作此詩時，年八十一矣。
平生不學作詩，如風吹水，自成文理。而參寥與吾輩詩，乃如巧人織繡耳。（北
京：中華書局，2004 年 11 月），頁 2136。

〔註25〕 〔宋〕蘇軾：《蘇軾文集‧書辯才次韻參寥詩》，（北京：中華書局，2004 年
11 月），頁 2136。

象傳〉解則云：

> 水將自擇其所安而歸焉。古之善治者，未嘗與民爭；而聽其自擇，
> 然後從而導之。〈渙〉之為言，天下流離渙散而不安其居，此宜經營
> 四方之不暇。〔註26〕

雖以「渙」為政教角度，論其「經營四方之不暇」，是依據民本思想所立論，
而前所言及水「自擇所安而歸」，與〈書辯才次韻參寥詩〉言風水成渙，文理
昭然，與「水」之特質相同，但是對於「風」之特質則指在上位者施行教化，
因此在〈渙卦〉易學思想中言及政教，乃取「巽」象，乃為提醒上位者「渙
之世，民無常主」〔註27〕，須秉持「有德而爭民」〔註28〕，是亦與謙卦、損
卦所談政教之理相類。然而雖〈書辯才次韻參寥詩〉所論及〈渙卦〉著重在
其易學與文學融攝思想，「自成文理」乃為蘇軾序跋一類思想特色，但《東坡
易傳》仍主義理，以儒家教化思想為要，並形成儒家文學觀之一。

　　由以上選文可見東坡對於易學中德言關係，以「謙」為重要德行綱目，
並闡述此易學思想對於道德修養與人事出處應對之重要，更透過〈范文正公
文集敘〉一文讚賞范仲淹之耿直謙和；而在〈鳧繹先生詩集敘〉則能探討易
學「損益」二卦思想真諦，正在於君子能損上或自損以益下，並嶄露出儒家
民本思想，此敘文中提出與《易》道「損以益下」相融攝之文學特色「有為
而作，精悍確苦」，並作為顏太初先生之贊言，此作法為明引《易》來深化其
論；另在〈書晁無咎所作杜輿子師字說後〉、〈書篆髓後〉、〈書辯才次韻參寥
詩〉言及易象，抒發懷抱，勉人亦自勵。總體來看，本目之選文亦結合其《東
坡易傳》談論研易致用之政教思想，而透過以上探論，可知蘇軾善用易學思
想與寄託易象來進行儒家思想之闡述，並融攝於序跋類文章中，故以上選文
主要呈現「謙之必勝，損以益下」之易學與文學融攝思想。

二、贈序：剛毅近仁，柔茅行謙

　　蘇軾贈序文章除以「送某某敘」為名，亦以「說」為題，而其中更以〈剛
說〉、〈稼說送張琥〉，以及〈楊薦字說〉等篇章，展現出易學與文學融攝思想，

〔註26〕　〔宋〕蘇軾：《東坡先生易傳》，嚴靈峰輯，（臺北：成文出版社，據明萬曆二
　　　　　十五年刊「兩蘇經解」本影印，1965年），頁330。
〔註27〕　〔宋〕蘇軾：《東坡先生易傳》，嚴靈峰輯，（臺北：成文出版社，據明萬曆二
　　　　　十五年刊「兩蘇經解」本影印，1965年），頁332。
〔註28〕　〔宋〕蘇軾：《東坡先生易傳》，嚴靈峰輯，（臺北：成文出版社，據明萬曆二
　　　　　十五年刊「兩蘇經解」本影印，1965年），頁332。

針對易學剛柔之說，以及藉易象言「謙」之道，更是此類文章重要內涵，亦使贈序文章更符合「君子贈人以言」之精神。

在〈剛說〉與〈稼說送張琥〉裡都運用剛柔說，比喻君子人格特質與身心狀態，〈剛說〉先引用孔子所言「剛毅木訥，近仁」，並於文中謂：

> 方孔子時，可謂多君子，而曰「未見剛者」，以明其難得如此。而世
> 乃曰「太剛則折」！士患不剛耳，長養成就，猶恐不足，當憂其太
> 剛而懼之以折耶！折不折，天也，非剛之罪。爲此論者，鄙夫患失
> 者也。〔註29〕

一般人對於剛者之見，認爲過度剛強容易招致挫敗，但蘇軾卻認爲知識份子應憂患不能夠「自強不息」，而非懼怕過度剛強可能導致之挫敗，並闡明眞正之「剛強」是能懷有「仁德之心」而堅持到底者，在〈稼說送張琥〉：「弱者養之以至於剛，虛者養之以至於充。」〔註30〕，其「剛」之意涵爲身心強壯，仍爲易學剛柔說之範疇。而其中重「剛健」之思想於《東坡易傳》之〈乾卦·卦辭〉解云：

> 乾之所以取于龍者，以其能飛、能潛也。飛者，其正也；不得其正
> 而能潛，非天下之至健，其孰能之。〔註31〕

上所言「天下之至健」，更是對乾卦龍飛龍潛皆守「剛正」精神之盛讚。

蘇軾曾替好友取字號，並寫了一系列贈序，以「說」爲題，藉此申明好友字號與經典之間關係，從其中幾篇可以得知蘇軾經學底子深厚，對於易學與小學更是隨手拈來，運用存乎一心。〈楊薦字說〉一文，乃好友楊薦請蘇軾題取字號，蘇軾因而贈以字說，文中引用《易·繫辭傳》解，其中論及《易·大過》卦之語〔註32〕，後有一段引申曰：

> 藉之用茅，何咎之有，地非不足錯也，而必茅之爲藉，是君子之過

〔註29〕〔宋〕蘇軾：《蘇軾文集·剛說》，（北京：中華書局，2004 年 11 月），頁 338
～頁 339。

〔註30〕〔宋〕蘇軾：《蘇軾文集·稼說送張琥》，（北京：中華書局，2004 年 11 月），
頁 339～頁 310。

〔註31〕〔宋〕蘇軾：《東坡先生易傳》，嚴靈峰輯，（臺北：成文出版社，據明萬曆二
十五年刊「兩蘇經解」本影印，1965 年），頁 7。

〔註32〕〔魏〕王弼注、〔唐〕孔穎達疏、〔清〕阮元編：《周易正義》，卷七，〈繫辭傳〉
上：「初六，藉用白茅，無咎。」子曰：「苟錯諸地而可矣，藉之用茅，何咎
之有？慎之至也。夫茅之爲物薄，而用可重也，慎斯術也以往，其無所失
矣！」，（臺北：臺灣中華書局，1966 年 3 月），頁 11。

以自尊也。予欲以楊君之過以自尊，故因其名薦而取諸《易》以爲

字。〔註33〕

「薦」，於《說文解字》中解爲「獸之所食艸」〔註34〕，然蘇軾在此則取「薦」

爲「進」之義，應爲段注所指爲「荐」之假借字，「荐」本義爲「藉」也〔註

35〕，和此處解做「藉之用茅」不謀而合。而蘇軾此段「地非不足錯」則是對

孔子所言「苟錯地而可矣」進行引申發揮，但是並非完全採納孔子的說法，

此段註解是藉《易・繫辭傳》來期許楊薦莫過於自尊，而目空一切，即便茅

藉之物仍有其價值，而蘇軾並依《易》替其取字爲「薦」。若對照《東坡易傳》

對於〈大過卦・初六爻辭〉、〈大過卦・小象傳〉注解：

茅之爲物，賤而不足收也。然吾有所甚愛之器，必以藉之，非愛茅

也，愛吾器也。〔註36〕

因此蘇軾認爲君子並非喜愛微賤之白茅草，白茅草只是一種鋪墊之物，而君

子所眞正喜好有德之器，一定會放置在柔軟之白茅草堆上，藉以保護它，若

就孔子白茅草可以重複使用之說法，是爲「謹愼」之象徵，自然可以無所失

〔註37〕，然蘇軾將之當爲「不足收」之物，是對孔子的說法進行不同角度的

論述。實際上闡述「謙」之踐履，「茅藉」是《易》之象，用來比喻之，在

上位若能謙以爲懷，視臣如己身，視民如己傷，而謹愼行事，如此底下豈有

「大過」。另蘇軾在〈送章子平詩敘〉文中亦讚賞章子平能「行之以謙」〔註

38〕，亦呼應前小結善用易學重視「謙」之思想，並與文學進行融攝。

〔註33〕　〔宋〕蘇軾：《蘇軾文集・楊薦字說》，（北京：中華書局，2004 年 11 月），頁
334～頁 335。

〔註34〕　〔漢〕許慎著，〔清〕段玉裁注：《說文解字注》，〈鷹〉部，「薦，獸之所食艸，
從鷹艸」，（臺北：藝文印書館，1964 年 5 月，五版），頁 474。

〔註35〕　〔漢〕許慎著，〔清〕段玉裁注：《說文解字注》，〈艸〉部，「荐，薦席也，從
艸存聲」，（臺北：藝文印書館，1964 年 5 月，五版），頁 43。

〔註36〕　〔宋〕蘇軾：《東坡先生易傳》，嚴靈峰輯，（臺北：成文出版社，據明萬曆二
十五年刊「兩蘇經解」本影印，1965 年），頁 159。

〔註37〕　〔魏〕王弼注、〔唐〕孔穎達疏、〔清〕阮元編：《周易正義》，卷七，〈繫辭傳〉
上：「初六，藉用白茅，無咎。」子曰：「苟錯諸地而可矣，藉之用茅，何咎
之有？愼之至也。夫茅之爲物薄，而用可重也，愼斯術也以往，其無所失
矣！」（臺北：臺灣中華書局，1966 年 3 月），頁 11。

〔註38〕　按：蘇軾《蘇軾文集・送章子平詩敘》，「子平以文章之美，經術之富，政事
之敏，守之以正，行之以謙，此功名富貴之所迫逐而不赦者也。雖微舉首，
其孰能加之。然且困躓而不信，十年於此矣」。（北京：中華書局，2004 年 11
月），頁 323～頁 324。

在〈剛說〉、〈稼說送張琥〉二文中，理解蘇軾對易學剛柔說之應用，與重視剛健不息之特色與乾卦精神相符合；而在替好友楊薦取字號，更結合易學思想，融攝於〈楊薦字說〉一文，除讚頌柔茅雖卑微，卻仍警醒君子行謙，而勿過於倨傲鮮腆，是重視易學謙卦思想。以上此即蘇軾易學與文學融攝思想：「剛毅近仁，柔茅行謙」所呈現之成果。

第二節　自然辭達，寄寓賦形之雜記

蘇軾雜記類文章題材多變，但大多呈現篇幅不長，就風格而言——內容清新者有之，如：〈記承天寺夜遊〉、〈遊沙湖〉、〈放鶴亭記〉；內容深有寄託者有之，如：〈石鐘山記〉、〈遊桓山記〉、〈喜雨亭記〉、〈超然臺記〉、〈凌虛臺記〉……等；內容靈動暢快者有之，如：〈記遊定惠院〉、〈臨皋閒題〉、〈記遊松風亭〉。若專論其易學與文學融攝之作品，應以〈放鶴亭記〉爲直截引易代表，將《易》道、易象融入雜記文當中，其餘則以蘇軾易學思想，或與《東坡易傳》契合處進行推闡，此類雜記流露出經典與文學密切相關之特色，更印證蘇軾是歐陽脩「文以明道」重要實踐者。底下分爲「山水遊記：自然成文，辭達而已」、「亭臺樓閣記：寄託憂患，抒發懷抱」以及「書畫名物記：隨體賦形，君子不器」，三點進行探究。

一、山水遊記：自然成文，行雲流水

蘇軾山水遊記，整體而言純屬爲宦遊者少，烏臺詩案後，貶謫之作則較多，其中多承繼蘇洵易學與文學融攝思想中「自然成文」之主張，並發展出服膺聖人之言，「辭達而已」之主張，更體現於〈記承天寺夜遊〉、〈遊沙湖〉、〈記遊定惠院〉、〈臨皋閒題〉、〈書上元夜夜遊〉〔註39〕、〈石鐘山記〉、〈遊桓山記〉等等篇章中。上諸篇除寫景之語多涉及坎水之易象，更展現出易蘊萬物，太極和諧思想，依此造就蘇軾山水遊記類文章之高度文藝水準。

如：〈記承天寺夜遊〉、〈遊沙湖〉二文，載於《東坡志林》，而前文亦收入文集，兩篇皆篇幅短小，清新秀麗，內容吻合〈渙卦〉「自然成文」之主張。前篇摹月景「庭下如積水空明，水中藻荇交橫」〔註40〕一句，用坎水之易象

〔註39〕〔宋〕蘇軾：《東坡志林・儋耳夜書》，（北京：中華書局，2007年9月），頁11。

〔註40〕〔宋〕蘇軾：《東坡志林・記承天寺夜遊》，（北京：中華書局，2007年9月），

書寫，比擬月光普照底下，竹柏枝影縱橫之狀，雖寫夜遊之樂，卻因景而成文，不假雕飾，渾然天成，而〈遊沙湖〉亦有相類文句：

> （清泉）寺在蘄水郭門外二裏許，有王逸少洗筆泉，水極甘，下臨蘭溪，溪水西流。〔註41〕

文字洗鍊，言及水泉、溪流，有感而發，吟詠成詩〔註42〕，其詩文主題相似，卻又於不同文體創作，雖各自擁有不同特色，但仍呈現易學與文學融攝思想。又〈記承天寺夜遊〉與儋州所作〈書上元夜夜中遊〉主題相似，然蘇軾於儋州，更已將儒釋道兼融於胸，因此其文云：

> 步城西，入僧舍，歷小巷，民夷雜揉，屠酤紛然，歸舍已三鼓矣。舍中掩關熟寢，已再鼾矣。放杖而笑，孰爲得失？問先生何笑；蓋自笑也，然亦笑韓退之釣魚，無得更欲遠去。不知釣者，未必得大魚也。〔註43〕

上文所流露「儒釋道合一」之易學與文學融攝思想，即是第三章所探討《東坡易傳》之文學特色〔註44〕。在〈記遊定惠院〉一文中寫景之處，亦是「自然成文」之筆，其云：

> 黃州定惠院東小山上，有海棠一株，特繁茂。每歲盛開，必攜客置酒，已五醉其下矣。今年復與參寥師及二三子訪焉，則園已易主，主雖市井人，然以予故，稍加培治。山上多老枳木，性瘦韌，筋脈呈露，如老人項頸。花白而圓，如大珠累累，香色皆不凡。此木不爲人所喜，稍稍伐去，以予故，亦得不伐。〔註45〕

寫獨愛海棠、特喜枳木，每年盛開時，必偕人徙倚海棠下，對枳木之述寫更是兼具外型與特性，以平易樸簡之文字，展現出蘇軾與眾不同之品味與境界。

頁5。

〔註41〕〔宋〕蘇軾：《東坡志林·遊沙湖》，（北京：中華書局，2007年9月），頁5。

〔註42〕按：蘇軾《東坡志林·遊沙湖》云「寺在蘄水郭門外二裏許，有王逸少洗筆泉，水極甘，下臨蘭溪，溪水西流。余作歌云：『山下蘭芽短浸溪，松間沙路淨無泥，蕭蕭暮雨子規啼。誰道人生無再少？君看流水尚能西！休將白髮唱黃雞。』是日劇飲而歸。」，（北京：中華書局，2007年9月），頁6。

〔註43〕〔宋〕蘇軾：《蘇軾文集·書上元夜夜中遊》，（北京：中華書局，2004年11月），頁2275。

〔註44〕按：參照本文第三章第一節源自儒家「能近取譬」之方式。

〔註45〕〔宋〕蘇軾：《蘇軾文集·記遊定惠院》，（北京：中華書局，2004年11月），頁2257。

在〈臨皋閑題〉一文，更提及人與江山風月相應，文曰：

> 臨皋亭下八十數步，便是大江，其半是峨嵋雪水，吾飲食沐浴皆取
> 焉，何必歸鄉哉！江山風月，本無常主，閑者便是主人。〔註46〕

「江山風月，本無常主，閑者便是主人」，以「閑」字點出天人之間，自然而然之本初〔註47〕，人欲褪去矯情做作，離功利而親近自然。蘇軾文中強調「物與我相應」是出於《易》道天人相合，與太極和諧思想。在〈記遊松風亭〉更顯示出此種「閑」以合天地、「自然成文」思想之特色，其云：

> 余嘗寓居惠州嘉祐寺，縱步松風亭下，足力疲乏，思欲就林止息。
> 望亭宇尚在木末，意謂是如何得到？良久忽曰：「此閒有甚麼歇不得
> 處！」由是如掛之魚，忽得解脫。若人悟此，雖兵陣相接，鼓聲如
> 雷霆，進則死敵，退則死法，當甚麼時也不妨熟歇。〔註48〕

此與《東坡易傳》注〈繫辭傳〉下「精義入神，以致用也；利用安身，以崇德也。」一句相同，其云：

> 善游者之操舟也，其心閑、其體舒，是何故？則用利而身安也。事
> 至於身安，則物莫吾測而德崇矣！〔註49〕

以善泅泳者能行舟為喻，因其善水性，故無懼，無懼而能「心閑」、「體舒」。易注末句所言「物莫吾測而德崇」，更是上述二篇文章所欲呈現之易學思想。而上所列短篇遊記，與蘇軾〈與王庠書三首之一〉：「辭至於達，止矣！不可以有加矣！」〔註50〕所言相同，無可復加、增刪文字。

　　而於〈遊桓山記〉、〈石鐘山記〉，二篇山水遊記均善用易象，言及自然與人事相應。前文〈遊桓山記〉提及《履霜》之遺音，應指尹伯奇或韓愈之樂府歌辭《履霜操》〔註51〕，其名稱則出於坤卦初六爻辭「履霜，堅冰至」，而

〔註46〕 〔宋〕蘇軾：《東坡志林・臨皋閑題》，（北京：中華書局，2007年9月），頁160。

〔註47〕 沈廣斌：《中國蘇軾研究第四輯》，〈論蘇軾之「閑」〉，朱靖華主編，（北京：學苑出版社，2008年9月），頁223～頁238。

〔註48〕 〔宋〕蘇軾：《東坡志林・記遊松風亭》，（北京：中華書局，2007年9月），頁11。

〔註49〕 〔宋〕蘇軾：《東坡先生易傳》，嚴靈峰輯，（臺北：成文出版社，據明萬曆二十五年刊「兩蘇經解」本影印，1965年），頁421。

〔註50〕 〔宋〕蘇軾：《蘇軾文集・與王庠書》三首之一，（北京：中華書局，2004年11月），頁1422。

〔註51〕 按：宋郭茂倩樂府詩集《樂府詩集・琴曲歌辭》，〈履霜操〉題解，「伯奇無罪，為後母讒而見逐，乃集芰荷以為衣，採楟花以為食，晨朝履霜，自傷見放，

演奏此曲，除與尹、韓曲中所流離思親之感相關外，或又感於「履霜」之季
節，氣候多變，心生憂思，且蘇軾另外一文〈明堂赦文〉言及「惕然履霜，
詎勝淒愴之意」〔註52〕，亦言履霜時節有思親之情。文後接續探討於司馬桓
魋墓前演奏此曲是否合於禮？蘇軾舉「曾點歌於季武子之喪」之例證其合於
禮。又歌曰：「司馬之惡，與石不磨兮」〔註53〕，將司馬桓魋之惡比喻成山岩
無法磨滅，將「人事」與「自然」結合無礙；後文〈石鐘山記〉書寫蘇軾親
自夜臨彭蠡口，考察石鐘山發出聲響之因，其文曰：

> 至其夜，月明，獨與邁乘小舟，至絕壁下。大石側立千尺，如猛獸
> 奇鬼，森然欲搏人；而山上棲鶻，聞人聲亦驚起，磔磔雲霄間；又
> 有若老人欬且笑於山谷中者，或曰：「此鸛鶴也。」余方心動欲還，
> 而大聲發於水上，噌吰如鐘鼓不絕，舟人大恐。徐而察之，則山下
> 皆石穴罅，不知其淺深，微波入焉，涵澹澎湃而為此也。舟回至兩
> 山間，將入港口，有大石當中流，可坐百人，空中而多竅，與風水
> 相吞吐，有窾坎鏜鞳之聲，與向之噌吰者相應，如樂作焉。因笑謂
> 邁曰：「汝識之乎？噌吰者，周景王之無射也；窾坎鏜鞳者，魏莊子
> 之歌鐘也；古之人不余欺也！」〔註54〕

文中善用比喻與摹寫，記「鸛鶴」事之譬喻，誇飾詭譎；寫「大石、風水相盪」
描摹之景，雄肆奔放。提及大石孔竅「與風水相吞吐」一句，乃運用〈渙卦〉：
「風行水上」，風水相激，波流渙散之易象，而因象為記，「自然成文」思想流
露其間，於次段末如「行雲流水」，全段止於蘇軾與其子蘇邁對話，乃「不可不
止」，此思想特色亦同《東坡易傳》之〈坎卦〉解與孔子「辭達而已」〔註55〕，
更於末段論及「事不目見耳聞，而臆斷其有無，可乎？」〔註56〕，其中實地考

　　於是援琴鼓之而作此操。曲終，投河而死。」，其中「履朝霜兮採晨寒，考不
　　明兮聽讒言」，郭又錄有韓愈一首，其中「兒行於野，履霜以足」，二首皆能
　　化用〈坤卦〉易象，（北京：中華書局，1979 年），頁 833。

〔註52〕〔宋〕蘇軾：《蘇軾文集・明堂赦文》，（北京：中華書局，2004 年 11 月），頁
　　　　1135。

〔註53〕〔宋〕蘇軾：《蘇軾文集・遊桓山記》，（北京：中華書局，2004 年 11 月），頁
　　　　370。

〔註54〕〔宋〕蘇軾：《蘇軾文集・石鐘山記》，（北京：中華書局，2004 年 11 月），頁
　　　　370～頁 371。

〔註55〕〔魏〕何晏、〔清〕阮元編纂：《論語正義》，第十八卷，〈衛靈公〉，子曰：「辭
　　　　達而已矣。」，（臺北：臺灣中華書局，1970 年 9 月，台三版），頁 17。

〔註56〕〔宋〕蘇軾：《蘇軾文集・石鐘山記》，（北京：中華書局，2004 年 11 月），頁

察思想與《東坡易傳》履卦九二爻辭注「履道坦坦，幽人貞吉」所云：

> 九二之用大矣，不見於二，而見於三。三之所以能視者，假吾目也；
> 所以能履者，附吾足也。有目不自以爲明，有足不自以爲行者，使
> 六三得坦途而安履之，豈非才全德厚、隱約而不慍者歟？故曰「幽
> 人貞吉」。〔註57〕

〈履卦‧九二爻辭〉：「履道坦坦」，實已影響蘇軾實證精神，更於易注針對「幽人」乃「有目不自明」、「有足不自行」，而「才全德厚」、「隱約而不慍」者，其劍及履及而又不過份張揚之品行，是符合履虎尾而不受咥之主因，亦是蘇軾能自身透過踐履而達成之境界。

以上所列舉山水遊記，可呈現蘇軾於易學與山水遊記融攝，除善用坎水（坎）、履霜（坤）與風水（渙）等易象，而由象成文，是承襲蘇洵由「風行水上」〈渙卦〉而來──「自然成文」之思想，於其中強調「閑」以和天地，並且與《東坡易傳》坎卦解「水無常形，因物爲形」之思想，而成蘇文〈自評文〉：「行雲流水」〔註58〕易學與文學融攝之特色，並結合「幽人」之易象，闡述樸實無華踐履之精神，此已是蘇軾不凡生命之哲學與境界。

二、亭臺樓閣記：寄託憂患，抒發懷抱

東坡亭臺樓閣記雖名爲「記」，卻不泥於敘事，能寄託《易》道憂患思想，並抒發懷抱，甚至於文中融入詩詞歌賦，可見蘇軾「自然成文」，不拘一體，而其中有不少易學與文學融攝之佳作，如：〈喜雨亭記〉以雨名亭，亦運用雲雷〈屯卦〉之易象，文中曰：

> 舉酒於亭上以屬客，而告之曰：「五日不雨，可乎？」曰：「五日不
> 雨，則無麥。」「十日不雨，可乎？」曰：「十日不雨，則無禾。」
> 無麥無禾，歲且薦饑，獄訟繁興，而盜賊滋熾，則吾與二三子雖欲
> 優游以樂於此亭，其可得邪？〔註59〕

文中提及作物興生，不可無雨，無雨則糧食稻麥不生，而成飢荒，則民不足

〔註57〕 同上，《蘇軾文集‧石鐘山記》，頁371。
〔註58〕 〔宋〕蘇軾：《蘇軾文集‧自評文》，（北京：中華書局，2004 年 11 月），頁2069。
〔註59〕 〔宋〕蘇軾：《蘇軾文集‧喜雨亭記》，（北京：中華書局，2004 年 11 月），頁349。

食而無法維生，是使人民爲食紛擾爭訟，是促民成爲盜賊。由自然宇宙之氣候和糧食作物關係，進而而影響政治人事之運作，與其《東坡易傳》中〈屯卦・象傳〉解所云：

> 物之生，未有不待雷雨者，然方其作也，充滿潰亂，使物不知其所從，
> 若將害之，霽而後見其功也。天之造物也，豈物物而造之？〔註60〕

「雷雨」爲萬物生長之所依賴，而雷雨成洪澤，雖初始「潰亂」，但最終滋潤萬物仍有功於民，〈屯卦・大象傳〉所說「雲雷，屯；君子以經綸」，更點出政治人事之重要，〈喜雨亭記〉與《東坡易傳》思想同出一源，皆是蘇軾受儒理易易學沾染。而針對屯卦雲雷成雨之易象，於〈喜雨亭記〉文末以贊歌作結，認爲久旱逢「雨」之功勞非「太守」、「天子」之功，「造物者」不居功，雖歸之於「太空」，而「太空」無以名狀，蘇軾以易象雲雷成「雨」，作爲亭名〔註61〕，藉亭臺樓閣記中寄託人事憂患，並抒發儒家仁治之懷抱。而在〈超然臺記〉則探討「物之可觀，皆有可樂」與「憂患禍福」之關係，其云：

> 凡物皆有可觀。苟有可觀，皆有可樂，非必怪奇偉麗者也。餔糟啜醨，皆可以醉；果蔬草木，皆可以飽。推此類也，吾安往而不樂？夫所爲求福而辭禍者，以福可喜，而禍可悲也。人之所欲無窮，而物之可以足吾欲者有盡。美惡之辨戰於中，而去取之擇交乎前，則可樂者常少，而可悲者常多，是謂求禍而辭福。夫求禍而辭福，豈人之情也哉？物有以蓋之矣。彼遊於物之內，而不遊於物之外。物非有大小也，自其內而觀之，未有不高且大者也。彼挾其高大以臨我，則我常眩亂反覆，如隙中之觀鬥，又烏知勝負之所在？是以美惡橫生，而憂樂出焉。可不大哀乎！〔註62〕

是文中深有寄託，「遊於物之內，而不遊於物之外」即是受物所左右，若對照《東坡易傳》之〈兌卦・上六爻辭〉、〈兌卦・小象傳〉解云：

> 上六超然於外，不累於物，此小人之託於無求，以爲兌者也。〔註63〕

〔註60〕　〔宋〕蘇軾：《東坡先生易傳》，嚴靈峰輯，（臺北：成文出版社，據明萬曆二十五年刊「兩蘇經解」本影印，1965年），頁32～頁33。

〔註61〕　按：除蘇軾《蘇軾文集》中〈喜雨亭記〉一篇，又於《蘇軾詩集》又有〈次韻張昌言喜雨〉、〈次韻章傳道喜雨〉、〈次韻朱光庭喜雨〉三首詩，（北京：中華書局，2004年11月）。

〔註62〕　〔宋〕蘇軾：《蘇軾文集・超然臺記》，（北京：中華書局，2004年11月），頁351。

〔註63〕　〔宋〕蘇軾：《東坡先生易傳》，嚴靈峰輯，（臺北：成文出版社，據明萬曆二十五年刊「兩蘇經解」本影印，1965年），頁328。

以時位言上六居陰爲陰爻，蘇軾解其爲兌卦之「小人」能「超然物外，不累於物」非眞實「無求」，乃爲公孫布被，逆情干譽，欲走終南捷徑之徒，而在〈凌虛臺記〉一文，亦有類似「變易」之省思，文云：

> 物之廢興成毀，不可得而知也。昔者荒草野田，霜露之所蒙翳，狐虺之所竄伏；方是時，豈知有凌虛臺邪？廢興成毀，相尋於無窮。則臺之復爲荒草野田，皆不可知也……夫臺猶不足恃以長久，而況於人事之得喪，忽往而忽來者歟？而或者欲以誇世而自足，則過矣。
> 蓋世有足恃者，而不在乎臺之存亡也。〔註64〕

上段探討萬物之興廢存亡，與凌虛臺之關係，雖「凌虛」二字頗有亘古長存之意味，但建造爲臺，猶爲「不足長久」，並點出人事變化更無常，抒發其忘懷得失之心境。《東坡易傳》之〈說卦傳〉解亦云：

> 萬物之盛衰於四時之間者也，皆其自然，莫或使之。〔註65〕

闡述萬物盛衰之理，即「自然」，而不可阻礙。另在〈清風閣記〉中運用風地觀卦之易象，言風難以捕捉，而蘇軾仍以文記之，文曰：

> 天地之相磨，虛空與有物之相推，而風於是焉生。執之而不可得也，逐之而不可及也，汝爲居室而以名之，吾又爲汝記之，不亦大惑歟？雖然，世之所謂己有而不惑者，其與是奚辨？若是而可以爲有邪？則雖汝之有是風可也，雖爲居室而以名之，吾又爲汝記之可也，非惑也。風起於蒼茫之間，徬徨乎山澤，激越乎城郭道路，虛徐演漾，以汎汝之軒窗欄楯幔帷而不去也。汝隱几而觀之，其亦有得乎？力生於所激，而不自爲力，故不勞。形生於所遇，而不自爲形，故不窮。嘗試以是觀之。〔註66〕

觀風行地上，而往來閣內「不自爲力」、「不自爲形」之特質，《東坡易傳》之〈觀卦‧象傳〉解所云：

> 無器而民趨，不言而物喻者，〈觀〉之道也。聖人以神道設教，則賞爵刑罰有設而不用者矣。〔註67〕

〔註64〕〔宋〕蘇軾：《蘇軾文集‧凌虛臺記》，（北京：中華書局，2004年11月），頁350。

〔註65〕〔宋〕蘇軾：《東坡先生易傳》，嚴靈峰輯，（臺北：成文出版社，據明萬曆二十五年刊「兩蘇經解」本影印，1965年），頁449。

〔註66〕〔宋〕蘇軾：《蘇軾文集‧清風閣記》，（北京：中華書局，2004年11月），頁383。

〔註67〕〔宋〕蘇軾：《東坡先生易傳》，嚴靈峰輯，（臺北：成文出版社，據明萬曆二

注解中以儒家「風行草偃」，推行教化，而闡述「聖人神道設教」，並不用刑罰，與〈清風閣記〉寫清風「虛徐演漾」而「不勞」、「不窮」之特質相同，蘇軾「觀」而記之，寄託人事憂患，時常勞頓困窮，更抒發其自然萬物「不爲己有」之感嘆。

　　在〈放鶴亭記〉一文中論歷史人物衛懿公好鶴而亡，然竹林七賢好酒卻免於政治之害，依此抒發感嘆，更於稍前藉由《易·中孚·九二爻辭》〔註68〕與詩經〈鶴鳴〉〔註69〕來論鶴，而認爲鶴是「賢人君子」與「隱德之士」理由如下：

　　　　蓋其爲物，清遠閒放，超然於塵垢之外，故《易》、《詩》人以比賢

　　　　人君子隱德之士。〔註70〕

相對照《東坡易傳》對於中孚九二爻辭中「鳴鶴在陰，其子和之」之解釋：

　　　　鶴鳴而子和者，天也；未有能使之者也。〔註71〕

指出父鶴鳴而子鶴應和，本於天性，並非人爲力量介入而使之然，和王弼此爻辭注語「立誠篤至」〔註72〕可做一比對，而蘇軾所謂「賢人君子隱德之士」，其心哪能不誠懇？其志哪會不篤實？是與《東坡易傳》解「中孚」爲「信也」之語相同。接續探討《東坡易傳》對於中孚卦九二爻辭後半「我有好爵，吾與爾靡之」之解釋：

　　　　有爵者求我之辭也，彼求我，而我不求之之謂也。〔註73〕

　　　　十五年刊「兩蘇經解」本影印，1965 年），頁 117。

〔註68〕　〔魏〕王弼注、〔唐〕孔穎達疏、〔清〕阮元編：《周易正義》，卷六，中孚卦九二爻辭「鳴鶴在陰，其子和之；我有好爵，吾與爾靡之。」，（臺北：臺灣中華書局，1966 年 3 月），頁 10。

〔註69〕　〔漢〕毛亨注、〔唐〕孔穎達疏、〔清〕阮元編：《毛詩正義》，〈小雅·鶴鳴〉，「鶴鳴于九皋，聲聞于野。魚潛在淵，或在于渚。樂彼之園，爰有樹檀，其下維蘀。它山之石，可以爲錯。鶴鳴于九皋，聲聞于天。魚在于渚，或潛在淵。樂彼之園，爰有樹檀，其下維穀。它山之石，可以攻玉。」，（卷八之一，臺北：臺灣中華書局，1966 年，台二版，頁 12）

〔註70〕　〔宋〕蘇軾：《蘇軾文集·放鶴亭記》，（北京：中華書局，2004 年 11 月），頁 360。

〔註71〕　〔宋〕蘇軾：《東坡先生易傳》，嚴靈峰輯，（臺北：成文出版社，據明萬曆二十五年刊「兩蘇經解」本影印，1965 年），頁 341～頁 342。

〔註72〕　〔魏〕王弼：《王弼集校注·周易注》，樓宇烈校釋，（臺北：華正書局，2006 年 8 月，二版），頁 516。

〔註73〕　〔宋〕蘇軾：《東坡先生易傳》，嚴靈峰輯，（臺北：成文出版社，據明萬曆二十五年刊「兩蘇經解」本影印，1965 年），頁 342。

此則雖無提及「爵」的定義，而在《說文解字》中指出「爵，禮器也。象雀之形，中有鬯酒，又持之也。」〔註74〕，《東坡易傳》注解所提「有爵者」，應指行酒禮之人，並且加以說明乃他人有求於己，非己求於人。

〈放鶴亭〉一文中則舉出鶴與酒來作爲「清」、「濁」之象徵，然在歷史仍有好鶴而亡國者，如衛懿公；也有因酒而名世者，不似周公、衛武公所言「荒惑敗亂」者，如阮籍、嵇康，眞正懂得「隱居之樂」，乃眞如與鶴相和者，寄託蘇軾入世之懷抱，以鶴喻「辟人之士」與「辟世之士」乃自爲之，即「未可以易也」，是蘇軾易學與文學融攝思想，亦善用史學之例作爲佐證，使其立論更有說服力。又〈思堂記〉亦引《易・繫辭傳》：「無思也，無爲也」〔註75〕，而蘇軾底下言曰「我願學焉」〔註76〕，在《東坡易傳》之〈繫辭傳〉解云：

> 深者，其理也；幾者，其用也。〔註77〕

蘇軾論及所學之志，得以專研其理，思學並重，則無危殆與迷惘之病，仍與其易注之思想相同，強調《易》道深微，其奧妙則透過思學之專精，而可獲得實用。〈眉山遠景樓記〉、〈靈壁張氏園亭記〉二篇文章則流露易學與文學融攝思想，〈眉山遠景樓記〉一文云：

> 孔子曰：「吾猶及史之闕文也。有馬者借人乘之。今亡矣夫！」是二者，於道未有大損益也，然且錄之。今吾州近古之俗，獨能累世而不遷，蓋耆老昔人豈弟之澤，而賢守令撫循教誨不倦之力也，可不錄乎！〔註78〕

〔註74〕〔漢〕許愼著，〔清〕段玉裁注：《說文解字注》，五篇下，〈鬯〉部，（臺北：藝文印書館，1964 年 5 月，五版），頁 220。

〔註75〕〔魏〕王弼注、〔唐〕孔穎達疏、〔清〕阮元編：《周易正義》，卷七，〈繫辭傳〉上，「《易》有聖人之道四焉：以言者尚其辭，以動者尚其變，以制器者尚其象，以卜筮尚其占。是以君子將有爲也，將有行也，問焉而以言，其受命也如嚮。無有遠近幽深，遂知來物。非天下之至精，其孰能與於此？參伍以變，錯綜其數，通其變，遂成天之文；極其數，遂定天下之象。非天下之至變，其孰能與於此？《易》無思也，無爲也，寂然不動，感而遂通天下之故。非天下之至神，其孰能與於此？夫《易》，聖人之所以極深而研幾也。唯深也，故能通天下之志；唯幾也，故能成天下之務；唯神也，故不疾而速，不行而至。子曰：『《易》有聖人之道四焉」者，此之謂也。』」，（臺北：臺灣中華書局，1966 年 3 月），頁 14～頁 16。

〔註76〕〔宋〕蘇軾：《蘇軾文集・思堂記》，（北京：中華書局，2004 年 11 月），頁 363。

〔註77〕〔宋〕蘇軾：《東坡先生易傳》，嚴靈峰輯，（臺北：成文出版社，據明萬曆二十五年刊「兩蘇經解」本影印，1965 年），頁 398。

〔註78〕〔宋〕蘇軾：《蘇軾文集・眉山遠景樓記》，（北京：中華書局，2004 年 11 月），

引用孔子之語，言及春秋時孔子仍能透過文獻之缺損，推崇周代遺文的重要，而蘇軾亦使用易學思想「損益」之理認爲「史之闕文者」與「有馬借人者」二者於大道未必有損益，依此闡述眉山重視文教風氣，敬老尊賢之風仍存於家鄉，況且《東坡易傳》之〈損卦‧象傳〉解云：

> 君子務知遠大者，損下以自益，君子以爲自損。自損以益下，君子
> 以爲自益也。〔註79〕

可知蘇軾〈眉山遠景樓記〉此文乃讚頌州太守，能爲「損己益下」者。而〈靈壁張氏園亭記〉文云「因汴之餘浸，以爲陂池，取山之怪石，以爲巖阜。」〔註80〕，乃使用「山下出泉」之蒙卦易象，蘇軾並接續而論：

> 古之君子，不必仕，不必不仕。必仕則忘其身，必不仕則忘其君。
> 譬之飲食，適於飢飽而已。然士罕能蹈其義、赴其節。處者安於故
> 而難出，出者狃於利而忘返。於是有違親絕俗之譏，懷祿苟安之弊。
> 今張氏之先君，所以爲其子孫之計慮者遠且周，是故築室藝園於汴、
> 泗之間，舟車冠蓋之沖，凡朝夕之奉，燕遊之樂，不求而足。使其
> 子孫開門而出仕，則跬步市朝之上，閉門而歸隱，則俯仰山林之下。
> 於以養生治性，行義求志，無適而不可。〔註81〕

上文「開門而出仕」、「閉門而歸隱」，與《易》之〈蒙卦‧大象傳〉云：「君子果行育德」相契合，而張氏之先君築園之目的「養生治性」、「行義求志」、「無適而不可」，符合〈蒙卦‧象傳〉：「蒙以養正」之思想。

由以上蘇軾文中所選諸篇亭臺樓閣記，多善用易象寄託易學憂患思想，並能抒發蘇軾儒者懷抱，其主題不限，舉凡喜雷雨以滋萬物、清風以觀、鶴鳴致中和、損己益下、蒙以養正……等等，此類文章均展現出易學與文學融攝思想，顯示蘇軾「文道並重」，且認爲二者相輔相成。

三、書畫名物記：隨物賦形，盡物之變

　　蘇軾文章以記爲名，進行易學與文學融攝之篇章，而主題以書畫名物爲主

　　　　頁352～頁353。
〔註79〕〔宋〕蘇軾：《東坡先生易傳》，嚴靈峰輯，（臺北：成文出版社，據明萬曆二十五年刊「兩蘇經解」本影印，1965年），頁225。
〔註80〕〔宋〕蘇軾：《蘇軾文集‧靈壁張氏園亭記》，（北京：中華書局，2004年11月），頁368～頁369。
〔註81〕同上，《蘇軾文集‧靈壁張氏園亭記》，頁368～頁369。

者，如：〈畫水記〉與〈刻秦篆記〉，然而部分於書、畫、紙筆、墨硯、琴棋等作品與名物之「題跋」，亦可歸屬於書畫名物記，本小節以蘇軾書畫二類為主題之記進行探討，書者如：〈題魯公書草〉、〈跋歐陽文忠公書〉、〈跋文與可論草書後〉、〈跋劉景文歐公帖〉；畫者如〈書吳道子畫後〉。其中所流露易學與文學融攝思想，除仍承繼蘇洵「自然成文」之外，亦由坎卦而來之〈自評文〉：「隨物賦形」，而能「盡物之變」，呈現於文中。底下就其此類文章探論之。

對於書道蘇軾自有一套見解，但仍可見其秉持「自然成文」之理念，進行評論，如：〈題魯公書草〉讚其「信手自然，動有姿態」〔註82〕，此外〈跋歐陽文忠公書〉言曰：

> 歐陽文忠公用尖筆乾墨，方作闊字，神采秀發，膏潤無窮。後人觀
> 之，如見其清眸豐頰，進趨裕如也。〔註83〕

由上可知歐陽文忠公之筆意，甚如其人，而〈跋劉景文歐公帖〉亦讚「縱手而成，初不加意者也」、「有自然絕人之姿」〔註84〕；在〈跋錢君倚書遺教經〉亦言觀其書「知其為挺然忠信禮義人也」〔註85〕；在〈刻秦篆記〉讚賞江文勛之秦篆，其云：

> 其文字之工，世亦莫及，皆不可廢。後有君子，得以覽觀。〔註86〕

其文字「得以覽觀」，乃江文勛盡得李斯筆意，是盡「書意」之變，而「君子」觀之，乃更讚江書與其人品相輝映，更在李斯之上。以上皆以書盡其著者品行，書乃應人，是隨書論人，自成其書評之特色。在〈跋文與可論草書後〉，則對文與可觀蛇鬥而悟草書筆法提出看法，其云：

> 留意於物，往往成趣。昔人有好草書，夜夢則見蛟蛇糾結。數年，
> 或畫日見之，草書則工矣，而所見亦可患。〔註87〕

〔註82〕〔宋〕蘇軾：《蘇軾文集·題魯公書草》，（北京：中華書局，2004年11月），頁2178。

〔註83〕〔宋〕蘇軾：《蘇軾文集·跋歐陽文忠公書》，（北京：中華書局，2004年11月），頁2185。

〔註84〕〔宋〕蘇軾：《蘇軾文集·跋劉景文歐公帖》，（北京：中華書局，2004年11月），頁2198。

〔註85〕〔宋〕蘇軾：《蘇軾文集·拔錢君倚書遺教經》，（北京：中華書局，2004年11月），頁2186。

〔註86〕〔宋〕蘇軾：《蘇軾文集·刻秦篆記》，（北京：中華書局，2004年11月），頁409～頁410。

〔註87〕〔宋〕蘇軾：《蘇軾文集·跋文與可論草書後》，（北京：中華書局，2004年11月），頁2191。

所謂「留意於物」，便是能「隨物」而體神，體神而盡其形，然後將此道運用
於草書之法。而在〈畫水記〉則提及作畫之法，仍源於易學與文學融攝思想
「隨物賦形」，文章言：

> 唐廣明中，處逸士孫位始出新意，畫奔湍巨浪，與山石曲折，隨
> 物賦形，盡水之變，號稱神逸。其後蜀人黃荃、孫知微，皆得其
> 筆法。始，知微欲於大慈寺壽寧院壁作湖灘水石四堵，營度經歲，
> 終不肯下筆。一日，倉皇入寺，索筆墨甚急，奮袂如風，須臾而
> 成。作輪瀉跳蹙之勢，洶洶欲崩屋也。知微既死，筆法中絕五十
> 餘年。近歲成都人蒲永昇，嗜酒放浪，性與畫會，始作活水，得
> 二孫本意。〔註88〕

上段易學與文學融攝思想，除源於《東坡易傳》坎卦解云「萬物皆有常形，
惟水不然。因物以為形而已」〔註89〕，另在〈繫辭傳〉上解中使用坎水，並
引老子之義，闡述水之特質，「上善若水」，且近於道〔註90〕，而《東坡易傳》
注〈繫辭傳〉下「精義入神，以致用也」，更用坎水之易象為喻：

> 譬之於水，知其所以浮，知其所以沉。盡水之變，而皆有以應之，
> 精義者也。知其所以浮沉，而與之為一。不知其為水，入神者也。
> 與水為一，不知其為水，未有不善游者也。而況以操舟乎！此之謂
> 致用也。〔註91〕

上文明確闡發「水無常形，適物成形」之易學思想，論窮盡「水之變」，是明
瞭易義精深；「入神者」乃以隨水萬化，不知水之為水，內化為己用，而可於
畫作，達其「神韻」，是如：〈畫水記〉蒲永昇之「活水」。於〈書吳道子畫後〉
亦提及，吳道子能體「自然之數」：

> 道子畫人物，如以燈取影，逆來順往，旁見側出，橫斜平直，各相
> 乘除，得自然之數，不差毫末，出新意於法度之中，寄妙理於豪放

〔註88〕〔宋〕蘇軾：《蘇軾文集・畫水記》，（北京：中華書局，2004 年 11 月），頁
　　　　408。
〔註89〕〔宋〕蘇軾：《東坡先生易傳》，嚴靈峰輯，（臺北：成文出版社，據明萬曆二
　　　　十五年刊「兩蘇經解」本影印，1965 年），頁 163。
〔註90〕〔宋〕蘇軾：《東坡先生易傳》，「聖人之德雖可以名言，而不囿於一物。若水
　　　　之無常形，此善之上者幾於道矣，而非道也！」，嚴靈峰輯，（臺北：成文出
　　　　版社，據明萬曆二十五年刊「兩蘇經解」本影印，1965 年），頁 378。
〔註91〕〔宋〕蘇軾：《東坡先生易傳》，嚴靈峰輯，（臺北：成文出版社，據明萬曆二
　　　　十五年刊「兩蘇經解」本影印，1965 年），頁 421。

之外，所謂遊刃餘地，運斤成風，蓋古今一人而已。〔註92〕

所謂「逆來順往」和〈畫水記〉活水畫法有異曲同工之妙，此外其畫評同其《東坡易傳》均融入老莊思想，在此運用「游刃有餘」、「運斤成風」比擬吳道子爲畫出神入化，臻於化境。由以上二篇可得知蘇軾易學與文學融攝思想，亦融於畫評，而以書畫名物記呈現，更強調「盡物之變」之思想。

由以上所選以書、畫爲主之雜記，探討出蘇軾於書評之中，仍認爲「自然」爲姿，是書法藝術最高境界，且書法字體之筆意，反映出作者品行，又提出「留意於物」之說，是相類於畫評之〈畫水記〉「隨物賦形」之境界，而都能盡其之變，而形成書畫之藝術境界，是蘇軾能於書、畫評中流露易學與文學融攝思想「隨物賦形，盡物之變」。

第三節　爲文辭達，心安自處之書牘

依據孔凡禮所點校《蘇軾文集》所分類，書啓與尺牘雖同爲書信，但仍有些微差異。基本上而言書啓類多涉及政治上命令布達與上司下屬之間書信往來，篇幅較長；而尺牘則多爲親友之間，通信問候、言及學術，或抒發胸臆，篇幅普遍而言較書啓短。此二類文章亦可見其易學與文學融攝思想，並展現出不同之主張。底下就提出「剛柔取中，辭達而已之書啓」爲第一點；而以隱含「流行坎止，隨時而悅之尺牘」爲第二點，並以上述二點進行東坡作品之分析，探討其中易學思想與之融攝關係。

一、書啓：剛柔取中，辭達而已

《東坡易傳》成書過程坎坷，在本文第三章第一節詳細探討，而其書信作爲版本源流依據與相關論點之重大證明，於此節則可以歸納出蘇軾的重經，以及易學與文學融攝思想，其中〈黃州上文潞公書〉便提出蘇軾非常重視《易傳》、《論語說》二書：

> 軾始就逮赴獄，有一子稍長，徒步相隨。其餘守舍，皆婦女幼稚。
> 至宿州，禦史符下，就家取文書。州郡望風，遣吏發卒，圍船搜取，
> 老幼幾怖死。既去，婦女志罵曰：「是好著書，書成何所得，而怖我

〔註92〕〔宋〕蘇軾：《蘇軾文集・書吳道子畫後》，（北京：中華書局，2004 年 11 月），頁 2210～頁 2211。

如此！」悉取燒之。比事定，重復尋理，十亡其七八矣。到黃州，
無所用心，輒復覃思於《易》、《論語》，端居深念，若有所得，遂因
先子之學，作《易傳》九卷。又自以意作《論語說》五卷。窮苦多
難，壽命不可期。恐此書一旦復淪沒不傳，意欲寫數本留人間。念
新以文字得罪，人必以爲黨衰不詳之書，莫肯收藏。又自非一代偉
人不足托以必傳者，莫若獻之明公。而《易傳》文多，未有力裝寫，
獨致《論語說》五卷。公退閒暇，一爲讀之，就使無取，亦足見其
窮不忘道，老而能學也。〔註93〕

由上可知蘇軾因烏臺詩案遭貶謫黃州，雖爲戴罪之身，但已「覃思於《易》、
《論語》」，並準備爲經作傳注，而在此上書中可知，《東坡易傳》於黃州時期
已幾近完成，乃因「文多」，尚未「裝寫」。除此之外蘇軾書啓類則以易學剛
柔之說，融入其文章，呈現出強調「剛柔取中」之主張，比如：〈謝制科啓二
首之二〉，其中並論及科舉取士標準：

取人之科，惟是剛柔適中之士。太剛則惡其猖狂不審，太柔則畏其
選懦不勝。將求二者之中，屬之以事。〔註94〕

蘇軾認爲科舉取士，爲人民舉官，而擔任人民父母官者，應剛柔執中，該剛則
剛，應柔則柔，不應有所偏執，也於〈杭州謝執政啓〉認爲君子應處「不爭之
地」〔註95〕，於《東坡易傳》之〈臨卦‧六三爻辭〉、〈臨卦‧象傳〉解云：

樂而受之謂之「甘」。陽進而陰莫逆，「甘臨」也。「甘臨」者居於不
爭之地，而後可以居於陽。陽猶疑之，拒之固傷；不拒猶疑之，進
退無所利者，居之過也。故六三之咎，位不當而已，咎在其位，不
在其人，則憂懼可以免矣。〔註96〕

〔註93〕〔宋〕蘇軾：《蘇軾文集‧黃州上文潞公書》，（北京：中華書局，2004 年 11
　　　　月），頁 379～頁 1381。
〔註94〕〔宋〕蘇軾：《蘇軾文集‧謝制科啓二首之二》，（北京：中華書局，2004 年
　　　　11 月），頁 1325。
〔註95〕〔宋〕蘇軾：《蘇軾文集‧杭州謝執政啓》，「右軾啓。小器易盈，宜處不爭之
　　　　地；大恩難報，終爲有愧之人。到郡浹旬，汗顏數四。湖山如舊，魚鳥亦怪
　　　　其衰殘；爭訟稍稀，吏民習知其遲鈍。雖尚嬰於寵劇，庶漸即於安閒。顧此
　　　　蠢愚，亦蒙僥幸。此蓋伏遇某官，輔世以德，事君以仁。嘉善而矜不能，與
　　　　人不求其備。故令狂直，得保始終。措步武於夷途，收桑榆之暮景。軾敢不
　　　　欽承令德，推本上心。政拙催科，自占陽城之考；奸容獄市，敢師齊相之言。
　　　　庶寡悔尤，少償知遇。」，（北京：中華書局，2004 年 11 月），頁 1332。
〔註96〕〔宋〕蘇軾：《東坡先生易傳》，嚴靈峰輯，（臺北：成文出版社，據明萬曆二

蘇軾以陰陽、爻位釋爻象，若如其注「咎在其位，不在其人」，而知以「不爭」，持中而行，乃可以免於「憂懼」。至於〈上韓太尉書〉，以周至兩漢士大夫之德行變化：

> 周公曰：「後世必有篡弒之臣。」周公治魯，親親而尊尊。太公曰：「後世浸微矣。」漢之事迹，誠大類此。豈其當時公卿士大夫之行，與其風俗之剛柔，各有以致之邪？古之君子，剛毅正直，而守之以寬，忠恕仁厚，而發之以義。故其在朝廷，則士大夫皆自洗濯磨淬，戮力於王事，而不敢為非常可怪之行，此三代王政之所由興也。〔註97〕

因此三代所以興盛，乃士大夫能「剛柔取中」——「剛毅正直」，乃剛也；「守之以寬」，乃柔也。因此和二者，後「戮力於王事」，不為「非常可怪」之行為，亦呼應前文〈謝制科啓二首之二〉所立論。此外蘇軾亦善引用易象以品評人物，如：〈賀韓丞相再入啓〉中讚美韓琦韓丞相：

> 恭惟史館相公，忠誠在天，德望冠世。如〈乾〉之中正，挺然而純粹精；如〈坤〉之六二，頹然而直方大。〔註98〕

乾卦為「挺然而純粹精」者，言其剛、其忠誠；坤卦六二爻為「頹然而直方大」〔註99〕，言其柔、其德望。此段人物品評亦扣緊「剛柔取中」。在〈賀歐陽少師致仕啓〉文中：

> 是以用舍行藏，仲尼獨許於顏子；存亡進退，《周易》不及於賢人。自非智足以周知，仁足以自愛，道足以忘物之得喪，志足以一氣之盛衰。則孰能見幾禍福之先，脫屣塵垢之外。〔註100〕

上文提出欲見「禍福之先機」，乃得於「智、仁、道、志」四方面，須能夠守其中，才足以達成「周知、自愛、忘物得喪、氣盛」之境界，若能如此，《周易》一書所言之存亡進退、憂患之理，則賢人得以趨吉避凶，是故蘇軾以易

十五年刊「兩蘇經解」本影印，1965年），頁115。

〔註97〕〔宋〕蘇軾：《蘇軾文集・上韓太尉書》，（北京：中華書局，2004年11月），頁1381。

〔註98〕〔宋〕蘇軾：《蘇軾文集・賀韓丞相再入啓》，（北京：中華書局，2004年11月），頁1344。

〔註99〕按：〔宋〕蘇軾：《東坡先生易傳》，〈坤卦・六二爻辭〉、〈坤卦・小象傳〉解，「以六居二，可謂柔矣。夫『直、方、大』者，何從而之？曰：『六二，順之至也』。」，嚴靈峰輯，（臺北：成文出版社，據明萬曆二十五年刊「兩蘇經解」本影印，1965年），頁25～頁26。

〔註100〕〔宋〕蘇軾：《蘇軾文集・賀歐陽少師致仕啓》，（北京：中華書局，2004年11月），頁1345～頁1346。

學剛柔說，透過其書啓，呈現出「剛柔取中」之易學與文學融攝思想。

而在〈與葉進叔書〉一文，其曰：

> 僕聞有自知之明者，乃所以知人。有自達之聰者，乃所以達物。自
> 知矣可以無疑矣，而徇人則疑於人。自達矣可以無蔽矣，而徇物則
> 蔽於物。今足下自知自達而無可疑可蔽矣，豈僕所以得人與物之說
> 耶？至以謂僕之交，不能把臂服膺以示無間，凡此者，非疑非蔽也，
> 乃僕所以爲狷介寡合者。〔註101〕

文中指出「自達達物」可以「無蔽」，稱讚葉進叔能「知人明物」，且「自知
自達而無可疑可蔽」，而若就其易學與文學融攝思想層面而論，亦與《東坡易
傳》之〈蒙卦·象傳〉解中提出之主張「戰內以自達」相彷彿，故曰：

> 〈蒙〉者，有蔽於物而已，其中固自有正也。蔽雖甚，終不能沒其
> 正，將戰於內以求自達，因其欲達而一發之，迎其正心，彼將沛然
> 而自得焉。苟不待其欲達而強發之，一發不達，以至於再、三，雖
> 有得，非其正矣。〔註102〕

而在於〈與王庠書〉，則更直接提出「辭達而已」之主張：

> 前後所示著述文字，皆有古作者風力，大略能道意所欲言者。孔子曰：
> 「辭達而已矣。」辭至於達，止矣，不可以有加矣。《經說》一篇，
> 誠哉是言也。西漢以來，以文設科而文始衰，自賈誼、司馬遷，其文
> 已不逮先秦古書，況其下者。文章猶爾，況所謂道德者乎？……軾少
> 時好議論古人，既老，涉世更變，往往悔其言之過，故樂以此告君也。
> 儒者之病，多空文而少實用。賈誼、陸贄之學，殆不傳於世。〔註103〕

引用孔子語作爲其書啓中之重要易學與文學融攝思想，推其原如先前所言《東
坡易傳》坎卦卦爻辭與〈繫辭傳〉解，對水之易象所下定論，在〈與謝民師
推官書〉文中更明白言及水與「辭達而已」之關係：

> 所示書教及詩賦雜文，觀之熟矣。大略如行雲流水，初無定質，但
> 常行於所當行，常止於不可不止，文理自然，姿態橫生。孔子曰：「言

〔註101〕〔宋〕蘇軾：《蘇軾文集·與葉進叔書》，（北京：中華書局，2004 年 11 月），
　　　　頁 1421。

〔註102〕〔宋〕蘇軾：《東坡先生易傳》，嚴靈峰輯，（臺北：成文出版社，據明萬曆二
　　　　十五年刊「兩蘇經解」本影印，1965 年），頁 36～頁 37。

〔註103〕〔宋〕蘇軾：《蘇軾文集·與王庠書》，（北京：中華書局，2004 年 11 月），
　　　　頁 1422。

之不文，行之不遠。」又曰：「辭達而已矣。」夫言止於達意，疑若
不文，是大不然。求物之妙，如繫風捕影，能使是物了然於心者，
蓋千萬人而不一遇也。而況能使了然於口與手者乎？是之謂辭達。
辭至於能達，則文不可勝用矣。揚雄好爲艱深之詞，以文淺易之說，
若正言之，則人人知之矣。此正所謂雕蟲篆刻者，其《太玄》、《法
言》皆是類也。〔註104〕

以水之易象，「盈科後進」而行止皆宜，且「文理自然」成「言而達意」之特
色。此主張代表蘇軾由蘇洵「自然成文」進一步之發展，文中並評論揚雄過
於注重形式，乃「雕蟲篆刻」，並非眞正「辭達」之境。於〈答虔倅俞一首〉，
亦提出相似論點：

孔子曰：「辭達而已矣。」物固有是理，患不知，知之患不能達之於
口與手。所謂文者，能達是而已。文人之盛，莫如近世，然私所敬慕
者，獨陸宣公一人。家有公奏議善本，頃侍講讀，嘗繕寫進禦，區區
之忠，自謂庶幾於孟軻之敬王，且欲推此學於天下，使家藏此方，人
挾此藥，以待世之病者，豈非仁人君子之至情也哉！今觀所示議論，
自東漢以下十篇，皆欲酌古以馭今，有意於濟世之用，而不志於耳目
之觀美，此正平生所望於朋友與凡學道之君子也。〔註105〕

除再次引用孔子之語，並闡述「文者能達」，於近世之代表獨爲陸宣公一人，
因此文中讚其議論文。而能「酌古馭今」、「有意濟世」，即能至「辭達」之境
界者。由以上諸篇書啓，可知蘇軾由蘇洵「自然成文」，以及結合坎卦與孔子
之說，而主張「辭達而已」，亦爲其書啓中重要之易學與文學融攝思想，更成
爲蘇軾文藝理論中，重要之立論，使蘇軾承接歐陽脩，成爲文壇與學術大家。

　　因此於本小節中由蘇軾書啓中，歸納出蘇軾善用易學剛柔說，而形成「剛
柔取中」之論，作爲科舉取士之標準，並進行人物品評，顯示出施達政教，
執中爲民之儒家入世思想。在此類文章中，亦提出「辭達而已」之易學與文
學融攝思想，鎔鑄易學中坎卦思想與孔子文辭觀，而「行雲流水」，「行止所
宜」，亦成爲蘇軾文藝成就重要之自評，與諸家評蘇文見解之所據，實可得力

〔註104〕〔宋〕蘇軾：《蘇軾文集・與謝民師推官書》，（北京：中華書局，2004 年 11
　　　　月），頁 1418～頁 1419。

〔註105〕〔宋〕蘇軾：《蘇軾文集・答虔倅俞一首》，（北京：中華書局，2004 年 11 月），
　　　　頁 1793。

於此類文章。

二、尺牘：流行坎止，隨時而悅

　　相較書啓之文，蘇軾之尺牘中仍保存著其《易傳》成書過程，以及流傳之重要線索，如：〈與滕達道書〉六十八首之二十一中所云：

　　　　某閑廢無所用心，專治經書。一、二年間，欲了卻《論語》、《書》、《易》，舍弟已了卻《春秋》、《詩》。雖拙學，然自謂頗正古今之誤，粗有益於世，瞑目無憾也。又往往自笑不會取快活，眞是措大餘業。聞令子手筆甚高，見其字，想見其人超然者也。〔註106〕

此外〈與王定國書〉四十一首之十一亦提及：

　　　　某自謫居以來，可了得《易傳》九卷，《論語說》五卷。今又下手作《書傳》。迂拙之學，聊以遣日，且以爲子孫藏耳。子由亦了卻《詩傳》，又成《春秋集傳》。閑知之，爲一笑耳。桂州遞中有和仲奉和詩四首，不知到未？且一報之。〔註107〕

又〈答李端叔〉十首之三中也云：

　　　　某年六十五矣，體力毛髮，正與年相稱，或得復與公相見，亦未可知。已前者皆夢，已後者獨非夢乎？置之不足道也。所喜者，海南了得《易》、《書》、《論語傳》數十卷，似有益於骨朽後人耳目也。〔註108〕

以上三則皆可看出蘇軾重視其《易傳》，並希冀此著「有益於世」，是蘇軾治經首重《易經》之文獻資料，並在其尺牘中亦流露易學憂患思想，比如：〈答范純夫〉第十一首：

　　　　長子邁與予別三年，攜諸孫萬里遠至，老朽憂患之餘，不能無欣然。

〔註109〕

寫與長子蘇邁重逢之喜悅，即便蘇軾遠謫惠州，深懷憂慮，然卻又能展示曠達之思，「欣然」二字溢於言表，後以和陶詩〈時運〉寫其悠然自得之情。而

〔註106〕〔宋〕蘇軾：《蘇軾文集‧與滕達道書六十八首之二十一》，（北京：中華書局，2004 年 11 月），頁 1482。

〔註107〕〔宋〕蘇軾：《蘇軾文集‧與王定國書四十一首之十一》，（北京：中華書局，2004 年 11 月），頁 1519。

〔註108〕〔宋〕蘇軾：《蘇軾文集‧答李端叔》，（北京：中華書局，2004 年 11 月），頁 1540。

〔註109〕〔宋〕蘇軾：《蘇軾文集‧答范純夫》，（北京：中華書局，2004 年 11 月），頁 1457。

〈與王定國書〉四十一首之八、之二十九、之四十一，皆使用「憂患」一詞〔註110〕，其中第八首所言，更契合蘇軾易學之見：

> 定國所寄〈臨江軍書〉，久已收得。二書反覆議論及處憂患者甚詳，既以解憂，又以洗我昏蒙，所得不少也。然所謂「非苟知之亦允蹈之」者，願公嘗誦此語也。杜子美在困窮之中，一飲一食，未嘗忘君，詩人以來，一人而已。今見定國，每有書皆有感恩念咎之語，甚得詩人之本意。僕雖不肖，亦嘗庶幾彷彿於此也。〔註111〕

認同王定國〈臨江軍書〉對憂患之論，而能解蘇軾之憂，後蘇軾又舉詩聖杜甫忠君之操守與王相勉勵。而上文「洗我昏蒙」，對照《易‧繫辭》上云：「聖人以此洗心，退藏於密。」〔註112〕，於《東坡易傳》釋爲：

> 「以神行智」，則心不爲事物之所塵垢；使物自運，而已不與，斯所以爲「洗心退藏於密」也。〔註113〕

上易注所云，心不爲外物所羈絆與蒙蔽，外物雖自行運作，而自己能超脫其外，不參與其中受其左右，與上文〈與王定國書〉四十一首之八相對照，蘇軾仍秉持儒家入世精神，憂國憂民，如老杜「致君堯舜上，再使風俗淳」〔註114〕，然不意獲貶，亦欲與王定國深懷「感恩念咎」，不受遷謫而改變其志。另在〈與錢濟明書〉十六首之一中，運用「家私憂患」一詞，顯示晚年蘇軾

〔註110〕按：參照蘇軾，《蘇軾文集‧與王定國書四十一首》之八、之二十九（頁1527）、之四十一（頁1531）分別使用「憂患」，（北京：中華書局，2004年11月）。

〔註111〕〔宋〕蘇軾：《蘇軾文集‧與王定國書》，（北京：中華書局，2004年11月），頁1517。

〔註112〕〔魏〕王弼注、〔唐〕孔穎達疏、〔清〕阮元編：《周易正義》，卷七，〈繫辭傳〉上，（臺北：臺灣中華書局，1966年3月），頁16～頁17。

〔註113〕〔宋〕蘇軾：《東坡先生易傳》，嚴靈峰輯，（臺北：成文出版社，據明萬曆二十五年刊「兩蘇經解」本影印，1965年），頁401。

〔註114〕〔唐〕杜甫：《杜工部詩集》冊一，第一卷，〈奉贈韋左丞丈二十二韻〉之一「紈袴不餓死，儒冠多誤身。丈人試靜聽，賤子請具陳。甫昔少年日，早充觀國賓。讀書破萬卷，下筆如有神。賦料揚雄敵，詩看子建親。李邕求識面，王翰願卜鄰。自謂頗挺出，立登要路津。致君堯舜上，再使風俗淳。此意竟蕭條，行歌非隱淪。騎驢三十載，旅食京華春。朝扣富兒門，暮隨肥馬塵。殘杯與冷炙，到處潛悲辛。主上頃見徵，歘然欲求伸。青冥卻垂翅，蹭蹬無縱鱗。甚愧丈人厚，甚知丈人眞。每於百僚上，猥誦佳句新。竊效貢公喜，難甘原憲貧。焉能心怏怏，只是走踆踆。今欲東入海，即將西去秦。尚憐終南山，回首清渭濱。常擬報一飯，況懷辭大臣。白鷗沒浩蕩，萬里誰能馴。」，（臺北：臺灣中華書局，1966年3月），頁1。

所「憂患」已由國轉為家：

> 別後至今，遂不上問，想察其家私憂患也。遠辱專使惠書，且審侍
> 奉起居康勝，感慰兼集。老妻奄忽，遂已半年，衰病豈復以此汩纏。
> 但晚景牢落，亦人情之不免。重煩慰諭，銘佩何言。〔註115〕

此頹唐之語，乃烏臺詩案後，蘇軾心靈上一種鬱結，信中與好友錢濟明傾吐
喪妻、老病之苦，更顯示東坡跌宕起伏，千磨萬難之生平，唯以深研《易》
理，而知「憂患吉凶」興替，才能洗去昏蒙、汰去鬱悶。而不論懷家私之憂，
治國家之患，皆與蘇軾「流行坎止」之思想密切相關，其在〈與程秀才書〉，
仍流露憂患思維云：

> 某啟。去歲僧舍屢會，當時不知為樂，今者海外豈復夢見。聚散憂
> 樂，如反覆手，幸而此身尚健。得來訊，喜侍下清安，知有愛子之
> 戚。襁褓泡幻，不須深留戀也。僕離惠州後，大兒房下亦失一男孫，
> 亦悲愴久之，今則已矣。此間食無肉，病無藥，居無室，出無友，
> 冬無炭，夏無寒泉，然亦未易悉數，大率皆無耳。惟有一幸，無甚
> 瘴也。近與小兒子結茅數椽居之，僅庇風雨，然勞費已不貲矣。賴
> 十數學生助工作，躬泥水之役，愧之不可言也。尚有此身，付與造
> 物，聽其運轉，流行坎止，無不可者。故人知之，免憂。乍熱，萬
> 萬自愛。不宣。〔註116〕

前半以己身經歷安慰程秀才勿沉於喪子之痛，後半則寫初至儋州窘迫之狀生
活困頓，無所依靠，卻不喪志，以此激勵好友生存意志，然「流行坎止，無
不可者」呼應《東坡易傳》之〈坎卦・象傳〉解「行險不失信」一句：

> 萬物皆有常形，惟水不然。因物以為形而已。世以有常形者為信，
> 而以無常形者為不信。然而方者可斲以為圓，曲者可矯以為直，常
> 形之不可恃以為信也如此。今夫水，雖無常形，而因物以為形者，
> 可以前定也。是故工取平焉，君子取法焉。惟無常形，是以迁物而
> 無傷。惟莫之傷也，故行險而不失其信。由此觀之，天下之信，未
> 有若水者也。〔註117〕

〔註115〕〔宋〕蘇軾：《蘇軾文集・與錢濟明書》，（北京：中華書局，2004 年 11 月），
　　　　頁 1549。

〔註116〕〔宋〕蘇軾：《蘇軾文集・與程秀才書》，（北京：中華書局，2004 年 11 月），
　　　　頁 1628。

〔註117〕〔宋〕蘇軾：《東坡先生易傳》，嚴靈峰輯，（臺北：成文出版社，據明萬曆二

上文所謂「常形之不可恃以爲信」、「忤物無傷」是蘇軾由易學憂患思維，轉
而形成「流行坎止」之心境，亦呼應其解〈坎卦・象傳〉：「往有功」，其云：

> 方圓曲直，所遇必有以配之。故無所往而不有功也。〔註118〕

「無往而皆有功」與「此心安處是吾鄉」相似，乃是儒者之灑脫，是積極面
對人生困境之生命哲學與態度，因此在〈與程懷立〉：

> 某啓。去德彌日，思渴縈懷。比日竊惟履茲新陽，起居佳勝。江路
> 無阻，至英方再宿爾。少留數日。此去尤艱關，借舟，未知能達韶
> 否？流行坎止，輒復隨緣，不煩深念也。後會未卜，萬萬爲國自重。
> 人行，匆遽。不宣。〔註119〕

使用「流行坎止，輒復隨緣」，寫出安頓生命之平和，確實與蘇軾易學思想相
關，而〈擇勝亭銘〉亦引此詞語，文中所云「流行坎止，雖觸不傷」〔註120〕，
亦是內蘊此課題。因此以上二篇尺牘，皆代表蘇軾易學與文學融攝思想注重
儒家安身立命之課題。探其源，乃由坎卦義理而來之哲思，推崇流水之德「不
以力爭而以心通」〔註121〕，此種外柔內剛之顯現，亦源自孟子稱讚水之「盈
科後進」，代表蘇軾「豪放曠達」而「隨時而悅」、「隨緣而行」思想之起源，
而在〈與王定國書〉第四十首：

> 某啓。遞中，忽領三月五日手教，喜知尊候佳勝，貴眷各康健，併

十五年刊「兩蘇經解」本影印，1965 年），頁 163～頁 164。

〔註118〕〔宋〕蘇軾：《東坡先生易傳》，嚴靈峰輯，（臺北：成文出版社，據明萬曆二
十五年刊「兩蘇經解」本影印，1965 年），頁 165。

〔註119〕〔宋〕蘇軾：《蘇軾文集・與程懷立》，（北京：中華書局，2004 年 11 月），
頁 1677。

〔註120〕〔宋〕蘇軾：《蘇軾文集・擇勝亭銘》，「維古潁城，因潁爲隍。倚舟于門，美
哉洋洋。如淮之甘，如漢之蒼。如洛之溫，如浚之涼。可侑我客，可流我觴。
我欲即之，爲館爲堂。近水而構，夏潦所襄。遠水而築，邈焉相望。乃作斯
亭，筵楹欒梁。鑿枘交設，合散靡常。赤油仰承，青幄四張。我所欲往，一
夫可將。與水升降，除地布床。可使杜蕢，洗觶而揚。可使莊周，觀魚而忘。
可使逸少，被禊而祥。可使太白，泳月而狂。既薺我茶，亦醪我漿。既濯我
纓，亦浣我裳。豈獨臨水，無適不臧。春朝花郊，秋夕月場。無脛而趨，無
翼而翔。敝又改爲，其費易償。榜曰擇勝，名實允當。維古至人，不留一方。
虛白爲室，無可爲鄉。神馬居輿，孰爲輪箱。流行坎止，雖觸不傷。居之無
盜，中靡所藏。去之無戀，如所宿桑。豈如世人，生短慮長。尺宅不治，寸
田是荒。錫瓦銅雀，石門阿房。俯仰變滅，與生俱亡。我銘斯亭，以砭世盲。」
（北京：中華書局，2004 年 11 月），頁 577。

〔註121〕〔宋〕蘇軾：《東坡先生易傳》，嚴靈峰輯，（臺北：成文出版社，據明萬曆二
十五年刊「兩蘇經解」本影印，1965 年），頁 164。

解懸情，幸甚。一官爲貧，更無可擇。知生計漸有涯，可喜！可喜！
某到此八月，獨與幼子一人、三庖者來。凡百不失所。風土不甚惡。
某既緣此絕棄世故，身心俱安，而小兒亦遂超然物外，非此父不生
此子也。呵呵。書中所諭，甚感至意，不替疇昔而加厚也。幸甚！
幸甚！子由不住得書，極自適，道氣有成矣。餘無足道者。南北去
住定有命，此心亦不念歸，明年買田築室，作惠州人矣。伏暑中，
萬萬加愛。不宣。〔註122〕

文中貶謫惠州，雖不離憂患，幸幼子蘇過相伴，而其又「超然物外」，父子連
心，因而「不念歸」、「作惠州人矣」，是能「隨時而悅」。《東坡易傳》中之〈隨
卦・象傳〉解云：

大、時不齊，故隨之世，容有不隨者也。責天下以人人隨己而咎其
貞者，此天下所以不說也，是故「大亨」而「利貞」者。貞者無咎，
而天下隨時。時者，上之所制也，不從己而從時，其爲「隨」也大
矣。〔註123〕

其中「不從己而從時」，是蘇軾晚年惠州、儋州貶謫生涯最佳寫照，而早在烏
臺詩案後遷謫黃州，蘇軾〈與子由弟〉十首之三：

任性逍遙，隨緣放曠，但盡凡心，無別勝。以我觀之，凡心盡處，
勝解卓然。但此勝解，不屬有無，不通言語，故祖師教人，到此便
住。如眼翳盡，眼自有明，醫只有除翳藥，何曾有求明方？明若可
求，即還是翳。固不可於翳中求明，即不可言翳外無明。〔註124〕

上文云「任性逍遙，隨緣放曠」，除源自《莊子・逍遙遊》之外，仍是可溯自
《易・隨卦・象傳》：「君子以嚮晦入晏息」，後蘇軾任翰林學士一職，〈與楊
元素〉第十七首：

某近數章請郡，未允。數日來，杜門待命，期於必得耳。公必聞其略，
蓋爲臺諫所不容也。昔之君子，惟荊是師。今之君子，惟溫是隨。所
隨不同，其爲隨一也。老弟與溫相知至深，始終無間，然多不隨耳。

〔註122〕〔宋〕蘇軾：《蘇軾文集・與王定國書》，（北京：中華書局，2004年11月），
　　　　頁1530。
〔註123〕〔宋〕蘇軾：《東坡先生易傳》，嚴靈峰輯，（臺北：成文出版社，據明萬曆二
　　　　十五年刊「兩蘇經解」本影印，1965年），頁102～頁103。
〔註124〕〔宋〕蘇軾：《蘇軾文集・與子由弟》，（北京：中華書局，2004年11月），
　　　　頁1833～頁1838。

致此煩言，蓋始於此。然進退得喪，齊之久矣，皆不足道。老兄相知
之深，恐願聞之，不須爲人言也。令子必得信，計安。〔註125〕

連續使用四個「隨」字，但言自己雖與司馬溫公知交，且從無芥蒂，卻多不
隨司馬溫公之見，此思想符合前所引《東坡易傳》之〈隨卦‧象傳〉解所云
「大、時不齊，故隨之世，容有不隨者也。」〔註126〕

　　此外，蘇軾南謫惠州〈與羅秘校〉四首中第一首，表現其達觀之襟懷：

某啓。專人至，承不鄙罪廢，長牋見及，援證古今，陳義甚高，伏
讀感愧。仍審比來起居佳勝，至慰！至慰！守局海徼，屈淹才美，
然仕無高下，但能隨事及物，中無所愧，即爲達也。伏暑，萬萬自
重。〔註127〕

信中所言「隨事及物，中無所愧」，秉持儒家精神，由「憂患」而「達觀」。
而在〈與子由弟〉、〈與程懷立〉二書中所用「隨緣」一詞，隱然蘇軾融攝佛
家思想有關，而在惠州〈與南華辯老〉十三首之三：

某啓。正月，人還，曾上問必達。比日法履何如？某到貶所已半年，
凡百隨緣，不失所也，毋慮！毋慮！何時會合，悵仰不已。乍暄，
萬萬爲眾自重。不宣。〔註128〕

「凡百隨緣，不失所也」，由貶謫待罪而不以物悲，如《東坡易傳》解〈隨卦‧
大象傳〉：「澤中有雷，『隨』；君子以嚮晦入晏息」所云：

雷在澤中，伏而不用，故君子晦者入息。〔註129〕

君子無須懼怕坎險，反而得應隨時而化，知入「晦」來休養生息。因此蘇軾
遠貶儋州，仍在〈與程德孺〉四首中第一首：

在定辱書，未裁答間，倉猝南來，遂以至今。比日竊惟起居佳勝。
老兄罪大責薄，未塞公議，再有此命，兄弟俱竄，家屬流離，汙辱

〔註125〕〔宋〕蘇軾：《蘇軾文集‧與楊元素》，（北京：中華書局，2004 年 11 月），
　　　　頁 1649～頁 1655。
〔註126〕〔宋〕蘇軾：《東坡先生易傳》，嚴靈峰輯，（臺北：成文出版社，據明萬曆二
　　　　十五年刊「兩蘇經解」本影印，1965 年），頁 102～頁 103。
〔註127〕〔宋〕蘇軾：《蘇軾文集‧與羅秘校》，（北京：中華書局，2004 年 11 月），
　　　　頁 1769～頁 1770。
〔註128〕〔宋〕蘇軾：《蘇軾文集‧與南華辯老》，（北京：中華書局，2004 年 11 月），
　　　　頁 1871～頁 1876。
〔註129〕〔宋〕蘇軾：《東坡先生易傳》，嚴靈峰輯，（臺北：成文出版社，據明萬曆二
　　　　十五年刊「兩蘇經解」本影印，1965 年），頁 103。

親舊。然業已如此，但隨緣委命而已。任德翁同行月餘，具見老兄
處憂患，次第可具問，更不詳書也。懿叔赴闕今何在？因書道區區。
後會無期，臨書惘惘。餘熱，萬萬以時珍重。〔註130〕

上文乃蘇軾與表弟書札，其中使用「隨緣委命」一詞可作爲補充證據，代表
蘇軾易學與文學融攝思想，在尺牘中所呈現之思想，即是「隨時而悅」，而蘇
軾大赦後北歸途中，更在〈與鄭靖老〉四首之四中云：

某見張君俞，乃始知公中間亦爲小人所捃摭，令史以下，固不知退
之《諱辨》也，而卿貳等亦爾耶！進退有命，豈此輩所能制，知公
奇偉，必不經懷也。某鬚髮皆白，然體力元不減舊，或不即死，聖
恩汪洋，更一赦，或許歸農，則帶月之鋤，可以對秉也。本意專欲
歸蜀，不知能遂此計否？蜀若不歸，即以杭州爲佳。朱邑有言：「子
孫奉祀我，不如桐鄉之民。」不肖亦云。然外物不可必，當更臨時
隨宜，但不即死，歸田可必也。公欲相從於溪山間，想是眞誠之願，
水到渠成，亦不須預慮也。此生眞同露電，豈通把玩耶！〔註131〕

提及內心希冀最渴望返回故鄉四川，即蜀地，但路途遙遙，身心狀況不知是
否能承擔？其次選擇杭州，選擇自己投入最多心血的治所，亦最得民望之處。
然期望仍與現實有所差異，蘇軾知曉事多與願違，因此所言「臨時隨宜」一
句，即是其易學與文學融攝思想──「隨時而悅」，所達到之最高境界，且亦
造就蘇軾尺牘信手一筆，敘事、抒情或議論，皆鎔鑄有理。

　　在以上諸篇書牘選文探析之下，得知早期蘇軾由儒家悲憫情懷，而遭逢
巨變，在烏臺詩案打擊之下，蘇軾更深究易理，多處流露易學憂患思想，更
在鎔鑄佛家思想「禪定」與道家「逍遙」之境界後，以《易·坎卦》：「流行
坎止」爲詞彙，表達平和心境；而在晚年遠遷惠州、儋州，更達到「隨時而
悅」之境界，透過此易學與文學融攝思想，造就蘇軾尺牘文學之成就，無怪
乎徐月芳言此類文章乃蘇軾「心聲」，最可見其「生平與思想」〔註132〕，除此
更可結合其經學著作考察易學《東坡易傳》著作過程與版本脈絡，並藉此理
解蘇軾治經研易之一生，對其文學成就產生莫大助益與功績。

〔註130〕〔宋〕蘇軾：《蘇軾文集·與程德孺》，（北京：中華書局，2004 年 11 月），
　　　　頁 1687～頁 1688。
〔註131〕〔宋〕蘇軾：《蘇軾文集·與鄭靖老》，（北京：中華書局，2004 年 11 月），
　　　　頁 1676。
〔註132〕徐月芳：《蘇軾奏議書牘研究》，（臺北：臺灣學生書局，2002 年 5 月），頁 99。

第六章　結　論

　　易學與古文融攝，乃爲易學與文學融攝思想之一，此思想起源甚早，自
「易經」本身文學思想發源〔註1〕，逐漸源流而下，後至宋代在蘇軾身上形成
一種獨立之思想體系，代表易學與文學相輔相成之成果，此思想又呈現於蘇
軾古文作品之中，造就其所謂「行雲流水」、「如萬斛泉源，不擇地而出」、「行
於所當行，止於所當止」〔註2〕之高度藝術境界與成就。本章試圖從底下「蘇
軾易學與古文融攝之淵源與成就」、「蘇軾易學對其古文之影響」、「蘇軾古文
對其易學闡述之助益」三方面，提出全文總結，並於文末「本文之限制與未
來發展」，由此省思本研究之侷限與未來可延伸之展望。

一、蘇軾易學與古文融攝之淵源與成就

　　蘇軾易學與古文融攝，確實爲其易學與文學融攝思想重要之一環，探討
其淵源，便得追溯蘇軾與唐宋古文六大家之傳承與關係。始遠承韓、柳之端
緒，而韓愈爲中唐學術重要之代表學者，亦是當時文壇古文運動之健將，主
張將「學統」與「文統」合爲「道統」，並由「政統」促使大道之踐履，並經
世以濟民〔註3〕，此主張影響其易學與文學融攝思想，並實踐於其古文之作

〔註 1〕　游志誠：《周易之文學觀》，（高雄：高雄師範學院國文研究所碩士論文，1983
　　　　　年5月），頁1～頁5。
〔註 2〕　曾棗莊、曾濤：《蘇文彙評》，（臺北：文史哲出版社，1998年5月），頁558。
〔註 3〕　按：「學統」指儒學學術傳承譜系，「文統」則爲文學傳承譜系。「道統文學」
　　　　　一詞自劉大杰《中國文學發展史》推原於柳冕，並稱其〈答徐州張尚書論文
　　　　　武書〉一文，「初步建立了道統文學的理論」，稍言及道統與文學之關係。（臺
　　　　　北：華正書局，1998年8月，校訂本，頁374～頁375）。而牟宗三《生命的

品。韓愈在思想上力主排佛，並抗玄言，獨倡儒學，強調以樸實無華之古文，取代六朝以來虛靡不實、言不及義，溺於形式主義之文風，其中所蘊含思想，正為孔孟以來，學經以致用之學統；並認為文學應為經學所用，藉此來表達人倫、政治、文化、教育等方面之見解，足以來針砭時政，改革弊病，此外韓愈認為除學統之外，亦得重視文統，雖透過樸實無華之古文得以承載儒學，韓卻非一成不變襲用先秦兩漢之文，而是大量運用古文，配合時代背景並革新文統，因此在其學術思想上，形成學統與文統結合成「文以貫道」，以及後所稱「文以載道」，此種文道融攝思想，亦是易學與文學融攝思想形成過程中重要基石。在其文論〈原道〉、〈原性〉、〈師說〉、〈進學解〉與〈爭臣論〉中，提出易學與古文融攝、獨尊儒家之思想，然〈原性〉將性情細分則或受到佛道影響，若就其古文而言，韓文整體呈現「易簡」、「實用」與強調「人倫教化」之主張與特色。此外韓愈亦將易學融攝於詩作之中，在〈南山詩〉使用剝、姤、離、夬卦書寫南山雄偉壯闊之景而寄寓淑世理想；〈梁國惠康公主輓歌〉則使用巽卦長女之象，對已亡惠康公主，表達悼念之情，二詩運用易象，而取其義理，前者極富理性，後者則懷抱感性。而在〈復志賦〉、〈憫己賦〉二賦中，仍以易象寄託懷抱，前者鎔鑄大有卦六五爻辭與歸妹卦九二爻辭思想，闡述立功立業之大志；後者則使用「否、泰」二卦，反映超脫個人禍福，而以國家興亡為己志。因此在其詩賦之中，仍與其文論相同，呈現出經世致用，文以載道思想，亦可視為易學與文學融攝思想。

　　而與韓愈同為文友之柳宗元，雖同為唐古文運動之推手，卻有不同於韓愈專主儒家思想之見解，提出「文以明道」。且在思想上較韓愈更具包容性，不但接納老莊，且於易學與文學融攝思想，提出有別獨尊儒術之學術體系，在細部論點與主張方面，蘇軾與柳雖別有同異，但卻能於兼容儒、道、釋之

學問‧略論道統、學統、政統》曾提出「道統」、「學統」、「政統」，並認為「道統」乃「中國德性之學」之傳統，而古義、和之官乃「學統」端緒，文並將科學與「學統」之續相指涉，並寄予厚望，而古有「正統」，乃「得天下正不正」，後由牟先生好友貫之提出「政統」，牟先生並定義為——「政治型態」或政體發展之統緒。本論文由賴貴三教授啓發，而將「政統」定義為唐代一朝政教之正統，較接近牟宗三所言「正統」，（臺北：三民書局，1987 年 2 月，頁 60～頁 71）。「文統」，今或釋為「文化系統」，然本文之定義采狹義之「古文系統」，亦可參照大陸學者袁進〈文統與世變——試論清代古文系統中顯示的文學史觀〉，《寧波大學學報‧人文科學版》，第 21 卷，第 4 期，2008 年 7 月，頁 44～頁 50、頁 73。

特色上，兩人有不少見解相契合。在其〈封建論〉鎔鑄革卦思想，實對中唐之後藩鎮割據之現象寄寓改革之理論，於〈愚溪對〉、〈祭井文〉與〈井銘〉中以坎、井二卦易象，寄寓險阻與不窮之養、鑑鏡警省之意，〈愚溪對〉更藉河神與己對話，警惕自己勿聰明反誤，以「愚」自養，而在〈四門助教廳壁記〉則受蒙卦影響，注重教化，與韓愈相同。透過古文闡述易學見解，在〈與劉禹錫論周易九六書〉、〈天對〉、〈天說〉與〈天爵論〉等書信與論文，提出宇宙生成、演化與天人相應，更兼采莊子天道自然之思想，而在《非國語》中對先秦時期將《易》視爲卜筮之書，提出批評，於〈箕子碑〉讚頌箕子之德，其事入明夷一卦，是以碑頌盛讚易理。而柳詩中〈際民詩〉、〈憎王孫文〉提及「否、泰」二卦，藉否泰相對之易學思想頌讚或諷刺時政，寄託易象闡述淑世志向，亦抒貶謫抑鬱之懷抱，在〈龜背戲〉一首更批評由八卦形狀製作而成之遊戲，竟先後盛行於士族與民間之中，其實無益於政，在〈登蒲州石磯望橫江口潭島深迥斜對香零山〉，運用坤卦易象，呈現高度藝術手法，是柳之易學與文學融攝思想，兼容並蓄，詩文流麗，其與韓愈雖同注重經世致用，卻又不專於儒一家，故二者於唐後能並稱於世。

到了宋代，歐陽脩爲古文運動領袖，蘇軾亦於年幼讚歐文之精要，在易學與文學融攝思想當中，歐陽脩較韓、柳更進一步提出易學主張，並且以《易童子問》作爲考察《易傳》之專著，更影響宋代疑經改經思潮，於其詩、文、詞當中鎔鑄易學，闡述易學憂患思維、活用易象，更是蘇軾易學與文學融攝思想所承襲。其〈送楊寘序〉、〈畫舫齋記〉、〈薛簡肅公文集序〉、〈五代史伶官傳序〉、〈與樂秀才第一書〉爲此思想代表作。歐陽脩弟子曾鞏，於古文風格師承之，亦強調文道關係，於史學上鑽研《戰國策》，並在其序文流露「易變」思想，總的來看對此書有編纂校定之功，但惜無專研易學，其相關著作與篇章量亦少，不易看出其易學與文學融攝，然而在其引介之下，王安石始與歐陽脩往來。王安石於古文、詩之成就，仍可稱宋代大家，暫先不議其政治地位，就其於易論方面，展現出「治經致用，爲文益世」之易學與文學融攝思想，而有名的政論文〈上皇帝萬言書〉與〈上神宗皇帝百年無事箚子〉明顯流露此思想，在詩作〈省兵〉、〈河北民〉、〈收鹽〉、〈促織〉、〈和聖俞農具詩‧耒耜〉、〈秦始皇〉⋯⋯等等，皆也能運用易學融攝其中，而在語言形式上，擅長古詩創作，善以《易》之爻象辭與易象鎔鑄其中，並且流露儒者批評苛政，悲憫蒼生之情懷，呈現出有別於歐、蘇之風格。

蘇洵受歐陽脩拔擢，文章有名於世，而蘇軾之學實乃傳承自其父，並與其弟蘇轍相互切磋，於師友之間。探蘇洵之學，實源自六經，其易學與文學融攝思想，展現出「通變」、「自然」與「實用」之主張與特色，亦為其子大、小二蘇所承，大蘇雖才高於小蘇，然蘇轍之文學成就亦卓然成家，且提出別於父兄之易學與文學融攝思想：「文氣論」，而能異於諸古文大家之見，不容小覷。因此在本文第二章透過探析唐宋代古大家：韓愈、柳宗元、歐陽脩、王安石、蘇洵與蘇轍等六位古文大家，以六家之易學與文學融攝思想為底，更見出蘇軾其易學與文學融攝思想之脈絡與淵源。

蘇軾易學與古文融攝，與唐宋古文六大家，或沾染、或相契、或師承、或對立、或創新、或師友，都能提出一番有別於前人之見解，更由其《易傳》，呈現了此種易學與文學融攝思想，以儒為主、兼融老莊、不忌縱橫之筆，《東坡易傳》可說是本文所論思想之根本。因此蘇軾行文乃成「文論之始」〔註4〕、「長江大河，一瀉千里」〔註5〕、「非世之問學者所及者」〔註6〕……等評語。如此高崇之成就與讚許，是由於獨特之易學與文學融攝思想，而此種思想或下開南宋文壇風氣，如：楊萬里之《千慮策》〔註7〕，並影響朱熹對《東坡易傳》有「文人之經」之評論〔註8〕，甚至由呂祖謙《古文關鍵》所選蘇文，篇目冠於他家〔註9〕，皆可理解蘇軾於南宋文壇之影響力。

二、蘇軾古文成就對其易學思想之助益

在本文第三章「《東坡易傳》之文學特色」中，詳細探討蘇軾以古文，闡述其易學思想。自小蘇軾便鑽研儒學經籍，其思想體系自是以儒家思想為主調，因此在《東坡易傳》之中流露推崇孔、孟，實踐仁義道德之特色。而在

〔註 4〕 曾棗莊、曾濤：《蘇文彙評》，（臺北：文史哲出版社，1998 年 5 月），頁 551 ～頁 552。

〔註 5〕 曾棗莊、曾濤：《蘇文彙評》，（臺北：文史哲出版社，1998 年 5 月），頁 556 ～頁 557。

〔註 6〕 曾棗莊、曾濤：《蘇文彙評》，（臺北：文史哲出版社，1998 年 5 月），頁 559。

〔註 7〕 閔澤平：《兩宋理學家散文研究》，（濟南：齊魯書社，2006 年 12 月），頁 44。

〔註 8〕 〔宋〕黎靖德編：《朱子語類》冊一，卷第十一，學五，〈讀書法〉下，（北京：中華書局，1986，頁 193～頁 94），並於《朱子語類》冊五，卷第六十七，易三，〈綱領〉下，〈讀易之法〉云「東坡解《易》，大體最不好。然他卻會作文，識句法，解文釋義，必有長處」，（北京：中華書局，1986 年，頁 1663）。

〔註 9〕 閔澤平：《兩宋理學家散文研究》，（濟南：齊魯書社，2006 年 12 月），頁 204 ～頁 212。

注解、訓詁之形式上，除上推王弼、孔穎達義理易學闡述之法，更直承孔、孟二聖爲文釋經之法。因此《東坡易傳》展現「孔子以義理解易」之儒家文學特色，由「不占而已」切入易學思想，更闡述孔子十翼「以意得之」之解易手法，應求其端，而非泥於句讀之節目〔註10〕。對於儒家義理所涉及之「君臣關係」、「道德仁義」、「聖人之迹」皆能提出見解，並與《易》道相闡發。孟子對於蘇軾在易學與古文融攝影響甚深，蘇軾曾在《孟子義・以佚道使民以生道殺民》一文探討孟子之仁政理念，以及批評「刑殺」過於浮濫，甚至殘民以逞。若對照《東坡易傳》四則引用孟子思想之處，蘇軾並不全然接受孟子之「人性論」，但在論文章法上受孟子「雄辯滔滔」之氣勢影響，形成蘇文「善爲舉證，爲文能辯」之特色。《東坡易傳》中除承襲孔孟儒家君臣觀，並深入「義」之概念，更受孟子「仁、義、禮、智」四心中，「禮義」並稱之道德論影響，闡述禮義先於刑罰，可使人民「有恥且格」。就此論《東坡易傳》的確受孟子影響而呈現「孟子滔滔雄辯」之儒家文學特色。

　　《東坡易傳》亦兼采老莊思想，雖然所引條目不多〔註11〕，且多爲明引，亦在〈大有卦・上九爻辭〉、〈大有卦・小象傳〉解中誤引莊子〈逍遙遊〉：「聖人無功，神人無名」一句，解釋〈大有・上九〉：「不見致福」之原由，亦凸顯出蘇軾「聖人」境界，以儒爲主，旁及道家。此外於〈繫辭傳〉解引老子思想，蘇軾藉由老子「水」之形象與意涵，融攝於《易・坎卦》解之中，並由此在〈繫辭傳〉解論及「宇宙生成」、「道之本體」，以及「人性本然」等論題，組成了蘇軾思想體系中有別與一般儒家之宇宙生成論——蘇軾認爲水乃陰陽運行始誕生之物，明顯受老子思想沾染；而道之本體論，水則近於道，而非道；並依上二論點，批評孟子「人性論」，而提出了「情本論」。由此作爲其文論之基礎，形成了兼融儒道之易學與文學融攝思想，在其〈與謝民師推官書〉、〈自評文〉二篇，明晰闡述「自然成文」、「隨物賦形」之主張，更於雜記類、書牘類文章中流露此種思想與特色，即本文第五章第二、三節所論，此成爲蘇軾古文之藝術成就。另外明引莊子二則，仍融攝莊子思想於易學思想之中，對「洗心藏密」一詞，融攝〈列禦寇〉之思想，認爲莊子批評

〔註10〕　〔宋〕蘇軾：《東坡先生易傳》，嚴靈峰輯，（臺北：藝文印書館，據明萬曆二十五年刊「兩蘇經解」本影印，1965年），頁359。

〔註11〕　按：老子所引條目計三條，莊子所引條目計二條，老莊共引計一條，於本文第三章第二節「兼采『道家』自然爲文」詳細論之。

「自好」而「呲其所不爲者」，乃與「聰明睿智」、「神武不殺」者大相逕庭，亦呈現莊子極富想像之行文。而在「人性論」上，或受老莊「爲道日損」思想所影響，故其〈乾卦・象傳〉解「修善消不善」，使用「消損」之法，亦或由損卦而來。此外《東坡易傳》於注解中，亦流露出莊子浪漫恣肆行文之特色，馳騁善喻，鋪張炚肆。

朱熹雖引荊公《仁宗實錄》評老蘇爲「縱橫家者流」〔註12〕，茅坤則替蘇軾開脫「蓋特少時沾沾自喜或不免耳」，卻也稱其議論文章「要之於漢賈誼、唐陸贄」〔註13〕，總的來說，蘇氏之學出入儒道，並雜揉縱橫家議論之法，使其文章氣魄雄渾，而言之鑿鑿、說之成理。後代學者以此點爲《東坡易傳》之病，然若以易學與文學融攝思想視之，便可就另一面發覺蘇軾擅長「翻案作結」、「引史證易」以注解《易》道，此乃《東坡易傳》文學章法之特色。而「翻案文章」乃伴隨宋代疑經改經風潮而起之文體，或遠溯於縱橫議論之法，蘇軾亦有不少此類作品，諸如：〈賈誼論〉、〈留侯論〉、〈諸葛亮論〉……等，在《東坡易傳》所使用「翻案作結之章法」，於蘇軾認爲《易・卦辭》乃「卜筮之言」，便可見出端倪，接續在〈象傳〉、〈爻辭〉與〈小象傳〉、〈說卦〉、〈序卦〉、〈雜卦〉傳解之中使用此法，在〈說〉、〈序〉、〈雜〉三傳解之末，更對傳統說法進行翻案，尤以〈雜卦傳〉解，重新擬定雜卦次序，提出新見。而《四庫全書提要》與眾多學者，多稱《東坡易傳》推闡易理，切於人事，解易條例之中多言及君臣之際、論歷史興衰、讚聖賢修養，此以歷史人事證易，或可作爲宋代易學史事一宗發展脈絡之明證。如：以漢高帝劉邦比喻〈乾卦・九二爻〉，亦於〈小畜卦・大象傳〉論及子夏曾於魏國西河執教，與子思在魯執教爲魯繆公之師二件史事，探討「畜養文德」之道，此外〈明夷卦・六五爻辭〉、〈明夷卦・小象傳〉與〈繫辭傳〉中皆比附殷賢箕子，並引尚書「皇極」概念，讚其操守。由以上之例子可知《東坡易傳》「引史證易之論法」，乃就經籍訓詁，以及文學形式觀之。總括而言，儒、道、縱橫三家之思想與

〔註12〕〔宋〕黎靖德編：《朱子語類》冊八，卷第一百三十，本朝四，〈自熙寧至靖康用人〉，「學中策問，蘇程之學，二家常時自相排斥，蘇氏以程氏爲姦，程氏以蘇氏爲縱橫。以某觀之，只有荊公修《仁宗實錄》，言老蘇之書，大抵皆縱橫者流，程子未嘗言也。如《遺書》『賢良』一段，繼之以『得志、不得志』之說，卻恐是說他。坡公在黃州猖狂放恣，『不得志』之說，恐指此而言」，（北京：中華書局，1986年），頁3109。
〔註13〕曾棗莊、曾濤：《蘇文彙評》，（臺北：文史哲出版社，1998年5月），頁559。

闡述「謙之必勝，損以益下」之思想，如：〈范文正公文集敘〉讚賞范文正公之耿直謙和，憂國憂民，而〈鳧繹先生詩集敘〉言及損上或自損以益下，並贊前輩鳧繹先生顏太初「有爲而作，精悍確苦」。〈書晁無咎所作杜輿子師字說後〉則寄予門下杜輿厚望，期勉他應試科舉，出仕爲用，在〈書篆髓後〉與〈書辯才次韻參寥詩〉二篇則融攝比卦與〈渙卦〉思想，除藉此闡述「《易》道幽微」，及在後文讚賞辯才之詩境界之高，二者或寄託治經於世之政教思想。在「贈序」一類文章，或受老子「君子贈人以言」之習染，以剛毅近仁，柔茅行謙之思想，勉勵親友門人，亦或自勉，如：〈剛說〉、〈稼說送張琥〉，以及〈楊薦字說〉，三篇文章運用易學剛柔之說，闡述「唯謙大吉」之思想。其中〈剛說〉更闡述由謙和之態度，而懷「仁德之心」，日行其道，自強不息，乃爲眞正「剛強」之理，亦流露「吉凶由人」、「無懼禍福」儒家勇者之氣魄，在〈楊薦字說〉則融攝易〈繫辭傳〉論大過卦之思想，透過愛器而「藉之用茅」之理，勉勵好友，進取之中，應謹愼實踐謙德。因此上所述及序跋文章，整體呈現了「唯謙大吉，剛柔並濟」之易學與文學融攝思想，於本論文第五章第一節，乃依上所述選文細探之；在第五章第二節則探討雜記所呈現「自然辭達，寄寓賦形」之思想與特色，首先探討「山水遊記」類，在〈記承天寺夜遊〉、〈遊沙湖〉、〈記遊定惠院〉、〈臨皋閑題〉、〈書上元夜夜遊〉、〈石鐘山記〉、〈遊桓山記〉等等篇章中，多涉及坎卦水之易象，並於其中闡發《易》道運行，變化萬千卻能持之以恆，由此化生萬物，以達生生不息，而太極乃《易》道運行之概稱，其代表萬物共生共榮之和諧思想，故蘇軾此類文章展現高度藝術水準，並流露「自然成文，行雲流水」之易學與文學融攝思想，不但「留意於物」，且能透過文章「盡物之變」，可稱蘇軾「雜記」一類文章，乃易學與古文融攝中文學性、藝術性最高之文類，極具代表性；第五章最後一節所探討之「書牘」一類，據孔凡禮所點校《蘇軾文集》，可區分爲「書啓」與「尺牘」，兩者之差別類似「史事論」與「史評」，主要乃體制上篇幅長短之異，然前者內容、主題與對象，亦不同於後。二者相同之處，在於可考察《東坡易傳》之流傳。亦即由與上司之「書啓」，如：〈黃州上文潞公書〉，以及與親友故人之「尺牘」，如：〈與滕達道書〉、〈與王定國書〉、〈答李端叔〉等書信，得到考證《東坡易傳》成書之依據，除作爲梳理《東坡易傳》成書由來，其他與上司往來之「書啓」，則流露「剛柔取中，辭達而已」之易學與文學融攝思想，比如：〈謝制科啓二首之二〉、〈杭州謝執政啓〉二篇，融攝〈臨

卦‧六三爻辭〉、〈臨卦‧小象傳〉之思想，探討立於「不爭之地」、「剛柔執中」，才可免「憂懼」，而在〈上韓太尉書〉、〈賀韓丞相再入啓〉二文仍申論「剛柔取中」之思想，後文更以乾之中正，坤之六二，讚美韓琦，亦以此標準於〈賀歐陽少師致仕啓〉品評古今聖賢，另在〈與葉進叔書〉、〈與王庠書〉、〈與謝民師推官書〉，以及〈答虔倅俞一首〉等，則提出「辭達而已」之思想源自於孔子，且能於〈與謝民師推官書〉融攝坎卦思想與水之易象，形成蘇軾重要文藝理論之要義與精髓。而蘇軾晚年，屢次遭貶南遷，雖態度曠達自適，然在與親友故人之「尺牘」往返中則透露易學憂患思想，如：〈答范純夫〉第十一首，以及〈與王定國書〉第八首、第二十九首、第四十一首……等，皆道「憂患」，幸蘇軾依舊不改儒者風範，與范純夫、王定國、錢濟明、程秀才，皆能秉持坦蕩互勉之語，是融攝易〈繫辭傳〉「洗心藏密」之思想於其中，而更看淡外在困厄與否，故有「流行坎止」，融攝坎卦思想之語，在〈與王定國書〉第四十首、〈與楊元素〉、〈與南華辯老〉、〈與程德孺〉、〈與鄭靖老〉……等，更表達出「隨時而悅」之思想，是融攝儒釋道三家之理，而其中以〈隨卦‧彖傳〉、〈隨卦‧大象傳〉之思想，代表蘇軾易學與之融攝，是以此類尺牘，亦能展現不凡之散文成就。

　　透過本文各章研究探討，可以得知蘇軾易學與古文融攝，與唐宋古文大家易學與文學融攝思想淵源相當悠久，且或承襲韓、柳開拓之功，而接續歐、王之力，更和老蘇、小蘇共同開創蘇氏之學，後稱作蜀學一派，在此學中易學與文學融攝思想體系之建立，乃是蘇軾文學成就之思想根基，而蘇軾易學思想之評價，亦與其古文特色有密切關係。因此蘇軾古文之成就，確實能在其易學專著——《東坡易傳》中發揮助益，使朱熹給予「文人之經」之評價，就文學史角度來看《東坡易傳》，則過於讚許其文筆；就經學或理學而論，不免批評苛刻，而難登學術之殿堂，若能就易學與文學融攝思想觀之，或可重新得一持平之論。歷代「文人之經」之爭議，亦可就蘇軾易學思想，對其古文產生極高之助益，除思想內容之提昇，更於境界上有別於一般溺於文學形式之文士，若由此點看之，蘇軾之古文成就，乃可歸功於其深研易理，而於易學上獨有創見。

四、本文之限制與未來發展
　　由上三點作結，後並以三省「本文之限制與未來發展」：（一）、本論文所

研究乃限於古文一類，管窺蠡測，所識甚少，或能於蘇軾詩、詞、辭賦……等其他文類，持續就易學與文學融攝角度考察，也許較能從宏觀角度，全覽蘇軾此思想之優劣；（二）、本研究亦著重唐宋古文大家易學與文學融攝思想考察，欲深研大家易學殊已不易，又涉及文學，卒感所學孤陋，實愈應沉潛深究，而勿流於皮毛之見；（三）、學海無涯，期許自我，本當精進，學術欲求專精，更上層樓，故未來除可深入探討蘇軾此思想體系其他文類之學術概況，亦應詳細探究此思想體系對於南宋以後支流變與影響，希冀能承本論文不成熟之成果，逐一修正謬誤，或能還予蘇軾學術史上之嶄新地位。

參考文獻

一、蘇軾著作與年譜

1. 〔宋〕蘇軾：《東坡先生易傳》，嚴靈峰輯，臺北：成文出版社，1965年。

2. 〔宋〕蘇軾：《東坡全集》，上海：上海古籍出版社，1987年。

3. 〔宋〕蘇軾：《東坡志林》（插圖本），北京：中華書局，2007年。

4. 〔宋〕蘇軾：《東坡易傳》，臺北：國家圖書館，1捲盤式微縮捲片：正片；35mm，1975年。

5. 〔宋〕蘇軾：《東坡易傳》，臺北：臺灣商務印書館，景印文淵閣《四庫全書》本，1985年。

6. 〔宋〕蘇軾：《東坡易傳》，〔清〕于敏中編，長春：吉林出版社，影印摛藻堂《四庫全書薈要》本，2005年。

7. 〔宋〕蘇軾：《東坡易傳》，龍吟點評，長春：吉林文史出版社，2002年。

8. 〔宋〕蘇軾、〔明〕毛晉選校：《東坡詞》，北京：中國書店，1996年。

9. 〔宋〕蘇軾、〔清〕朱彊邨編印：《東坡樂府》，臺北：廣文書局，據朱彊邨重編元祐本重印，1960年。

10. 〔宋〕蘇軾著，石聲淮、唐玲玲箋注：《東坡樂府編年校箋》，臺北：華正書局，2005年。

11. 〔宋〕蘇軾：《格物麤談》，北京：中華書局，1985年。

12. 〔宋〕蘇軾：《經進東坡文集事略》，臺北：世界書局，1950年。

13. 〔宋〕蘇軾：《蘇氏易傳》，北京：中華書局，1985年。

14. 〔宋〕蘇軾：《蘇氏易傳》，臺北：國家圖書館，1捲盤式微縮捲片：正片；35mm，1975年。

15. 〔宋〕蘇軾：《蘇氏易傳》，臺北：廣文書局，1974年。

16. 〔宋〕蘇軾:《蘇東坡全集》,北京:中國書店,1986 年。

17. 〔宋〕蘇軾:《蘇東坡全集》,臺北:世界書局,1969 年。

18. 〔宋〕蘇軾著,曹樹銘校編:《蘇東坡詞》,臺北:臺灣商務書局,2002 年。

19. 〔宋〕蘇軾著,孔凡禮校注:《蘇軾文集》,北京:中華書局,2004 年。

20. 〔宋〕蘇軾:《蘇軾書傳》,《四庫全書》本,臺北:藝文印書館,1966 年。

21. 〔宋〕蘇軾著,鄒同慶、王宗堂校注:《蘇軾詞編年校注》,,北京:中華書局,2007 年。

22. 〔宋〕蘇軾:《蘇軾詩集》,北京:中華書局,2007 年。

23. 〔宋〕蘇軾、〔清〕王文誥、〔清〕馮應榴輯注:《蘇軾詩集》,臺北:學海出版社,1983 年。

24. 孔凡禮:《蘇軾年譜》,北京:中華書局,2005 年。

25. 王水照:《宋人所撰三蘇年譜彙刊》,上海:上海古籍出版社,〔明〕《永樂大典》本,1989 年。

二、古籍(依《四庫全書》分類法排序)

經 部

1. 〔漢〕許慎著、〔清〕段玉裁注:《說文解字注》,臺北:藝文印書館,1964 年,五版。

2. 〔魏〕王弼:《周易王韓注》,臺北:中華書局,《四部備要》本,1965 年。

3. 〔魏〕王弼:《周易略例》,臺北:臺灣商務印書館,採《四部叢刊》宋本,1965 年。

4. 〔宋〕胡瑗著、倪天隱述:《周易口義》,長春:吉林出版社,影印摛藻堂《四庫全書薈要》本,2005 年。

5. 〔清〕皮錫瑞:《經學歷史》,臺北:漢京文化事業公司,1983 年。

6. 〔清〕朱彝尊:《經義考》,北京:中華書局,1998 年。

7. 〔漢〕毛亨注、〔唐〕孔穎達疏、〔清〕阮元編:《毛詩正義》,臺北:藝文印書館,2001 年。

8. 〔漢〕孔安國注、〔唐〕孔穎達疏、〔清〕阮元編:《尚書正義》,臺北:臺灣中華書局,1966 年,臺二版。

9. 〔魏〕王弼注、〔唐〕孔穎達疏、〔清〕阮元編:《周易正義》,臺北:臺灣中華書局,1966 年,臺二版。

10. 〔漢〕鄭玄注、〔宋〕孔穎達疏、〔清〕阮元編:《禮記正義》,臺北:臺灣中華書局,1966 年,臺二版。

11.〔魏〕何晏注、〔宋〕邢昺疏、〔清〕阮元編：《論語正義》，臺北：臺灣中華書局，1966 年，臺二版。

12.〔漢〕趙岐注、〔宋〕孫奭疏、〔清〕阮元編：《孟子正義》，臺北：臺灣中華書局，1966 年，臺二版。

史 部

1.〔漢〕司馬遷：《史記》，臺北：臺灣商務印書館，1973 年。

2.〔漢〕班固：《漢書》，臺北：新陸出版社，1964 年。

3.〔宋〕劉昫等：《舊唐書》，臺北：臺灣中華書局，1971 年，臺二版。

4.〔宋〕歐陽脩：《新五代史》，臺北：臺灣中華書局，1971 年，臺二版。

5.〔宋〕歐陽脩：《新唐書》，臺北：臺灣中華書局，1971 年，臺二版。

6.〔元〕脫脫：《宋史》，臺北：臺灣商務印書館，1988 年。

7.〔明〕陳第：《世善堂藏書目錄》，北京：中華書局，1985 年。

8.〔清〕王懋竑：《朱熹年譜》，北京：中華書局，1998 年。

子 部

1.〔先秦〕荀子著、北大哲學系注釋：《荀子新注》，臺北：里仁書局，1983 年。

2.〔先秦〕莊子著、郭慶藩集釋：《莊子集釋》，臺北：華正書局，1982 年。

3.〔漢〕賈誼著，閻振益、鍾夏校注：《賈子新書》，北京：中華書局，2007 年。

4.〔北朝〕顏之推：《顏氏家訓》，《四庫全書》本，臺北：臺灣中華書局，1966 年。

5.〔宋〕朱熹：《朱子語類》，北京：中華書局，1986 年。

6.〔宋〕朱熹：《朱文公文集》，《四部叢刊》本，臺北：臺灣商務印書，1967 年，臺二版。

7.〔宋〕李涂：《文章精義》，《四庫全書》珍本別輯，臺北：臺灣商務印書館，1975 年。

8.〔宋〕邵博：《邵氏聞見後錄》，鄭州：大象出版社，2003 年。

9.〔宋〕陳善：《捫蝨新話》，北京：中華書局，1985 年。

10.〔宋〕陸游：《老學庵筆記》，北京：中華書局，1985 年。

11.〔宋〕葉夢得：《石林燕語》，北京：中華書局，1985 年。

12.〔宋〕蘇籀：《欒城遺言》，《四庫全書》本，臺北：臺灣商務印書館，1983 年。

13.〔清〕黃宗羲著、全祖望增校：《宋元學案》，臺北：河洛圖書出版社，1975 年。

集　部

1. 〔漢〕揚雄:《揚子雲集》,《四庫全書》本,臺北:臺灣商務印書館,1983年。

2. 〔劉宋〕劉義慶編、楊勇校箋:《世說新語校箋》,臺北:正文書局,1992年。

3. 〔梁〕劉勰:《文心雕龍》,據《兩京遺編》影印,北京:中華書局,1985年。

4. 〔梁〕蕭統編、〔唐〕李善注:《昭明文選》,臺北:漢京文化事業公司,1983年。

5. 〔唐〕杜甫:《杜工部詩集》,臺北:臺灣中華書局,1966年。

6. 〔唐〕柳宗元:《柳河東集》,上海:上海人民出版社,1974年。

7. 〔唐〕柳宗元:《柳宗元詩箋釋》,上海:上海古籍出版社,1993年。

8. 〔宋〕蘇轍:《蘇轍集》,北京:中華書局,2004年。

9. 〔宋〕蘇洵:《嘉祐集》,《四庫全書》本,臺北:臺灣商務印書館,1977年。

10. 〔宋〕歐陽脩著、李之亮箋注:《歐陽脩集編年校注》,成都:巴蜀書社,2007年。

11. 〔宋〕曾鞏:《元豐類稿》臺北:世界書局,據鉛印本影印,1963年。

12. 〔宋〕王安石:《臨川先生文集》,臺北:華正書局,1975年。

13. 〔宋〕蘇洵:《嘉祐集》,《四庫全書》本,臺北:臺灣商務印書館,1977年。

14. 〔宋〕蘇轍:《蘇轍集》,北京:中華書局,2004年。

15. 〔宋〕朱熹:《楚辭集注》,《國立國家圖書館善本叢刊》,臺北:國家圖書館,1991年。

16. 〔宋〕姚鉉:《唐文粹》,臺北:臺灣商務印書館,1967年,臺二版。

17. 〔宋〕張方平:《樂全集》,臺北:臺灣商務印書館,1970年。

18. 〔宋〕程顥、程頤:《二程集》,北京:中華書局,2006年。

19. 〔明〕茅坤著、王水照編:《歷代文話·唐宋八大家文鈔》,上海:復旦大學出版社,2007年。

20. 〔清〕姚鼐著、王文濡評注:《古文辭類纂》,臺北:華正書局,1983年。

21. 〔清〕黃宗羲:《宋元學案》,北京:中華書局,2007年。

三、現代專著（依作者姓氏筆劃排序）

1. 方笑一:《北宋新學與文學》,上海:上海古籍出版社,2008年。

2. 王水照、朱剛：《蘇軾評傳》，南京：南京大學出版社，2004 年。

3. 王水照：《蘇軾論稿》，臺北：萬卷樓圖書有限公司，1994 年。

4. 王更生：《蘇軾散文研讀》，臺北：文史哲出版社，2001 年。

5. 王鐵：《宋代易學》，上海：上海古籍出版社，2005 年。

6. 臺灣大學中國文學研究所主編：《宋代文學與思想》，臺北：臺灣大學中國文學研究所，1989 年。

7. 朱伯崑：《易學哲學史》，臺北：藍燈出版社，1991 年。

8. 朱剛：《歐陽脩與宋代士大夫》，思想史研究第四輯，朱剛、劉寧主編，上海：上海人民出版社，2007 年。

9. 余敦康：《漢宋易學解讀》，北京：華夏出版社，2006 年。

10. 冷成金：《蘇軾的哲學觀與文藝觀》，北京：學苑出版社，2004 年。

11. 吳榮光著、李宗顥補遺、林梓宗負責點校：《歷代名人年譜》，北京：北京圖書館出版社，2002 年。

12. 李一冰：《蘇東坡新傳》，臺北：聯經出版社，2005 年。

13. 李李：《三蘇散文研究》，臺北：秀威資訊科技股份有限公司，2008 年。

14. 李威熊：《中國經學發展史論》上冊，臺北：文史哲出版社，1988 年。

15. 李栖：《歐陽脩詞研究及其校注》，臺北：文史哲出版社，1982 年。

16. 牟宗三：《生命的學問》，臺北：三民書局，1987 年。

17. 汪惠敏：《宋代經學之研究》，臺北：師大書苑，1989 年。

18. 林敬文：《王安石研究》，臺北：花木蘭文化出版社，2010 年。

19. 林麗眞：《義理易學鈎玄》，臺北：大安出版社，2004 年。

20. 金生楊：《「蘇氏易傳」研究》，成都：巴蜀書社，2002 年。

21. 金生楊：《漢唐巴蜀易學》，成都：巴蜀書社，2007 年。

22. 姜聲調：《蘇軾的莊子學》，臺北：文津出版社，1999 年

23. 唐玲玲、周偉民：《蘇軾思想研究》，臺北：文史哲出版社，1996 年。

24. 孫望、常國武：《宋代文學史》，北京：人民文學出版社，2006 年。

25. 徐月芳：《蘇軾奏議書牘研究》，臺北：臺灣學生書局，2003 年。

26. 徐琬章：《蘇洵及其政論》，臺北：文津出版社，1984 年。

27. 涂美雲：《朱熹論三蘇之學》，臺北：秀威資訊科技股份有限公司，2005 年。

28. 張白山：《王安石》，臺北：萬卷樓圖書有限公司，1986 年。

29. 陳必祥：《古代散文文體概說》，臺北：文史哲出版社，1997 年。

30. 陳鼓應：《老莊新論》，臺北：五南出版社，2007 年。

31. 陳鼓應：《易傳與道家思想》，臺北：臺灣商務印書館，2007 年。

32. 陳鼓應：《道家易學建構》，臺北：臺灣商務印書館，2003 年。

33. 麥仲貴：《宋元理學家著述生卒年表》，香港九龍：新亞研究所，1968 年。

34. 曾棗莊、曾濤：《蘇文彙評》，臺北：文史哲出版社，1998 年。

35. 曾棗莊：《蘇轍評傳》，臺北：五南圖書出版，1995 年。

36. 閔澤平：《兩宋理學家散文研究》，濟南：齊魯書社，2006 年。

37. 黃沛榮：《易學乾坤》，臺北：大安出版社，1998 年。

38. 黃慶萱：《周易縱橫談》，廣西：廣西師範大學，2006 年。

39. 黃黎星：《易學與中國傳統文藝觀》，上海：上海三聯書店，2008 年。

40. 楊立誠編著、嚴靈峰輯：《四庫目略》，臺北：臺灣中華書局，1960 年。

41. 葛兆光：《中國思想史》，上海：復旦大學出版社，2005 年。

42. 廖名春：《「周易」經傳十五講》，北京：北京大學出版社，2004 年。

43. 廖名春：《「周易」經傳與易學史新論》，濟南：齊魯書社，2001 年。

44. 漆俠：《宋學的發展與演變》，石家庄：河北人民出版社，2002 年。

45. 劉大杰：《中國文學發展史》，臺北：華正書局，1998 年。

46. 劉大鈞：《周易概論》，成都：巴蜀書社，2008 年。

47. 樓宇烈：《王弼集校釋》，臺北：華正書局，2006 年。

48. 蔡芳定：《北宋文論研究》，臺北：文史哲出版社，2002 年。

49. 鄭吉雄：《易圖象與易詮釋》，上海：華東師範大學出版社，2008 年。

50. 鄭樑生：《司馬遷的世界》，臺北：志文出版社，1988 年。

51. 鄧瑩輝：《兩宋理學美學與文學研究》，武漢：華中師範大學出版社，2007 年。

52. 錢穆：《宋明理學概述》，臺北：蘭臺書局，2001 年。

53. 戴璉璋：《易傳之形成及其思想》，臺北：文津出版社，1989 年。

54. 謝武雄：《蘇洵之言論及文學之研究》，臺北：文史哲出版社，1981 年。

55. 嚴靈峰：《老子達解》，臺北：華正書局，1983 年。

56. 嚴靈峰：《馬王堆帛書易經斠理》，臺北：文史哲出版社，1994 年。

四、學位論文（依作者姓氏筆劃排序）

1. 康雲山：《南宋心學易研究》，高雄：高雄師範大學博士論文，1995 年。

2. 黃師忠天：《楊萬里易學之研究》，高雄：高雄師範學院國文研究所碩士論文，1988 年 5 月。

3. 黃師忠天：《宋代史事易學研究》，高雄：高雄師範大學國文研究所碩士論文，1995 年 5 月。

4. 楊子萱:《「東坡易傳」研究》,臺北:政治大學哲學研究所碩士論文,2006年6月。

5. 楊倩描:《王安石易學研究》,石家庄:河北大學博士論文,2004年6月。

6. 游志誠:《周易之文學觀》,高雄:高雄師範學院國文研究所碩士論文,1983年5月。

7. 葉國良:《宋代疑經改經考》,臺北:臺灣大學國中文研究所碩士論文,1978年6月。

8. 劉興明:《「東坡易傳」易學思想研究》,濟南:山東大學碩士論文,2005年4月。

五、期刊論文（依作者姓氏筆劃排序）

1. 王基西:〈北宋易學考〉,《國立臺灣師範大學國文研究所集刊》,第23期,1979年6月,頁119～224。

2. 朱天助:〈韓愈「南山詩」之「易」象〉,《湖南科技學院學報》,第30卷第5期,2009年,頁17～20。

3. 冷成金:〈從「東坡易傳」看蘇軾文學思想的基本特徵——兼與朱熹文藝思想相比較〉,《文學評論》,第2期,2002年,頁145～152。

4. 冷成金:〈從「東坡易傳」看蘇軾的情本論思想〉,《福建論壇‧人文社會科學版》,第2期,2004年,頁73～78。

5. 冷成金:〈試論「三蘇」蜀學的思想特徵〉,《福建論壇‧人文社會科學版》,第3期,2002年,頁71～77。

6. 沈志權:〈「周易」與中國文學的形成〉,《江西社會科學》,第7期,2006年,頁97～頁102。

7. 吳小林:〈論王安石的散文美學思想〉,《江西社會科學》,第12期,1994年,頁119。

8. 李凱:〈蘇轍文論的價值及地位——兼論古代「文氣」說〉,《社會科學研究》,四川科學院,1997年,第一期,頁17～140。

9. 林慧雅:〈論蘇軾散文的「設問」手法——以高中課文為例〉,《國文天地》,第17期,2001年9月,頁24～29。

10. 金生楊:〈也論「東坡易傳」的作者和繫年——與謝建忠先生商榷〉,《文學遺產》,第1期,2003年,頁42～48。

11. 金生楊:〈王荊公「易解」考略〉,《古籍整理研究學刊》,第3期,2001年,頁17。

12. 胡瀚平:〈歐陽脩文學作品中的——易經思想〉,《古典文學》,第14卷,1997年5月,頁233～247。

13. 耿亮之：〈王安石易學與其新學與洛學〉，《周易研究》，第 4 期，1997 年，頁 38。

14. 耿亮之：〈蘇軾易學與人格〉，《周易研究》，第 3 期，1996 年，頁 31～37。

15. 袁進：〈文統與世變──試論清代古文系統中顯示的文學史觀〉，《寧波大學學報・人文科學版》，第 21 卷，第 4 期，2008 年 7 月，頁 44～頁 50、頁 73。

16. 高明峰：〈論經學與文學之關係〉，《社會科學家・文藝論叢》，第 5 期（總 115 期），2005 年 9 月，頁 22～頁 26。

17. 馬茂軍：〈「荊公新學」與王安石散文的風格〉，《華南師範大學學報》，社會科學版，第 6 期，1996 年，頁 88。

18. 涂美雲：〈從北宋學術思潮看蘇氏之學〉，《東吳中文學報》，第 8 期，2002 年 5 月，頁 15～46。

19. 陳仁仁：〈「蘇氏易傳」論道與性──兼論其中儒佛道三家關係問題〉，《湖南大學學報・社會科學版》，第 15 卷第 4 期，2001 年 12 月，頁 28～32。

20. 陳仁仁：〈論「蘇氏易傳」的卦合爻別說〉，《周易研究》，第 5 期，2004 年。

21. 陳素英：〈東坡易傳及其詞中易境之詮釋〉，《國文學誌》，第 12 期，2006 年 6 月，頁 117～158。

22. 康雲山：〈朱子詩文論的潛在思想──本體先於現象〉，《國立臺南大學人文研究學報》，第 42 卷，第 1 期，2008 年，頁 1～頁 12。

23. 黃黎星：〈「周易」對歐陽脩文學觀念的影響〉，《周易研究》，第 3 期，1999 年，頁 81。

24. 楊淑瓊：〈「東坡易傳」中的性命之說〉，《鵝湖》，第 28 期，2003 年 5 月，頁 48～54。

25. 楊遇青：〈「志氣如神」與「以神行智」──論「東坡易傳」中神的觀念〉，《周易研究》，第 4 期，2006 年，頁 20～25。

26. 楊慶波、李秀原：〈從「東坡易傳」看蘇軾的理想人格〉，《黑龍江教育學院學報》，第 24 卷第 5 期，2005 年 9 月，頁 92～94。

27. 楊鑫：〈近十年來蘇軾散文研究述評〉，《新亞論叢》，第 7 期，2005 年 6 月，頁 210～216。

28. 劉再華：〈論經學與中國古代文論的關係〉，《中國文學研究》，第 3 期，2004 年，頁 22～頁 26。

29. 齊磊、劉興明：〈蘇軾人格氣象的易學解讀〉，《周易研究》，第 6 期，2006 年，頁 88～92。

30. 駱正軍：〈易學──柳宗元哲學思想的重要基石〉，《零陵師範高等專科學校學報》，第 23 卷第 1 期，2002 年 1 月，頁 3～頁 6。

31. 謝建忠：〈「東坡易傳」考論〉，《文學遺產》，第 6 期，2000 年，頁 30～36。

六、論文集論文（依作者姓氏筆劃排序）

1. 沈廣斌：〈論蘇軾之「閑」〉，《中國蘇軾研究第四輯》，北京：學苑出版社，2008 年，頁 223～238。

2. 黃師忠天：〈「二程集」易說初探〉，《大易集釋》，上海：上海古籍出版社，2007 年，頁 275。

3. 賴貴三：〈「周易‧文言傳」儒家思想析論〉，《孔學與二十一世紀國際學術研討會論文集》，臺北：政治大學文學院編印，2001 年 10 月，頁 369。